广视角·全方位·多品种

权威·前沿·原创

皮书系列为
"十二五"国家重点图书出版规划项目

郑州蓝皮书

BLUE BOOK OF ZHENGZHOU

2013年
郑州文化发展报告

ANNUAL REPORT ON DEVELOPMENT OF
ZHENGZHOU'S CULTURE (2013)

主　编／王　哲
执行主编／张晓圻　赵　君　许颖杰

社会科学文献出版社
SOCIAL SCIENCES ACADEMIC PRESS (CHINA)

图书在版编目(CIP)数据

2013年郑州文化发展报告/王哲主编. —北京：社会科学文献出版社，2013.7
（郑州蓝皮书）
ISBN 978-7-5097-4861-9

Ⅰ.①2… Ⅱ.①王… Ⅲ.①文化事业-发展-研究报告-郑州市-2013 Ⅳ.①G127.611

中国版本图书馆 CIP 数据核字（2013）第 156414 号

郑州蓝皮书
2013年郑州文化发展报告

| 主　　编 / 王　哲 |
| 执行主编 / 张晓圻　赵　君　许颖杰 |

出 版 人 / 谢寿光
出 版 者 / 社会科学文献出版社
地　　址 / 北京市西城区北三环中路甲29号院3号楼华龙大厦
邮政编码 / 100029

责任部门 / 皮书出版中心 (010) 59367127	责任编辑 / 高振华
电子信箱 / pishubu@ssap.cn	责任校对 / 杜绪林
项目统筹 / 邓泳红　高振华	责任印制 / 岳　阳
经　　销 / 社会科学文献出版社市场营销中心 (010) 59367081　59367089
读者服务 / 读者服务中心 (010) 59367028

印　　装 / 北京季蜂印刷有限公司	
开　　本 / 787mm×1092mm　1/16	印　张 / 21.5
版　　次 / 2013年7月第1版	字　数 / 347千字
印　　次 / 2013年7月第1次印刷	
书　　号 / ISBN 978-7-5097-4861-9	
定　　价 / 69.00元	

本书如有破损、缺页、装订错误，请与本社读者服务中心联系更换
▲ 版权所有　翻印必究

郑州蓝皮书编委会

主　　任　王　哲
副 主 任　张晓圻　赵　君
委　　员（以姓氏笔画为序）
　　　　　　马志辉　王玉亭　石大东　刘长松
　　　　　　许颖杰　李兴志　李宪敏　李德耀
　　　　　　宋保安　钟海涛　阎铁成　潘新红

《2013年郑州文化发展报告》撰稿人名单

(按文序排列)

赵　君	李兴志	孙军培	王玉亭	许颖杰
刘　涛	席　格	边铀铀	白华莉	郭　艳
刘　昱	史　蕊	罗来军	刘晓慧	杨　华
宋艳琴	张　璐	杜学霞	张　郁	刘建军
胡继忠	任　伟	连建功	贾玉巧	马　东
葛海霞	吴金香	李秀清	李燕山	高　云
熊项斌	武小鹿	李良玉	马志辉	

摘　要

《2013年郑州文化发展报告》是在中共郑州市委宣传部指导下，由郑州市社会科学界联合会、郑州市社会科学院组织编写的第五本年度区域性文化发展报告。

本书由总报告、分报告、专题研究、个案研究和大事记五部分构成。其中总报告是全书的核心和统领，全面回顾和总结了2012年郑州文化发展的重大业绩和成功经验，综合分析了在十七届六中全会和十八大及中原经济区、郑州建设华夏历史文明传承创新核心区的背景下，郑州文化发展的经验与成绩，并提出了2013年文化改革发展的建议。分报告围绕文化建设的不同领域就重大问题和重要工作形成年度发展报告。专题研究围绕华夏历史文明传承创新核心区建设战略、文化传承创新的内容与形式、城市文化形象塑造、文化与科技融合、文化资源产业转化等方面进行全方位多角度的分析研究，提出了具体可行的研究建议。个案研究选取了郑州金水区、新海岸电脑彩色制印有限公司与古玩城等成功典型和特色个案进行分析介绍。大事记详细记载了2012年郑州文化建设中的要事、大事。

本书以翔实的资料数据、客观的动态研究，较为全面地反映了2012年郑州文化发展的基本情况，既有对郑州过去文化发展的回顾和总结，也有对未来文化发展的展望，既有对郑州文化产业发展形势的宏观分析，又有对文化产业不同行业的权威性年度报告，既有典型个案分析，也有理论视野的专题研究，有较强的权威性、针对性和可读性，为政府进行科学决策、加快推进文化发展提供了理论依据，是郑州文化领域中一项重要的科研成果。

Abstract

The Report on Development of Zhengzhou's Culture (2013) is the fifth annual regional report written by Zhengzhou Federation of Social Sciences Circles and Zhengzhou Academy of Social Sciences, under the direction of Propaganda Department of Zhengzhou Municipal Committee of the CPC.

This book consists of five parts: general report, division reports, special Researches, cases studies and chronicle of events. The general report is the core of the book, it presents a whole review of the outstanding achievements and the successful experiences in Zhengzhou's culture development during the year of 2012. And it makes a comprehensive analysis on the experiences and successes of Zhengzhou's culture development, under the new situation of carrying out the spirit of the Sixth plenary session of the seventeenth CPC central committee and the eighteenth National Congress of the CPC, of constructing Zhongyuan Economic Zone and Huaxia historical civilization inheritance and innovation core area. Also it gives some advices of Zhengzhou's culture reformation and development in the year of 2013. In the division reports of the book, they give annual reports on important issues and works in different fields of Zhengzhou's culture development. The special Researches present analyses, researches and feasible proposals from all angles, which are about the reconstruction of inheritance and innovation core area of Huaxia historical civilization, the content and form of civilization inheritance and innovation, the image building of urban culture, the integration of culture and science, the industrial transformation of culture resources etc. In Cases studies, the authors analyze and introduce some successful and typical cases in Zhengzhou's cultural development. Chronicle of events record the big and important events which happened in the year of 2012 in Zhengzhou culture development in detail.

The report reflects fundamental state of the development of Zhengzhou's culture in 2012. It offers the review of the development of Zhengzhou's culture in the past, and also the prospect of the culture development in the future. In the book, there are

Abstract

macroscopic analyses on Zhengzhou's cultural industry, and also authoritative annual reports on different cultural industries. There are typical cases studies, and also special topic studies. The report is authoritative and readable. It offers the theoretical basis for the government's policy-making, which is an important research findings in culture fields of Zhengzhou.

目 录

BⅠ 总报告

B.1 在加快郑州都市区建设进程中着力推进文化科学发展
.... 赵 君 李兴志 / 001
 一 坚持积极务实推进，文化体制改革完成阶段性
   工作目标任务 .... / 002
 二 坚持惠民利民，公益性文化服务水平进一步提高 .... / 004
 三 坚持传承与创新并举，历史文化遗产保护取得
   新的明显进展 .... / 005
 四 坚持做大做强，经营性文化产业保持良好发展态势 .... / 007
 五 对2013年郑州文化改革发展的建议 .... / 010

BⅡ 分报告

B.2 2011~2012年郑州市文化产业发展综述 .... 孙军培 / 015
B.3 郑州市文化广电新闻出版局年度发展
  报告 .... "郑州市文化广电新闻出版局年度发展报告"课题组 / 024
B.4 郑州市文物局年度发展
  报告 .... "郑州市文物局年度发展报告"课题组 / 039
B.5 中原报业传媒集团年度发展
  报告 .... "中原报业传媒集团年度发展报告"课题组 / 049

B.6 郑州市文联年度发展报告 …… "郑州市文联年度发展报告"课题组 / 053

B.7 郑州市社科联（院）年度发展报告 ………………… 王玉亭 / 064

B.8 郑州市新华书店年度发展
报告 ……………… "郑州市新华书店年度发展报告"课题组 / 076

BⅢ 专题研究

B.9 郑州建设华夏历史文明传承创新核心区
战略研究 ………………………………… 许颖杰 刘 涛 / 083

B.10 华夏历史文明传承创新的内容与形式研究 ………… 席 格 / 095

B.11 塑造特色城市文化形象 提升郑州城市
综合竞争力 ……………………………… 边铀铀 白华莉 / 108

B.12 增强区域文化协同发展能力 提升文化传承
创新水平 …………………………………………… 郭 艳 / 119

B.13 开发郑州文化旅游 传承创新华夏文明 …………… 刘 昱 / 133

B.14 中原文化要素在郑州新区建设中的
展现与启示 ……………………………… 史 蕊 罗来军 / 150

B.15 以科技驱动郑州文化传承创新发展 ……………… 刘晓慧 / 162

B.16 全面深入推进文化体制改革 为文化繁荣发展创造良好体制
机制条件 …… "全面深入推进文化体制改革 为文化繁荣发展
创造良好体制机制条件"课题组 / 174

B.17 加快推进郑州市文化产业转型发展研究 ………… 杨 华 刘 涛 / 183

B.18 郑州市文化产业提升发展对策研究 ………… 宋艳琴 张 璐 / 196

B.19 郑州市文化资源产业化问题研究 ………………… 杜学霞 / 209

B.20 郑州特色历史文化资源的时代价值与
创新利用 ………………………………… 张 郁 刘建军 / 220

B.21 郑州市文化遗产保护利用问题研究 ………… 胡继忠 任 伟 / 233

B.22 郑州城市文化品牌建设问题研究 …… 连建功 贾玉巧 马 东 / 245

B.23 郑州特色历史文化街区建设问题研究 …………… 葛海霞 / 262
B.24 郑州市城镇居民艺术消费现状调查报告 ………… 吴金香 / 275

BⅣ 个案研究

B.25 金水区文化产业创新发展调研报告 ………… 李秀清 李燕山 / 290
B.26 传统文化传播路径创新问题研究
 ——郑州新海岸电脑彩色制印有限公司技术
 创新调研报告 ………………………………… 高 云 / 304
B.27 郑州古玩城发展研究报告 ………… 熊项斌 武小鹿 李良玉 / 313

BⅤ 大事记

B.28 郑州文化发展大事记（2012年1～12月）………… 马志辉 / 323

皮书数据库阅读使用指南

CONTENTS

B I General Report

B.1 Promote the Culture Scientific Development in Building
Zhengzhou Metropolitan Area　　　　　　　　*Zhao Jun, Li Xingzhi* / 001

 1. Adhering to the pragmatic practice, The works in cultural system reform are at
  advanced stage　　　　　　　　　　　　　　　　　　　　　　　　　　/ 002

 2. Adhering to the interests of the people, the level of public cultural services is
  further enhanced　　　　　　　　　　　　　　　　　　　　　　　　　/ 004

 3. Adhering to the inheritance and innovation simultaneously, the protection of
  historical culture heritage has achieved significant progress　　　　　　　/ 005

 4. Adhering to being bigger and stronger, culture industry maintains a good
  momentum of development　　　　　　　　　　　　　　　　　　　　　/ 007

 5. Suggestion on the culture reform and development of Zhengzhou in 2013　/ 010

B II Division Reports

B.2 Review and Summary of the Development of Zhengzhou's
Cultural Industry from 2011 to 2012　　　　　　　　　　*Sun Junpei* / 015

B.3 Annual Report on Development of Zhengzhou Culture Radio Television
Press and Publications Bureau　　　　　　　　　　　　*Project Group* / 024

B.4 Annual Report on Development of Cultural Heritage Bureau of
Zhengzhou　　　　　　　　　　　　　　　　　　　　　*Project Group* / 039

CONTENTS

B.5 Annual Report on Development of Zhongyuan Newspaper Group
Project Group / 049

B.6 Annual Report on Development of Zhengzhou Federation of Literary and Art Circles *Project Group* / 053

B.7 Annual Report on Development of Zhengzhou Federation of Social Sciences Circles *Wang Yuting* / 064

B.8 Annual Report on Development of Zhengzhou Xinhua Bookstore
Project Group / 076

B Ⅲ Special Researches

B.9 Strategic research on Zhengzhou constructing inheritance and innovation core area of Huaxia historical civilization. *Xu Yingjie, Liu Tao* / 083

B.10 Study on the content and form of inheritance and innovation of Huaxia historical civilization. *Xi Ge* / 095

B.11 To Build the distinctive image of urban culture, to enhance the competitiveness of Zhengzhou. *Bian Youyou, Bai Huali* / 108

B.12 To strengthen regional culture synergy development ability, to promote the inheritance and innovation level of cultural heritage. *Guo Yan* / 119

B.13 To develop the cultural tourism of Zhengzhou, to inherit and innovate Huaxia civilization. *Liu Yu* / 133

B.14 The Lesson from Zhongyuan culture element in the construction of Zhengzhou New District. *Shi Rui, Luo Laijun* / 150

B.15 To drive the development of Zhengzhou culture inheritance and innovation by using science and technology. *Liu Xiaohui* / 162

B.16 To comprehensively promote the reform of the cultural system, To create a good condition for the prosperity and development of culture.
Project Group / 174

B.17 Study on the problem of driving Zhengzhou's cultural industry transformation. *Yang Hua, Liu Tao* / 183

B.18　Countermeasure research about the development of Zhengzhou's
　　　 cultural industry.　　　　　　　　　　　　*Song Yanqin, Zhang Lu* / 196

B.19　Study on the industrial transformation of Zhengzhou's
　　　 culture resources.　　　　　　　　　　　　　　　　*Du Xuexia* / 209

B.20　The modern value and innovative use of the distinctive historical culture
　　　 resources in Zhengzhou.　　　　　　　　*Zhang Yu, Liu Jianjun* / 220

B.21　Study on Zhengzhou's cultural heritage protection
　　　 and utilization.　　　　　　　　　　　　　　*Hu Jizhong, Ren Wei* / 233

B.22　Study on the construction of Zhengzhou's city culture
　　　 brand.　　　　　　　　*Lian Jiangong, Jia Yuqiao and Ma Dong* / 245

B.23　Study on the construction of Zhengzhou's distinctive
　　　 historical culture street.　　　　　　　　　　　　　　*Ge Haixia* / 262

B.24　Investigation report on the current situation of art consumption of urban
　　　 residents in Zhengzhou.　　　　　　　　　　　　　*Wu Jinxiang* / 275

B Ⅳ　Cases Studies

B.25　Investigation report on the development and innovation of cultural
　　　 industry of Jinshui District.　　　　　　　*Li Xiuqing, Li Yanshan* / 290

B.26　Study on the problem of innovation of traditional culture propagating path.
　　　 ——*Investigation report on technical innovation of Zhengzhou Xinhai'an
　　　 Computer Color Printing Co., Ltd.*　　　　　　　　　　*Gao Yun* / 304

B.27　Study on the development of Zhengzhou antique shop.
　　　　　　　　　　　　　Xiong Xiangbin, Wu Xiaolu and Li Liangyu / 313

B Ⅴ　Chronicle of Events

B.28　Cultural Events of Zhengzhou from January to December in 2012
　　　　　　　　　　　　　　　　　　　　　　　　　　　　Ma Zhihui / 323

总 报 告

General Report

B.1 在加快郑州都市区建设进程中着力推进文化科学发展

赵 君 李兴志*

摘　要：

本报告以2012年郑州市文化改革发展的重要事件为线索，认真回顾总结和分析了文化体制改革、公益性文化建设、历史文化遗产保护、经营性文化产业发展等方面取得的成绩和进步。报告认为在加快郑州都市区建设进程中，推进文化科学发展要突出投资带动、转变发展方式、宏观指导、改革创新等关键环节，进一步加快文化强市建设，促进文化大发展大繁荣。

关键词：

关键词：郑州　文化　改革发展　工作建议

---

* 赵君，郑州市社科联主席、社科院院长、研究员；李兴志，郑州市文化体制改革和发展办公室副主任。

2012年，郑州市认真贯彻中央和省委、省政府的战略部署，深入贯彻落实党的十七届六中全会和十八大精神，在大力推进郑州都市区建设进程中，进一步加强文化改革发展工作，全面推进文化体制机制创新，大力发展文化产业，切实完善公共文化服务体系，努力建设华夏历史文明传承创新核心区。全市文化改革发展工作取得新的业绩，文化发展环境进一步优化，文化综合实力和对外影响力进一步增强。

一 坚持积极务实推进，文化体制改革完成阶段性工作目标任务

2012年是郑州市文化体制改革具有标志性的一年。在这一年里，市委、市政府强力推进文化体制机制创新，完善了组织领导机构，将原郑州市文化产业发展和文化体制改革工作领导小组更名为郑州市文化体制改革和发展工作领导小组，充实了领导同志；成立了郑州市文教卫体工作领导小组，市委、市人大、市政府、市政协分管领导分工负责，统筹协调文化建设各项工作。市委常委会、市政府常务会议多次专题研究全市文化体制改革工作，全市文化体制改革取得重大进展，从2005年至2012年底完成了中央和省委省政府确定的阶段性工作任务，也就是，基本完成国有经营性文化单位转企改制，基本完成文化市场综合执法改革，基本完成有线电视网络整合，基本完成电台电视台合并。2012年底在中央和省委省政府文化体制改革表彰中，郑州市群艺馆获全国文化体制改革工作先进单位称号，另有1个县市、5家单位、6名个人被评为全省文化体制改革工作先进。2012年全年改革工作情况有以下几个方面。

（一）完成非时政类报刊和文艺院团等经营性文化单位转企改制

为了顺利完成国有文艺院团和非时政类报刊出版单位改革，经市委专题研究，市委办公厅、市政府办公厅联合印发《关于深化市属国有文艺院团和非时政类报刊出版单位改制的总体方案》，明确改革路径和人员安置、财政支持政策，明确按照"老人老办法、新人新办法"的原则解决好改制单位"老人"按事业标准退休和按企业标准退休的待遇差问题。同时，市财政加大对改制单

位的扶持，保证改革平稳顺利推进到位。全市共有国有文艺院团10家，其中市直4家，6个县（市）各1家。郑州市杂技团已于2009年完成转企改制。在2012年的改革中，市直3家（郑州歌舞剧院、郑州市豫剧院、郑州市曲剧团）进行了转企改制，分别成立了新的公司。撤销新郑市、登封市、荥阳市、巩义市、新密市和中牟县所属的6家豫剧团，分别组建豫剧艺术传承和研究单位。对百花园杂志社和郑州广播电视报社两家非时政类报刊出版单位实行了转企改制，分别成立了郑州小小说文化传媒有限公司、郑州广播电视报社有限公司。对郑州小樱桃杂志社进一步理顺管理体制，理清产权关系，增强发展活力。

（二）完成县级有线电视网络整合

有线电视网络整合是国家三网融合的必然趋势，原郑州市经营管理的市区有线电视网络已于2009年出售给河南省有线电视网络公司，实现了郑州市区一城一网。这次改革的主要任务是完成县级有线电视网络的整合，郑州市涉及6个县（市）和上街区。这次县级有线电视网络整合的方式是，省里成立河南省广播电视网络股份有限公司，各县（市）以其拥有的有线广播电视网络资产入股，同时成立分公司。各县（市）对本县有线广播电视网络资产拥有所有权和处分权，但有线广播电视网络纳入全省统一规划、建设、管理和运营。这种整合方式得到了地方的认可。到2012年8月底，郑州的巩义市、新郑市、登封市、新密市、荥阳市、中牟县和上街区全部与河南广播电视网络股份有限公司签署整合协议，清产核资、债权债务处置、资产人员移交等具体工作按程序推进。

（三）完成市属电台电视台合并

郑州人民广播电台、郑州电视台是在2005年对原两家广播电台和三家电视台整合基础上成立的。这次电台、电视台合并是河南省委、省政府安排的2012年底前必须完成的刚性改革任务。郑州市结合实际情况，学习借鉴全国其他省辖市电台电视台合并的成功经验做法，市委常委会专门听取汇报，专题研究了郑州人民广播电台、郑州电视台合并工作，决定两台合并成立郑州广播电视台，归属郑州市委宣传部管理，呼号暂保持不变。郑

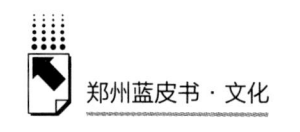

州人民广播电台、郑州电视台合并成立郑州广播电视台，是郑州市文化阵地建设和文化改革发展的一件大事，为进一步提升全市新闻舆论的影响力创造了条件。

二 坚持惠民利民，公益性文化服务水平进一步提高

2012年，郑州市紧紧围绕建设郑州都市区的目标，以创建国家公共文化服务体系示范区为抓手，以政府为主导，积极推进重大公共文化服务工程，优先安排关系人民群众切身文化利益的设施建设，坚持为改善民生创造文化条件，大力推进城乡公益性文化一体化发展，公共文化服务能力和水平得到不断提高，市民群众得到更多更好更便捷的文化服务。

（一）文化基础设施建设全面加强

全市不断加大文化基础设施建设的投入力度，世界客属文化中心、郑州图书馆新馆等标志性文化项目相继建成，为公共文化服务体系建设打下了坚实基础。11个县（市）区的图书馆、文化馆建成并投入使用，其中市内五区两馆建设全部达到国家二级馆标准。郑州市文物考古研究院、商都博物院完成立项和方案设计。截至2012年底，国家公共文化服务体系示范区建设验收标准（中部）的8项必备创建条件，已达标6项，为郑州市建成国家公共文化服务体系示范区打下牢固基础。

（二）文化惠民工程进一步扎实推进

对于文化信息资源共享工程，市级和各县（市）区全部建设了支中心，改造633个村级服务点。基层文化阵地建设上，全市114个乡镇（街道）都有单独设置、建筑面积300平方米以上的综合文化站。全年新建改建了200个社区文化活动中心、100个农村文化大院、300个社区公共电子阅览室，社区（行政村）文化活动中心（文化大院）已实现全覆盖。广播电视村村通工程实现了广播节目全覆盖、电视信号覆盖面达到98%以上。农村电影放映工程完成了每月每个行政村放映一场公益电影的目标，全年累计放映23520场，并免

费为乡村、社区居民演出了1000场戏曲（剧）。农家书屋工程2009年以来共建成1278个。文化惠民工程的强力推进，为广大人民群众开展各种文化活动、提高自身的科学文化素养搭建了良好平台。

（三）文化创新和服务能力持续提升

郑州进一步加强精品文艺创作，舞剧《水月洛神》获中宣部"五个一工程"优秀作品奖，群舞《我们在黄河岸边》获第八届中国"荷花奖"舞蹈大赛当代舞金奖，电影《念书的孩子》获得圣地亚哥电影节最高奖项最佳电影奖。舞剧《水月洛神》相继参加国家大剧院举办的"2012新春演出季"活动、"文化部推荐优秀剧目（洛阳）展演月"等演出，豫剧《斗笠县令》在北京长安大戏院演出，走向首都北京大舞台。举办了中原动漫嘉年华、全国少儿街舞大赛、全国精品儿童剧郑州展演节等各类文化活动，引导树立正确的文化消费观念，吸引群众的广泛参与，赢得良好的社会效益和经济效益。精心举办了壬辰年黄帝故里拜祖大典文艺活动、中国郑州国际少林武术节、中国（郑州）印刷包装产品博览会等大型节会，承办了第八届中国"荷花奖"舞蹈大赛，进一步扩大了中原文化对外影响力。继续举办社区文化活动月、社区文化活动周、"戏曲周末大舞台"等活动，充分调动了市民群众参与文化活动的热情。市县两级图书馆累计接待读者120万人次，举办各级各类读者活动480余次，参加读者近96万人次。全国文化信息资源共享工程郑州支中心运行平稳，播出文献纪录片、健康讲座等20余期，参与读者7000多人次，电子阅览室读者免费上网11000人次，取得了良好的社会效益。

三 坚持传承与创新并举，历史文化遗产保护取得新的明显进展

郑州是国家重要的历史文化名城，华夏历史文明最重要的发祥地之一。河南省委省政府在推进华夏历史文明传承创新区建设中，把郑州作为核心区来打造。沿着这一发展思路，2012年郑州市历史文化遗产保护取得新的明显业绩。

（一）文物保护工作进一步加强

郑州市继续做好登封"天地之中"历史建筑群保护管理工作，登封"天地之中"历史建筑群世界文化遗产监测预警体系建设项目成为国家首批世界遗产监测试点地区之一。继续开展登封"天地之中"历史建筑群文物本体保护工作，启动少林寺塔林保护维修工程和少室阙保护房建设工程，做好"天地之中"历史建筑群遗产地景区整改工作。全面推进大运河申报世界文化遗产工作，认真抓好运河沿线保护与环境整治方案编制工作，编制了《大运河通济渠荥阳古城段环境整治方案》及《惠济桥文物保护规划及环境整治方案》，稳步推进大运河郑州段相关遗产点保护工程，全面启动大运河郑州段档案系统和遗产监测预警系统建设工作。大力加强全市博物馆体系建设。全面推进国有博物馆建设，郑州纺织工业遗址博物馆项目积极推进。大力支持民办博物馆发展，郑州市登封窑陶瓷博物馆对社会开放，郑州城外城陶瓷艺术博物馆批准成立，郑州市古荥汉代冶铁遗址博物馆与筹建中的郑州汉石雕博物馆正式签约。

（二）文物考古工作取得新成果

郑州老奶奶庙旧石器遗址喜获"2011年度全国十大考古新发现"殊荣，这也是郑州市连续五年获得"全国十大考古新发现"荣誉。与北京大学文博学院合作组织发掘了东赵商城遗址，为申报全国考古新发现奠定了基础。2012年，郑州全年完成文物勘探项目230个，勘探面积802.6万平方米，发现各类遗迹1295处。全年完成考古发掘项目70项，发掘遗址面积28200平方米，出土文物3200件，陶片2900包（袋）。正在进行考古发掘项目15项，发掘墓葬921座。加强嵩山文明与中华文明起源学术研究，举办了中国早期城市与文明暨2012年中华之源与嵩山文明论坛，与北京大学等单位联合主办了"嵩山论坛"国际研讨会，出版了《郑州历史地理研究》、《中国登封窑》等学术论著。

（三）文物保护基础工作进一步加强

郑州市研究制定了《郑州市历史文化遗产保护展示利用五年规划实施方

案》，明确提出实施"25101"工程，即规划建设25个遗址公园、10座国有博物馆、郑州市文物保护科技中心。郑州在全国率先推进全国重点文物保护单位保护规划编制工作，完成了《大遗址郑州片区保护利用战略规划》以及12项重点文物保护专项规划，为今后郑州文物保护以及建设华夏历史文明传承创新区打下了基础。文物保护重点工程项目积极推进，郑州商都遗址和相关配套工程中，西南城墙本体保护及外侧绿化工程、商城遗址东南城墙抢险加固工程、郑州城垣遗址东大街段加固维修项目及周边绿化等全部完成，视觉形象展示系统工程6处展示点完成5处。经批准，6月份郑州市成功举办2012年中国文化遗产日主场城市活动。活动期间，先后组织举办了登封观星台古代天文学展演、中岳庙中岳神祭祀仪式、嵩阳书院诵读儒家经典活动、少林寺武术表演、全国青少年文化遗产知识决赛及颁奖等一系列活动，宣传、推介和展示了郑州丰富的历史文化遗产，受到国家文物局及社会各界广泛好评。

四 坚持做大做强，经营性文化产业保持良好发展态势

文化产业作为战略性新兴产业和现代服务业的重要组成部分，是郑州市未来的支柱性产业。经全力推进，2011～2012年，文化产业继续保持了快速发展的良好势头，全市文化产业的发展速度、规模、质量都上了一个新水平。

（一）文化产业得到有力的引导和扶持

市委、市政府和市直宣传文化部门把文化产业作为全市"三大主体"工作的重要内容，采取得力措施，加大引导和扶持，大力促进了文化产业快速发展。一是在产业规划上，市委、市政府积极规划打造新的文化产业中心区，完善城市文化功能区，建设一批新的文化重点设施和项目，引导文化产业聚集发展。二是在财政资金扶持上，中央、省市文化产业专项资金继续加大对成长性文化产业项目的扶持，有力促进了文化产业结构调整和成长壮大。2012年，全市有2个项目获得中央文化产业发展专项资金扶持，有7个项目获得省级文化产业发展专项资金扶持。市财政拿出资金2150万元，对38个文化产业项目

予以扶持，获得扶持的项目数比上年增长43.3%。三是在招商引资上，市里分别组织参加了第八届深圳文博会、第五届海峡两岸文博会、第七届北京文博会等文化产业展会，文化产业项目招商签约金额1.5亿美元。四是在典型示范引导上，命名30个市级文化产业示范基地、15个文化产业特色乡村，努力培育有创新能力、有知名品牌、有自主知识产权的文化企业集群发展。五是在宣传引导上，建立了文化产业媒体宣传平台：郑州电视台专题栏目《郑州最新鲜》、郑州人民广播电台专题栏目《文化郑州》、《郑州晚报》专题栏目《文化产业周刊》、人民网河南频道专题栏目《郑州市文化产业》、《中原手机报》专题栏目《文化产业周刊》以及DM杂志《郑州文化产业》等，对全市文化企业、文化项目、文化产品、文化服务等进行集中宣传报道，营造了良好发展氛围。大力推动非公有制文化企业党建工作，2012年指导30家非公文化企业成立了党组织，并分别带动成立了工会、团组织、妇联等群团组织各30家，提高了文化产业的核心竞争力。

（二）文化产业整体发展水平进一步提高

由于国家在2012年调整了文化产业统计指标体系，2012年全市文化产业统计工作相对滞后，但从全市2011年的统计数据来讲，文化产业呈现广阔的发展前景和旺盛的发展活力。一是从总量上讲，2011年全市文化产业法人单位增加值113.72亿元，比上年增加了18.69亿元，增长19.67%（现价），占全市GDP的2.28%，占全省文化产业发展单位增加值的25%以上，稳居全省的1/4。2011年，全市文化产业法人单位从业人员9.17万人，比上年增加0.46万人，增长5.26%。二是从经济效益上讲，2011年，文化产业法人单位从业人员人均实现增加值12.41万元，比2008年（8.69万元）高出3.72万元，比全部从业人员人均增加值高出2.26万元，比第三产业从业人员人均增加值高3.16万元。三是从文化消费上来讲，城乡居民在文化消费上的支出大幅增长。2011年，全市城镇居民家庭人均可支配收入比上年增长14.37%；人均消费支出同比增长13.37%；人均用于文化消费支出937.57元，同比增长16.19%，明显高于其他方面的消费支出。2011年全市农村居民家庭人均生活消费支出同比增长21.82%；人均用于文化娱乐消费支出471.27元，同比增长23.39%，增长速度也明显高于其他方面的支出。无论是城镇居民还是农村居民，用于文化消费的比例都在明显大幅提高。

（三）文化产业重点领域取得新的突破

一是动漫产业继续呈现快速发展局面，小樱桃、华豫兄弟、天乐等一批品牌的影响力进一步增强，全市有19部动画片（总时长11377分钟）经国家广电总局制作备案公示，3部动画片（总时长1486分钟）被广电总局推荐为优秀国产电视动画片，全市动画片生产的总量和质量进一步提高。二是图书发行业加快发展。郑州市新华书店的郑州购书中心建成开业，改扩建后的郑州购书中心精心打造了原版音像销售区、原版外文图书销售区、少儿绘本区、河南文化艺术中心等专区，设立了专业类书柜，开创了店中店销售模式，形成了具有规模和品牌效益的多元化经营格局，标志着市新华书店在加快经营结构调整、优化产业结构、实现经济发展方式转变上迈出了坚实一步。三是报刊业呈现全面发展格局，竞争力不断提升。动漫杂志《小樱桃》完成改革任务，理顺了体制机制，开办了面向河南省青少年共青团员的专刊，市场竞争力进一步增强。百花园杂志社和郑州广播电视报社完成转企改制，为《小小说选刊》、《百花园》和《郑州广播电视报》进一步发展注入了新的动力与活力。中原报业传媒集团成立后，以不断提升舆论引导能力和不断创新媒体助政水平为目标，以重点项目建设为抓手，拓宽产业渠道，加快推进新闻大厦、"云中原"手机客户端、党报阅报栏、报刊亭退路进店和自动售报机等重点项目建设，集团公司呈现多元化经营格局，发展速度和效益进一步提升。比如，党报阅报栏项目，截至2012年底已更新300余座，招商招标工作顺利推进，年经营收入有望达到1000万元。四是文化娱乐业取得突破性进展。全国最大的华强文化科技产业基地——郑州方特欢乐世界一期工程建成开业，一期项目总投资50亿元，项目是全国一流的文化科技主题公园组团，拥有自主知识产权，具有全国影响力和竞争力，是集创意、研究、生产、销售于一体的全国一流文化科技产业基地，这个项目受到市场的普遍欢迎，提升了郑州娱乐业的水平和档次，收到良好的社会效益和经济效益。

五 对2013年郑州文化改革发展的建议

2013年是贯彻落实党的十八大精神的第一年。在十八大精神指导下，全国整体改革将全面深入推进，转变经济发展方式的步伐将进一步加快，文化改革发展面临着新的形势。特别是"我国文化市场已从'短缺'转向'短缺'与'过剩'并存，我国的文化产业正在从'分业发展'走向融合发展"，文化发展进入了新的周期。要适应全国形势的变化，必须进一步加强对文化改革发展的组织领导，注重顶层设计，提高文化体制改革的质量，全面建设国家公共文化服务体系，促进文化产业升级，努力建设文化强市，加快推进文化大发展大繁荣。

（一）突出投资带动，兴起建设文化强市新热潮

投资不足一直是制约郑州文化发展的瓶颈，不论是公共文化服务设施建设、专业文化场馆建设、文物保护方面，还是文化产业发展方面，都存在投资不足的问题。2013年郑州市委、市政府工作总要求是"强投资、夯基础、调结构、求提升"，文化建设要紧紧抓住这个机遇，扩大文化建设投资规模，加快已纳入规划的一批重点项目建设。一要加大对政府主导的文化建设项目的投资力度。这里主要有已纳入规划的新文化功能区重点项目、创建国家公共文化服务体系示范区重点项目、文化遗产保护和传承创新重点项目，要争取各级财政文化建设资金，推动这一大批重点项目开工建设。通过对这些重点文化设施、文化阵地、文化遗产地的投资，打造郑州都市区新的文化功能区和文化建设高地，构建新的文化产业发展集聚区；把郑州创建成为国家公共文化服务体系示范区，基本建成设施网络覆盖城乡、服务供给高效便捷、组织支撑坚强牢固、保障措施持续有力的公共文化服务体系，提升公共文化服务水平；建设郑州国家大遗址片区，加快建设华夏历史文明传承创新核心区，打造华夏历史文化品牌，进一步提升郑州对外文化影响力，把郑州建设成为具有国际影响力的文化名城。二要加大对文化产业项目的投资。对已列入计划的沿黄河文化产业带重点项目、华强文化科技产业园二期工程、石佛艺术公社等，要按设计规模

加快投资进度，早投资、早见效益。要加强文化产业发展的投融工作，建立文化产业发展投融资平台。要充分发挥郑州商都文化投资公司的国有文化企业投融资平台作用，积极探索设立文化产业投资基金、动漫产业发展投资基金等，形成全社会投资文化产业发展的大格局。要加大文化产业项目招商引资，大力支持有条件的文化企业上市融资。三要加快创新文化投融资机制。要加快改革财政投入文化的支出结构，建立公共财政对文化建设投入的稳定增长机制和财政购买公共文化服务的机制，保证公共财政对文化建设投入的增长幅度高于财政经常性收入增长幅度，大幅提高文化建设支出占财政总支出的比例。同时，要充分发挥财政对文化产业发展的宏观调控作用，更好地发挥市级文化产业发展专项资金和动漫产业发展专项资金的导向作用，以奖励、补助、贴息等方式引导全社会更多的资金投向文化产业发展。

（二）突出转变发展方式，推进文化产业科学发展

转变发展方式、推进科学发展，是贯彻落实党的十八大精神和"十二五"规划的主线。一方面，加快发展文化产业对于整个国民经济调结构、转方式有重要的战略意义，同时文化产业自身也面临着转变发展方式的艰巨任务。一要加快推进文化与高科技的融合，提高全市文化产业发展档次。文化的传播和创新方式与高科技的发展紧密相连，当前我国文化已成为新技术集成应用最广泛的领域之一。数字技术、互联网技术改变了文化的传播方式，催生出新的文化业态，创造出新的文化消费方式。郑州近年来文化建设的科技水平不断提高，但总体上要加快推进。要整体推进全市文化数字化、网络化建设，用数字技术和网络技术促进文化建设转型升级。比如，加快推进全市有线电视网络数字化和双向化改造，整合文化资源，实现从看电视向用电视的跨越。进一步推进市属广播、电视、报刊、互联网相互渗透，建立综合性的传播平台，迎接全媒体时代的挑战。提高公共文化服务的数字化、网络化水平，运用数字化技术手段建设文化市场技术监管平台，提升文化市场监管水平。在文化遗产保护上，要加快推进文化遗产信息资源、数字资源开发利用，提升郑州优秀华夏历史文明展示水平和传播能力。二要加快推进文化与经济的融合。文化与经济的融合是当前世界发展的大趋势，文化产业渗透于国民经济各行各业，不仅可以转变文

化产业的发展方式,也可以增加物质产品和现代服务业的附加值、文化含量和人本关怀,从而推进整个经济发展方式的转变。比如,2012年国家颁布的文化及相关产业分类标准,把"建筑设计服务"作为一个小类列入文化产业统计范围,充分说明建筑设计要突出文化的内涵,文化元素要融入建筑设计之中。改革开放几十年来,我国城市建设发生翻天覆地的变化,然而城市建筑普遍没有个性特色和文化特色,其根源就是我们的建筑设计没有吸纳文化元素。推进我国传统建筑文化与当代建筑文化的融合创新,必能促进建筑业发生质的变化。再如,文化产业与制造、服装、信息、包装、旅游、装饰等产业融合,不仅能够大大提升文化的传播力和影响力,而且也可以提升相关产业的品牌价值。三要积极引导和扩大文化消费。文化消费是推动文化产业发展的内在动力。统计数据表明,郑州市近年来文化消费正处于快速增加的旺盛时期。要适应这种城乡居民消费结构的新变化和文化产品的市场新需求,利用数字化、网络化带给人们全新的文化消费体验,加大文化产品和服务的供给,提供个性化的文化产品和服务,培育新的文化消费增长点。要大力扶持文化企业开发特色文化消费,规划建设特色文化街区,拓展群众文化消费市场。要通过提供消费补贴等方式,刺激各类文化消费,大幅提升文化消费规模、档次和水平。

(三)突出宏观指导,加强文化产业基础统计工作

科学的统计调查数据是加强文化产业宏观管理,推进文化产业发展的基础。但从2005年郑州市提出推进文化产业发展开始,文化产业统计工作一直落后于工作需要,落后于产业发展的需要。2005~2011年,郑州市执行国家统计局颁布的《文化及相关产业分类(2004)》的统计标准,每年文化产业统计数据总是比其他国民经济统计数据晚半年出来,没有县区数据。2011年的统计数据只统计到文化产业法人单位,非法人单位不在统计之列。2012年,国家统计局按照党的十七届六中全会精神和全国文化产业发展的实际情况,颁布实施了文化及相关产业分类新标准——《文化及相关产业分类(2012)》。这个新标准兼顾部门管理需要和可操作性,并与联合国教科文组织《文化统计框架——2009》相衔接,它的实施将使文化产业统计工作水

平、相关统计数据的权威性和政府统计的公信力得到提升。所以，郑州市要落实好这个新标准的实施，解决统计数据缺失、统计口径不一、统计制度不完善的问题。一要尽快完善全市文化产业统计指标体系，建设完善的文化产业统计制度，全面、科学地统计全市文化产业发展的基本情况，为文化产业宏观决策和全行业监测提供科学的数据基础。二要研究全市文化产业统计季报、月报制度。目前，我们只有文化产业统计年报制度，要逐步建立季报制度、月报制度。三要推进各县区建立文化产业统计制度，搞好每个县区的文化产业统计工作，及时掌握文化产业区域发展动态，为全市文化产业宏观管理提供必要的依据。

（四）突出改革创新，进一步深入推进文化体制改革

党的十八大提出了到2020年全国文化改革发展的目标，专门就文化体制改革的目标提出："加快完善文化管理体制和文化生产经营机制，基本建立现代文化市场体系，健全国有文化资产管理体制，形成有利于创新创造的文化发展环境。"改革是最大的红利，是推进发展的根本动力。郑州文化体制改革经过从2005~2012年的大力推进，完成了经营性文化单位转企改制，建立了文化市场综合执法机构，成立了综合性的文化行政管理部门，整合了有线电视网络资源，基本完成了中央要求的前一阶段的改革目标任务。但是，全市文化体制改革的任务依然很重，文化体制改革工作不能放松。总体上讲，要完善提高、落实政策、深入推进，把体制机制创新与促进文化产业发展紧密结合起来，整体提高改革的质量。一要落实改革的配套政策。虽然基本完成了阶段改革任务，但很多方面没有推进到位。百花园杂志社和郑州广播电视报社改革中"老人老办法、新人新办法"政策，财政扶持政策等都要落到实处。已改制的郑州市新华书店和郑州市杂技团的人员安置也必须按"老人老办法、新人新办法"的原则，尽快解决好。转企改制单位的税收减免政策也要认真落实到位。二要继续深入推进各方面改革到位。在广播电视方面，要组建郑州广播电视台，积极研究县级广播电视台合并的路径和方法；要加快推进县级有线网络整合进度，建立县级分公司，落实全省有线广播电视网络"一张网"的要求；要加快推进全市有线电视数字化改造。特别是，要认真研究在有线广播电视网

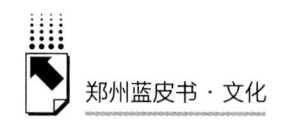

络交给省公司管理后，市、县两级广播电台、电视台的发展模式。在文艺院团方面，要建立完善的现代公司制度，面向市场，独立自主地开展剧目的创作生产和市场推广，真正使国有文艺院团成为做强做大文化艺术产业的主力军。在图书发行方面，要尽快理顺郑州市新华书店的产权关系，支持其跨区域、跨行业经营，加快发展步伐。在报业上，要支持中原报业传媒集团完善内部经营机制，落实改革政策，鼓励其开展多元化经营，尽快成为支撑全市文化产业发展的重要骨干企业。

分 报 告
Division Reports

B.2
2011~2012年郑州市文化产业发展综述

孙军培*

摘　要：

积极推进文化产业发展，对于打造文化都市、提高郑州市城市品位、促进和巩固郑州在中原经济区的核心地位有重要作用。本文在调研郑州市文化产业发展现状的基础上，分析了郑州市文化产业发展中存在的问题，提出了加快郑州文化产业发展的总体思路和对策。

关键词：

文化产业　行业发展　产业结构

文化产业是国际公认的21世纪最有发展前途的朝阳产业之一，党的十七届六中全会，把文化产业定位为国民经济支柱性产业，这是时代的进步，也是历史发展的必然。近年来，郑州市深入贯彻落实科学发展观，积极推动社会主

---

* 孙军培，郑州市统计局。

义文化大发展大繁荣,高度重视文化产业发展。全市文化产业总量进一步扩大,各项主要指标稳步发展。以下对文化产业的核算与分析,均为省统计局所认定的郑州市文化产业法人单位部分。

一 文化产业发展现状

(一)文化产业总量持续稳步增长

2008~2011年,郑州市的文化产业持续发展,文化产业法人单位增加值及从业人员逐年递增。2011年,全市文化产业法人单位实现增加值113.72亿元,比上年增加了18.68亿元,增长19.67%(现价)。法人单位从业人员9.17万人,比上年增加0.46万人,增长5.26%。郑州市文化产业法人单位增加值多年来一直保持在全省第一位,占全省总量的25.0%左右(见图1)。

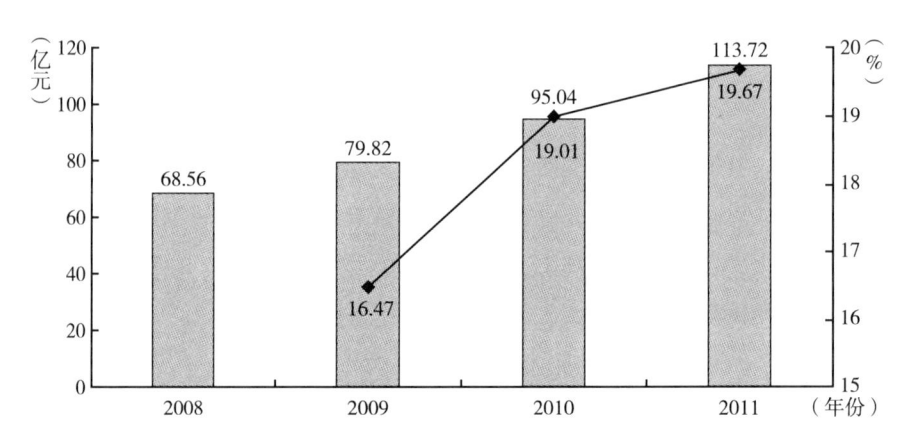

图1 2008~2011年郑州市法人单位文化产业增加值及增长速度

发展速度保持较快增长。与2008年相比,2011年全市文化产业法人单位增加值增加了45.16亿元,增长65.87%。2008~2011年,全市文化产业法人单位增加值年均增长18.37%(现价),比同期地区生产总值的现价年均增长速度(18.35%)略高,比第三产业增加值的年均现价增长速度高出1.91个百分点。法人单位从业人员比2008年增加1.27万人,年均增长5.11%,比全社会从业人员年均增长速度高0.83个百分点。占全社会从业人员的比重为1.87%，比2008年提高0.5个百分点。

文化产业经济效益进一步提高。2011年，文化产业法人单位从业人员人均实现增加值12.41万元，比2008年（8.69万元）高出3.72万元，比全部从业人员人均增加值高出2.26万元，比第三产业从业人员人均增加值高3.16万元。

（二）内部结构相对稳定，核心层仍是主体

按照国家统计局颁布的文化产业相关分类，将文化产业划分为核心层、外围层、相关层。2011年，全市法人单位文化产业核心层实现增加值约67.70亿元，从业人员约5.13万人，占全市文化产业法人单位增加值的59.52%，占从业人员的55.93%；外围层实现增加值约16.67亿元，从业人员约2.48万人，占全市文化产业法人单位增加值的14.66%，占从业人员的27.02%；相关层实现增加值约29.36亿元，从业人员约1.56万人，占全市文化产业法人单位增加值的25.82%，占从业人员的17.05%（见表1）。

表1　2011年郑州市文化产业法人单位主要指标

层别	文化产业分类	增加值（万元）	增加值比重(%)	从业人员（人）	从业人员比重(%)
	合　计	1137244	100	91661	100
核心层	核心层小计	676985	59.52	51265	55.93
	一、新闻服务				
	二、出版发行和版权服务	337454	29.67	31586	34.46
	三、广播、电视、电影服务	280240	24.64	10707	11.68
	四、文化艺术服务	59188	5.20	8942	9.75
外围层	外围层小计	166666	14.66	24766	27.02
	五、网络文化服务	3484	0.31	674	0.74
	六、文化休闲娱乐服务	113869	10.01	14059	15.34
	七、其他文化服务	49314	4.34	10033	10.95
相关层	相关层小计	293592	25.82	15630	17.05
	八、文化用品、设备及相关文化产品的生产	239793	21.09	10871	11.86
	九、文化用品、设备及相关文化产品的销售	53800	4.73	4759	5.19

2011年核心层、外围层、相关层实现的增加值之比为59.52∶14.66∶25.82，从业人员之比为55.93∶27.02∶17.05。与上年相比，结构相对稳定，核心层占59.53%，仍居主体地位。

从分类别发展情况看，实现增加值位居前三位的分别是出版发行和版权服务，广播、电视、电影服务，文化用品设备及相关文化产品的生产。2011年，这三个行业的增加值分别为33.75亿元、28.02亿元和23.98亿元，合计为85.75亿元，占文化产业增加值的75.4%。

（三）文化服务业创造的增加值最大，增速最快

2011年，我们执行的《文化产业分类标准》，涵盖《国民经济行业分类》中的80个中小类，可以归纳为文化产品制造业（18个中小类）、文化产品批零业（17个小类）和文化服务业（45个小类）。

从总量上看，2011年，在全市文化产业法人单位中，文化服务业实现增加值约61.65亿元，占全部增加值的54.21%；文化产品制造业实现增加值约43.93亿元，占38.63%；文化产品批零业实现增加值约8.15亿元，占7.16%。文化服务业创造的增加值最大，批零业创造的增加值最小（见表2）。

表2　2011年郑州市法人单位文化及相关产业核算

专业类型	增加值（万元）	所占比重（%）	从业人员（人）
法人单位合计	1137244	100.00	91661
文化产品制造业合计	439310	38.63	22282
规模以上工业	362534	31.88	14367
规模以下工业	76776	6.75	7915
文化产品批零业合计	81465	7.16	7060
限额以上批零	40026	3.52	3132
限额以下批零	41439	3.64	3928
文化服务业合计	616468	54.21	62319
服务业企业	293674	25.82	47210
非企业单位及其他	322794	28.38	15109

从增长速度上看，2011年，文化服务业、文化产品制造业、文化产品批零业创造的增加值分别比上年增长21.60%、19.07%和9.46%。文化服务业增长速度最快，批零业相对最慢。

（四）城乡居民文化消费日益活跃

文化消费是文化产业发展的根本动力，文化消费需求高度依赖于物质生产水平和收入水平，随着国民经济的持续快速发展，城乡居民的收入水平不断提高，城乡居民家庭在文化娱乐方面的支出也有不同程度的增长。城镇居民：2011年，全市城镇居民家庭人均可支配收入21612元，比上年增长14.37%；人均消费支出14500元，同比增长13.37%；人均用于文化娱乐用品及服务的支出937.57元，同比增长16.19%，占人均消费支出的6.47%，比上年提高0.16个百分点。农村居民：2011年，全市农村居民家庭人均纯收入11050元，同比增长19.78%；人均生活消费支出7622.49元，同比增长21.82%；人均用于文教娱乐用品及服务支出471.27元，同比增长23.39%，占人均生活消费支出的6.18%，比上年提高0.07个百分点。从以上分析可以看出，无论是城镇居民还是农村居民，用于文化消费的比例都在不断提高。

（五）积极搭建管理服务平台，助推文化产业发展

坚持园区带动，坚持项目带动，文化产业发展势头强劲。一是项目建设进展顺利。先后储备文化产业及融资项目83项，郑州图书馆新馆、郑州群艺馆新馆和郑州华强文化科技产业基地、国家动漫产业发展基地（河南基地）项目，成功被纳入国家"十二五"地市级三馆专项建设和2011年度省重点建设项目规划，将争取上级扶持专项资金6663万元。国家动漫产业发展基地（河南基地）项目2011年投资1.99亿元，累计投资已实现4.1亿元。郑州动漫产业基地现已竣工并投入使用。二是参展招商效果明显。通过深圳文博会、杭州动漫节、河南投洽会、上海国际艺术节演出交易会等会展招商和银企对接活动，先后引导撬动社会资金300多亿投入38项文化产业项目，为文化产业发展注入强劲动力。三是动漫产业快速发展。对动漫企业进行政策引导和资金扶持，涌现出小樱桃、华豫兄弟、天乐等一批知名品牌，带动了郑州市动漫产业的快速发展。

（六）公共文化、文艺表演和群众文化丰富多彩

公共文化服务设施建设稳步推进。郑州图书馆新馆（市民文化中心）基

建工程即将竣工,已累计完成投资约5.6亿元。中央投资购置设备新建乡镇文化站22个、城市街道办事处文化站13个、社区文化活动中心45个。截至2011年底,郑州市共有公共文化设施(包括艺术表演团体、艺术表演场馆、群众艺术馆、文化馆、公共图书馆、博物馆)69个。公共图书馆14个,总藏量6101千册,举办各种活动259次,每万人拥有公共图书6888册;艺术表演团体18个,全年共演出4300多场,其中到农村演出3350场;艺术表演场馆11个,演(映)出656场,观众达35.1万人次。群众文化向规模化、特色化方向发展。2011年相继参与或承办了"新春畅想——2011郑州市迎新春电视文艺晚会"、民间文艺展演、"郑州市第四节少儿文化艺术节"、"绿色周末"特别节目——哈密歌舞团专场演出、"2011中原动漫嘉年华"等50余场大型文化活动。首次举办的2011年"情暖新春"专场文艺演出活动,连续演出16场戏曲、综艺晚会,吸引近3万名群众观看;组织开展的第八届绿城读书会参与群众达50万之众。

二 文化产业发展中存在的问题

(一)文化产业规模小、比重低,与经济发展不同步

近年来,郑州市的文化产业总量虽然呈逐年增长,但占GDP的比重仍然较低。2011年郑州市法人单位文化产业增加值113.72亿元,总量位居全省第一位,占同期地区生产总值的比重为2.28%,仅位居全省第四位,比第一位的开封市(4.98%)低2.7个百分点,比第二位的许昌市(4.28%)低2个百分点,比第三位的焦作市(2.36%)低0.08个百分点。与郑州市"十二五"时期文化发展总体目标"文化产业加快发展,文化产品和服务的供给能力明显增强,文化产业增加值占生产总值比重达到7%以上,实现年均增长25%,成为经济发展的重要支柱性产业"[1] 还有很大差距。

---

[1] 目标中的"文化产业增加值占生产总值比重达到7%以上",与本文中使用的法人单位文化产业增加值占生产总值比重不完全是同一口径,但法人单位是郑州市文化产业增加值的主要创造者,也足以表明与目标的差距。

（二）产业结构不够合理，外围层偏低

文化产业的"核心层"、"外围层"和"相关层"的划分，一定程度把传统意义上的文化与新兴文化，以及文化产品生产、流通与文化服务区分开来。通常可理解为"核心层"为传统文化，"外围层"为新兴文化。2011年，郑州市文化产业法人单位核心层、外围层、相关层的增加值之比为59.52∶14.66∶25.82，代表新兴文化的外围层所占比重最低，只有14.66%。新兴文化比重偏低将不利于郑州市文化产业的快速发展。

（三）文化产业投入依然较弱

虽然文化产业对于经济发展的促进作用得到了社会各方面的认同，但与其主导产业地位相比，近年来，郑州市的文化产业投入仍然较弱。2011年，全市地方财政一般预算支出中的文化体育与传媒支出为8.63亿元，比上年减少了0.6亿元，占一般预算支出的比重为1.52%，比上年下降了0.64个百分点。在固定资产投资方面，2011年全社会固定资产投资3002.53亿元，比上年增长8.91%，其中文化体育与娱乐支出28.25亿元，比上年下降26.03%，所占比重只有0.94%，比上年下降0.45个百分点（见表3）。

表3 历年有关文化产业投入统计

单位：亿元，%

年份	财政一般预算支出	文化体育与传媒支出	占一般预算比重	全社会固定资产投资额	文化、体育和娱乐	占全社会固定资产投产额比重
2007	240.68	4.86	2.02	1367.31	22.43	1.64
2008	289.50	6.99	2.41	1772.75	15.63	0.88
2009	353.05	11.37	3.22	2289.08	32.42	1.42
2010	426.80	9.23	2.16	2756.98	38.19	1.39
2011	566.58	8.63	1.52	3002.53	28.25	0.94

（四）文化产业统计不够完善

目前我国对文化产业的统计还处于初步阶段，还没有建立起一套统一、科

学、合理的统计制度。各地区的统计范围、统计方法等不尽一致，自成体系。2010年12月，国家统计局制定并发布了《文化及相关产业统计方案（试行）》（国统字［2010］133号），对我国文化产业的统计对象、统计范围、统计内容和资料来源进行了规范，对文化产业增加值的核算方法进行了规定，但仍不完善。如不能全面反映一个地区的文化产业发展全貌，对省级以下地区，尤其是县（市、区）不太适用等。统计标准、统计方法的不确定，不利于年度间数据的衔接和地区间数据的比较。

三 加快文化产业发展的建议

加快文化产业发展，是坚持科学发展观、构建和谐社会的内在要求，是优化产业结构、转变增长方式、培育新的经济增长点的战略举措，是提升城市产业综合竞争力、实现可持续发展、满足人民群众日益增长的精神文化需求的必然选择。

（一）大力发展文化产业，尽快促进文化产业成为支柱性产业

一是加快产业结构调整，加快集群式建设和集约式发展。要以主导产业、优势品牌和新型业态为重点，以重大项目建设为支撑，科学规划、合理布局，积聚资源、集合优势，加大投入、加强扶持，着力建设一批特色突出、带动明显、辐射效应强的文化园区（基地）。深入促进文化创意与相关产业深层次融合，催生新的文化业态。积极鼓励文化企业自主创新能力的提升，以推动传统文化优化升级。

二是大力发展文化创意新业态，以新业态的发展促进产业结构调整。要对新业态给予技术支持，促进科技与文化创意产业的深度融合，从投资、财税、准入许可、文化产品流通诸方面给予开发、研制、引进使用高新技术，以政策优惠，鼓励采用现代网络技术、三维动画制作技术、数码影视技术等，提高文化产品技术含量，增强市场竞争力。

三是大力引进高端人才。抓紧培养和引进各领域、各门类拔尖人才和领军人物，以及大量的复合型人才、经营型人才和高素质人才。促进科技、人才与

文化产业的深度融合，还要洞察文化产业部门兴衰的先机，在培育新兴文化业态上有所突破。

（二）大力推行"品牌战略"，引领文化消费意识，提升文化消费水平

一定的文化品牌包含着深刻的文化内涵与特色服务的名牌产品，它既是一种有形的产品，又是一种无形的资产，可以反复转化为物质财富。郑州历史悠久，我们可利用深厚的历史文化底蕴，大力推进"品牌战略"，提高研究能力和设计能力，以设计、品牌为载体附加文化价值，以产品和服务中的文化价值提升经济价值，以坚守质量第一、保护品牌声誉为宗旨，从而实现郑州市文化价值升级。

消费是拉动经济增长的动力源泉，文化产业发展依赖于文化消费需求，因而积极培育、引领文化消费意识有利于促进文化产业的发展。推动文化消费，发展文化市场，一要通过学习、教育和引导，提高人们的文化素质，提升人们消费的审美水平和精神境界，培育人们健康高品位的文化消费观念；二要加强文化消费市场的制度建设，推行公共文化服务市场化，营造一个公平、公正、透明的体制和政策环境，维护文化消费市场的正常秩序；三要进一步加大对文化消费基础设施的投入，发挥社区力量，在社区里增添文化设施，使更多人能够有条件参与文化消费；四要充分利用丰富的文化资源和本地区文化优势，振兴地域文化，吸引外来消费。

（三）建立部门间工作协调机制，全面提升郑州市文化产业统计工作能力和服务水平

文化产业统计非常复杂，不仅涉及部门多，而且涉及的内容较为庞大。因此文化产业统计工作的展开，需要政府统计部门的努力，更需要行业主管部门的协作。部门统计是文化产业统计的重要基础和数据来源，我们必须紧紧依靠相关部门来做好文化产业统计工作。充分整合社会资源，建立畅通的信息交流和资源共享机制，充分借助各部门的管理优势，充分利用各部门的统计资源，客观真实地反映文化产业发展状况，更好地为各级党政领导提供文化发展宏观决策所需的统计数据。

B.3 郑州市文化广电新闻出版局年度发展报告

"郑州市文化广电新闻出版局年度发展报告"课题组

摘　要：

　　本报告简要回顾了文化广电新闻出版局2012年主要工作及工作业绩，分析了文化广电新闻出版局在推进全市文化建设中面临的突出问题，并对今后的发展提出了思路与对策。

关键词：

　　郑州市文化广电新闻出版局　文化建设　发展报告

2012年，在市委、市政府的正确领导下，全市文化广电新闻出版战线高举中国特色社会主义伟大旗帜，以邓小平理论、"三个代表"重要思想、科学发展观为指导，以学习宣传贯彻党的十八大为主线，紧紧围绕郑州都市区建设和"三大主体"工作总体部署，不断深化"全国找坐标、中部求超越"思维方式和行动自觉，在总体工作推进上求实效，在提高全市公共文化服务水平上求突破，有力服务了市委、市政府中心工作，全市文化广电新闻出版工作保持了良好的发展态势。

一　2012年主要工作业绩

（一）围绕中心，服务大局，新闻宣传引导有力、深入人心，为全市经济社会发展营造了良好的舆论氛围

以宣传贯彻党的十八大精神为主线，坚持团结、稳定、鼓劲和正面宣传为主的方针，发挥广播电视主流媒体的主阵地作用，做到了重大政治事件立场坚

定、旗帜鲜明，重要工作深入宣传、广泛发动，重大活动精心策划、营造氛围，为全市中心工作的推进提供了坚强思想保证、强大精神动力、有力舆论支持。一是十八大宣传主题鲜明、深入人心。十八大召开前后，市电台先后推出《迎接党的十八大专题报道——科学发展成就辉煌》、《对话郑州——迎接十八大高端访谈》等一批有分量的专题节目，市电视台开设《科学发展成就辉煌》专栏，开办"喜迎十八大走基层·感受这十年"系列报道，两台先后发稿近500篇；《郑州广播电视报》邀请社会各界人士畅谈对十八大主要精神的理解，谈体会，论发展，深化了社会群众对十八大精神的理解和认识。二是围绕"三大主体"工作突出宣传效果。全年开办《以新型城镇化为引领加快郑州都市区建设》、《两环十五放射》、《坚持依靠群众，推进工作落实》等 100 多个专题栏目，全面、深入、系统地宣传、报道市委市政府各项重点工作；圆满完成全国、省市两会等重要会议和 2012 年壬辰年黄帝故里拜祖大典、创建全国文明城市等重大活动的宣传报道任务。三是民生报道贴近群众、突出典型。始终坚持贴近实际、贴近生活、贴近群众，深入解读民生事件，积极树立本市典型。先后推出了《九类违法车辆综合整治》等一系列有影响的民生报道，树立了交警杨华民、"西瓜哥"等一批典型先进人物。四是外宣创优工作再创佳绩。在省新闻奖评选活动中，郑州市有 57 件作品获奖，再次位居全省 18 地市首位；郑州电台在中央广播电台发稿量连续 13 年位列全国省会城市电台发稿第一名；郑州电视台在中央电视台播发稿件数量位居中部六省省会城市前列。五是实现全年安全播出。建立健全日常管理保障机制，加强事件事故管理和监测能力、应急协调预案建设工作，扎实做好技术维护工作，实现了十八大期间和重大节日期间的安全播出。

（二）领导重视，举措得力，公共文化服务体系建设迈上新台阶

以保障群众基本文化权益为着力点，以创建国家公共文化服务体系示范区为抓手，全面提升公共文化服务水平。一是领导重视，健全机构。市委市政府主要领导高度重视，成立了以马懿市长为组长的创建工作领导小组，组建了办公室，建立了督查考评、目标考核、经费保障、舆论宣传等五项工作机制，确保了创建工作顺利有序开展。二是加大投入，完善设施。从 2012 年起，市财

政连续5年设立公共文化发展专项资金3000万元,用于公共文化基础设施建设、维护、免费开放补贴;各县(市)区财政也都设立了公共文化发展专项资金。目前,郑州市图书馆新馆建设工程顺利完工,争取上半年开馆服务市民读者;中原、太康、东方红电影院拆迁还建工程取得阶段性进展;郑州市图书馆、郑州市群艺馆均为国家一级馆,市本级公共文化设施全部达标;12个县(市)、区的文化馆、图书馆除登封市正按国家一级馆建设外,其他全部达到国家三级馆以上标准;全市乡镇(街道)已基本建成达标的综合文化站;社区(行政村)文化活动中心(文化大院)实现基本覆盖。郑州市群艺馆、二七区文化馆、管城区文化馆、新郑市文化馆等被省文化厅评为"2012年度河南省先进文化馆(群艺馆)";金水区兴达路街道马渡村农家书屋、二七区马寨镇刘胡垌村农家书屋被国家新闻出版总署评为"2012年全国示范农家书屋";中原区建设路街道办事处、管城区北下街街道办事处等7个综合文化站被省文化厅评为"2012年度河南省先进综合文化站"。三是典型带动,以点带面。为总结经验,发挥典型的示范带动作用,多次召开全市创建示范区工作经验座谈交流会,选取县(市)区政府、乡镇政府、文化馆、图书馆、文化志愿者及有关创建成员单位等不同层面的代表作了经验介绍,编印下发了创建工作经验交流材料汇编,并先后推出荥阳市文博中心、高村乡综合文化站、登封君召乡君子文化园、管城区文化馆、航海东路街道办事处映月路社区等一批典型,组织参会人员进行实地观摩,大家相互学习,交流心得,促进了各项创建工作在基层的全面落实。四是强化督查,狠抓落实。在3月份圆满完成了迎接国家督导组检查督导工作任务后,6~7月组成了6个督导组,刘东副市长亲自带队,对全市16个县(市)区、管委会的创建工作进行了督查。对督查中发现的问题能现场解决的当场解决,需请示市政府的及时协调予以回复,并召开了督查讲评会,下发了督查通报,为解决影响、制约郑州市创建工作的瓶颈问题起了强有力的推动作用。五是文化惠民工程圆满完成。完成年度文化实事项目,新建改建200个社区文化活动中心、100个农村文化大院,新建300个社区公共电子阅览室、410个农家书屋,完成新建项目所需的设备、器材、图书等配套内容;"舞台艺术进乡村、进社区"千场演出、"舞台艺术送农民"100场演出任务圆满完成,农村公益电影放映活动共免费为全市所有行政村累计放映23520场，基本实现"周周有活动、月月有演出（电影）"。经自查，示范区验收标准（中部）的8项必备创建条件，已达标6项，剩余2项正在积极努力中。六大部分29项90个指标中的22项和80个指标基本达标，其余指标正在积极完善。

（三）贴近民生，服务基层，全市群众文化工作取得新成效

一是开展了丰富多彩的群众文化活动。"情暖新春"专场文艺演出、"绿色周末"、中原动漫嘉年华、少儿文化艺术节等传统群众文化活动品牌不断创新形式、充实内容、扩大影响，组织开展演出、展览、比赛1000多场次，吸引30多万群众积极参与，寓教于乐，效果明显；"群星讲堂"、"公益大展厅"、"公益大讲堂"、农民工艺术培训基地、"市群星奖"评选等群众文化项目共举办230余次专题讲座、动漫展播、有奖征文，受益群众达7万余人，得到省文化厅领导的批示，作为典型向全省推广；郑州市首届群众（社区）艺术节、"祖国颂　香江情"大型歌咏大会、"走进社区——郑汴两城书画作品展"、2012年华夏优秀传统民间文化展演等群众文化活动的受益群众达10.4万余人次，社会反响良好。管城区组织开展的群众广场文化艺术节及群众歌手大赛、金水区组织开展的全国少儿街舞展演、上街区举办的"精品收藏展"、郑东新区组织开展的"2012年元宵节民间文艺展演"活动、新密市举办的秧歌舞大赛和文化大院表演、新郑市开展的"百场演出下基层"和"共走创业路·同唱和谐曲百场文艺巡演"活动、中牟县举办的"崇尚经典"中牟县第四届书法临帖展等群众性文化活动各具特色，大放光彩。二七区组织文化志愿者服务艺术团编排的舞蹈《雪山卓玛》、《尔玛姑娘》荣获河南首届广场舞大赛银奖。2012年，全市共举办群众文化活动2.26万场次，受益群众达900多万人次，丰富和活跃了广大人民群众精神文化生活，保障了群众的文化权益。二是免费开放，发挥服务职能。全市"三馆一站"实现了无障碍、零门槛免费向社会开放。市群艺馆充分发挥文化设施功能，举办了舞蹈、声乐、摄影、非遗传承人、肖像雕塑研修班等32期公益培训班，集中培训全市各类艺术骨干2800余人，提升了基层文艺骨干及文艺爱好者的水平和能力；筹建成立了郑州市艺术考级中心、郑州市老年艺术大学、郑州市群星艺术团、郑州市群众

文化专家委员会等机构，拓宽了服务范围，丰富了服务领域。市美术馆主馆和升达分馆共策划主办、承接美术展览50多个，参观人数达30多万人次。市图书馆采购加工各类图书文献13153种，29814册，累计接待读者近60万人次。图书外借近28万册次，播出文献纪录片、健康讲座等20余期，参与读者7000多人次。市县两级图书馆累计接待读者120万人次，举办各级各类读者活动480余次，参加读者近96万人次。中原区为郑州市社会福利院捐赠书籍，为孤寡老人和残疾儿童送去精神食粮。惠济区举办第五届读书节，建立惠济区图书馆丰乐分馆，以游客密集的旅游景区为平台，提升群众文化素养。三是鼓励创作，开展交流，群众文化结出硕果。成功举办"大地情深——郑州市创建国家公共文化示范区群众文化晋京展演"专场，演出以"中原新韵"为主题，诠释了中原文化的博大精深，向全国展现了中原文化魅力，全面展示了郑州市群众文化成果；精心组织了"中原文化哈密行——书画作品展"，为哈密人民送上一场文化盛宴；在河南省"群星奖"音乐舞蹈比赛中，郑州市选送的《青衣青花》、《手舞四季》等5个作品获河南省群星奖金奖，3个单项一等奖，成为最大赢家；《蓝天下的飞翔》登上《中国梦想秀》舞台，《手舞四季》参加中央电视台《我要上春晚》节目，以绝对高票获得直接进入年终总决赛的资格；创作编排的《放飞梦想》获"小荷风采"全国少儿舞蹈大赛金奖、优秀园丁奖等五项大奖。四是非遗和古籍保护工作成绩显著。组织专家评审出第三批市级非物质文化遗产项目29项，推荐18个项目申报第三批省级非遗名录；完成了苌家拳、河洛大鼓等代表性传承人的推荐申报工作；评审出28名市级非物质文化遗产项目代表性传承人、8个郑州市民办非物质文化遗产展示馆和6个郑州市民办非物质文化遗产传习所；完成605部古籍在全国古籍普查平台的著录工作。郑州市的非物质文化遗产和古籍保护工作继续走在全省前列。

（四）打造精品，展现魅力，城市文化影响力得到新提升

2012年，在将现有文化精品推向市场的同时，不断激发文艺创作生产活力，全面提高文艺产品质量，推出一批文化精品，提升了郑州市良好的文化形象。一是艺术精品再展魅力。舞剧《水月洛神》继夺得第八届中国"荷花奖"

金奖第一名后，又荣获中宣部第十二届精神文明建设"五个一工程"优秀作品奖、"2011～2012国家舞台精品剧目资助奖"，相继参加国家大剧院举办的"2012新春演出季"活动、"国家文化部推荐优秀剧目（洛阳）展演月"等十几场演出，受到海内外各界人士一致好评；《斗笠县令》参加迎接党的十八大展演，在北京长安大戏院演出两场，从中原腹地走向首都大舞台，受到首都观众的好评；大型现代豫剧《清风茶社》全市巡演68场，观看的党员干部和家属达6万余人次，引起强烈反响，有力地服务了全市党风廉政建设。二是艺术创作成果丰硕。市艺术创作研究院参与摄制《幸福的白天鹅》、《相爱》等影视作品14部，儿童电影《幸福的白天鹅》、电影《相爱》获得市"五个一工程"奖；市歌舞剧院创编《秀色》、《我们在黄河岸边》等一批优秀舞蹈作品。市曲剧团创作的大型古装剧目《曹操与杨修》、《麻风女》在河南省第五届黄河戏剧节上荣获银奖。市豫剧院联合河南影视集团拍摄完成豫剧电影《新大祭桩》，实现首映，投入市场。市豫剧院创排的《琵琶记》、登封市推出的豫剧《疯哑怨》、新郑市创排的豫剧《轩辕大帝》获得省内外专家的高度评价。荥阳市排演的大型戏曲音乐剧《人民的焦裕禄》收获"第二届全国戏剧文华奖·剧目特别奖"等7个奖项。

（五）打造亮点，突出特色，文化节会异彩纷呈

过去的一年，动员文广新全系统力量，充分整合文化资源，成功承办了一系列大型文化节会。一是第九届"绿城读书节"活动内容丰富、受益群众广泛。开展了17项丰富多彩的读书活动，参与群众达到60多万人次；参与读书节图书交易活动的出版、发行单位达150多家，展销图书达3万多个品种，接待市民约26万人次，交易额1.2亿元。二是2012中国郑州印刷包装产品博览会档次高、规模大、效果好。来自德国、日本等国的624家企业齐聚郑州，展示印刷包装产品3万多种，签订商贸合作协议652个，现场成交额1.8亿元，贸易合作额达3.2亿元。三是中原动漫嘉年华活动喜获丰收。活动吸引全市60家动漫企业参加，设立了三个分会场，组织各类动漫演出88场，累计接待游客13万人次，实现动漫衍生品销售60多万元。四是第九届少林武术节开幕式大型文艺演出规模宏大、美轮美奂。由1万多人参演的开幕式分为三个篇

章，将中华武术神韵演绎得别开生面、独具一格，受到国内外嘉宾的高度评价。五是成功举办第八届中国"荷花奖"舞蹈大赛。"荷花奖"是我国唯一国家级常设舞蹈大赛奖项，也是首次在郑州市举办。本次大赛共有来自24个省市、自治区、直辖市的279个作品报名，吸引了来自全国2000多名文化名流、舞蹈艺术家参会、参赛。在郑州市的精心组织和统筹安排下，大赛获得圆满成功，文化广电新闻出版局获得最佳组织奖。郑州歌舞剧院参赛的双人舞《今生欠你的拥抱》摘得编导铜奖，群舞《我们在黄河岸边》获得当代舞作品金奖，这个奖项在全省开创了先河，标志着郑州舞蹈事业的新进步、新突破。五个大型文化节会的成功举办，彰显了郑州市城市文化特色，体现了城市文化内涵，提高了郑州在国内外的知名度与影响力，同时也锤炼了队伍，积累了经验。

（六）搭建平台，项目带动，文化产业发展呈现新局面

郑州不断探索和遵循文化产业发展规律，主动作为，积极处理好政府与市场的关系，研究制定了《打造郑州市国家动漫创意中心实施方案》等规划方案，完善动漫产业发展扶持政策，支持企业做大做强。一是完善规划加大投入。为郑州市骨干动漫企业争取省级专项资金715万元，市级专项资金1914万元。通过深圳文博会、杭州动漫节等会展扩大招商引资规模，引导撬动社会资金300多亿投入38个文化产业项目；在全市范围内征集到符合国家文化产业政策的融资项目12个，建立了2012年郑州市文化企业投融资项目库，拟投资总额104.2亿元，融资总额达21.3亿元。二是强力推进重点项目建设。国家动漫产业发展基地（河南基地）、郑州动漫产业基地两大动漫产业园区已基本建成；郑州华强文化科技产业基地——"方特欢乐世界"开业迎宾；登封嵩山文化产业示范园区已入驻企业60多家，快乐星球创意产业园、新郑黄帝故里文化产业园、石佛艺术公社文化园等正在加紧筹备建设。三是全市动漫产业蓬勃发展。截至2012年底，郑州市登记注册的动漫企业已达98家，其中入驻国家基地77家，入驻郑州基地12家，涌现出小樱桃、华豫兄弟等一批知名品牌。郑州市大型电视动画片《黄帝史诗》前期筹备工作已经完成，并经国家广电总局备案公示。据国家广电总局统计数据显示，2012年郑州市动漫企

业共有22部动画片（总时长12863分钟）经制作备案公示，14部取得发行许可，3部动画片（总时长1486分钟）被推荐为优秀国产电视动画片，发行漫画杂志516.5万册。动漫产业年度营业额达3494万余元。四是新闻出版产业稳步提升。全市印刷复印企业年总产值82.3亿元，年缴税2.01亿元，利润总额10.08亿元；出版物经营单位注册资本达15.5亿元。销售总额同比增长23%，达到41.2亿元，分别占全省出版物发行网点总量和全省出版物销售总量的17%和67%。

（七）严格执法，加强监管，文化市场健康有序发展

坚持以扫黄打非为抓手，以网格化管理为载体，严格市场准入，坚持依法行政，加大执法力度，严厉打击各类违法经营行为，全面净化文化市场，郑州市文化市场综合执法支队先后获得全省文化市场综合执法案卷工作先进单位、全省新闻出版（版权）行政执法案卷工作先进单位。一是加强文化市场日常监管。全面提升执法队伍整体素质和办案能力，规范行政案件办理程序，建立健全依法行政、依法办案长效机制，实行分级管理和分包联系责任制，实行执法人员"全员执法、全天备勤"，确保日常检查不漏死角；充分发挥12318举报电话和网络监控平台的作用，全天24小时受理群众举报；以技术监管为重点，全面提高技防技控水平，截至目前，网吧计算机监控平台二期工程的建设已接近尾声，市区正常营业的网吧已基本接入完毕。二是持续开展专项治理行动。先后开展了迎接党的十八大文化市场专项保障行动、"闪电"系列行动、"一打击两整治"专项行动、中小学教辅材料专项治理行动、"校园周边集中整治行动"、"暑期扫黄打非集中行动"等20多次大型（专项）集中行动，共出动执法人员8900人次，执法车辆4120辆次，检查各类经营单位4386家次，立案115起，结案80起，受理群众举报75起，查处75起，查处率100%。三是坚持不懈地开展"扫黄打非"斗争。从严查处大案要案，始终保持高压态势，不断净化市场环境，成功侦破了"4·07"、"4·09"、"4·17"、"5·03"等一系列非法出版活动案件。"4·09"销售非法出版物案被全国扫黄办评为2012年度全国扫黄打非十大重点案件之一。四是着力推进软件正版化工作。在全市46个局委自查结果基础上，采取有力措施，推动市级政府机关基

本完成软件正版化工作目标；全市近50家国有大中型企业、民营企业实现了正版化。

（八）加压负重，攻坚克难，文化体制改革迈出新步伐

在深入调研、理清思路的基础上，郑州市广泛借鉴外地成功经验，扎实有序推进文艺院团改制工作。一是高度重视。局班子主要领导多次与职工进行面对面交流，变上访为下访，倾听职工意见与诉求，宣讲改革政策，疏导群众情绪，确保改革大局稳定。二是明确责任。起草了《郑州市国有文艺院团体制改革方案》，重新制定了《郑州市杂技团转企改制实施方案》，市政府先后10次召开解决文化单位体制改革遗留问题专题会议，认真研究制订方案，为推进改革工作明确了方向，奠定了基础。三是有序推进。市豫剧院、曲剧团、杂技团、歌舞剧院4个文艺院团实现改制，6个县市的豫剧团全部撤销，完成了改制任务，增强了整体活力。

二 郑州市文化广电新闻出版事业存在的问题

2012年郑州市文广新出版事业取得可喜成绩，但也存在着一些亟待解决的问题，主要有以下几个方面。

（一）公益性文化建设资金投入不足

县（市）区公共文化体育基础设施建设适应不了社会发展和人民群众的需要，规划新建公共文化体育基础设施，又面临经费投入不足的困难。

（二）专业人才不足

文艺专业人才逐步老化，群文人才结构失调，创作、编导、主演等年轻专业人才严重不足，优秀人才"招不来、养不了、留不住"；行政执法人员力量薄弱。

（三）监管工作有待提高

文化市场监管热难点问题难以根治，监管工作有待进一步加强。上级有关

主管部门所制定的管理法规和管理手段滞后于市场发展，难以适应市场监管需求；相关管理部门之间信息互通渠道不畅，缺乏联动机制，监管合力难以形成，网吧管理难度继续加大，文化市场管理任重道远。

三 2013年郑州市文化广电新闻出版事业展望

2013年，是全面贯彻落实党的十八大精神的开局之年，是以新型城镇化为引领全面加快郑州都市区建设的重要一年。全市文化广电新闻出版工作的总体思路是：贯穿"一条主线"，即以学习宣传贯彻党的十八大精神为主线；围绕"两个目标"，即建设华夏历史文明传承创新核心区和世界历史文化名城为目标；突出"六个着力"，即着力推进社会主义核心价值体系建设，着力提高公共文化服务体系建设，着力壮大积极向上的主流思想舆论，着力强化艺术精品战略，着力加快文化产业发展，着力加强文化市场监管，为全面推进郑州都市区建设提供强大的思想保证、精神动力和舆论支持。

（一）建设公共文化体系，提升文化服务水平

1. 确保国家公共文化服务体系示范区创建成功

上半年，国家文化部、财政部将进行示范区创建综合验收，要以创建示范区工作为抓手，加快完善四级公共文化基础设施，充实服务内容，发挥服务功能，完善免费开放政策，提升开放档次，提高公共文化服务能力，加强制度建设与研究，确保通过验收。

2. 继续实施文化惠民工程

在广泛征集群众意见的基础上，拟将新建200个公共电子阅览室、100个社区文化活动中心，开展"舞台艺术进乡村、进社区"千场演出，农村公益电影放映等文化惠民项目列入2013年政府十大实事。

3. 加快文化基础设施建设

加强重点项目建设，加快推进郑州图书馆新馆（市民文化中心）开馆。积极推进数字图书馆和城市街区自助图书馆建设。按照市委、市政府统一规划，抓好郑州大剧院等文化重点工程项目，做好立项、规划、环评等前期工

作，力争开工建设。不断完善全市公共图书馆、文化馆、乡镇（街道）文化站、公共电子阅览室、社区文化中心、农村文化大院、农家书屋等硬件文化设施及其功能，充分发挥作用。

4. 提高公共文化服务水平

建立完善的免费开放经费保障机制和运行机制，确保全市公共图书馆、群艺馆、美术馆、乡镇（街道）文化站、公共电子阅览室无障碍、零门槛免费开放。完成国家第五次公共图书馆评估定级工作。加快推进两馆文化数字化网络平台建设。建立健全对外交流平台，充分发挥网络优势，建立郑州市图书馆县市区公共服务联网管理平台，实现全市图书统借统还。积极开展文化志愿活动，加强文化志愿服务者队伍建设，形成一批文化志愿服务品牌。

5. 组织开展群众文化活动

进一步打造"绿色周末"、"情暖新春"、中原动漫嘉年华等固有群众文化活动品牌，不断充实更新内容，逐步做大做强。倾力打造新的群众文化活动品牌"情韵郑州·公益舞台、公益展厅、公益讲堂"，围绕市委、市政府中心工作和满足群众日益增长的精神文化需求，突出主题，扩大影响。以新年音乐会、"送文化下乡"、"文化进社区活动"、"舞台艺术送农民"、"百城万场"广场文化活动等文化惠民项目为平台，广泛开展群众喜爱的公共文化活动。办好第十届"绿城读书节"。举办导向性、示范性的农民工文化活动，切实加强农民工文化建设。组织第一届郑州市"群星奖"造型艺术类、广场艺术类大赛，第六届郑州市少儿文化艺术节，郑州市首届校外儿童美术教育成果展等各类文艺展演活动。

6. 做好非物质文化遗产保护工作

组织开展第四批市级非物质文化遗产项目的评审工作以及省级、国家级非物质文化遗产项目和代表性传承人的申报工作；组织"中国第八个文化遗产日"宣传活动；开展郑州市非物质文化遗产保护骨干培训；完成《记忆中原——河南非物质文化遗产资源汇编·郑州卷》和《郑州非物质文化遗产邮票典藏》的编印工作。

7. 加强文化典籍整理出版工作

推进文化典籍资源数字化。继续做好古籍普查，建立数据库。开展各级珍贵古籍目录和古籍重点保护单位的申报评审工作。加强古籍人才队伍建设，做好古籍普查及修复人员的培训工作。

（二）坚持正确舆论导向，提高舆论引导能力

1. 牢牢把握正确舆论导向，充分发挥媒体助政作用

要把学习宣传贯彻党的十八大精神作为首要政治任务，贯穿全年宣传工作始终。努力用十八大精神统一思想、凝聚力量、指导实践、推动工作，要及时报道各地各部门贯彻落实十八大精神的新进展、新经验和新做法。紧紧围绕中原经济区郑州都市区建设，围绕"三大主体"工作，充分发挥媒体助政作用，进行主题性、立体化、全方位、系列化报道，全力提供舆论支持。

2. 积极开展外宣工作，提高节目创优水平

电台、电视台进一步拓宽对外宣传渠道，力争全年在中央人民广播电台和中央国际广播电台的发稿量达到230篇以上，在中央电视台的发稿量达130篇以上，营造有利于提升郑州影响力和美誉度的外部舆论环境。加大广播电视创优工作力度，不断提高节目制作水平。

3. 加强行业管理工作，促进广播影视事业发展

加强广播电视频率频道建设，规范广播电视播出机构和频率频道开办秩序，加强对郑州市各级播出机构频率频道的监管。建立和完善广播电视节目综合评价体系，加强节目监测工作。加大广播电视广告播出管理力度，抓好重点时期、重点频率频道、重要时段的广播电视广告管理工作，继续加大虚假违法广告专项整治力度。进一步加强网络剧、微电影等网络视听节目管理，强化公共视听载体播放等业务的日常监管。积极推进全市数字影院建设。加大监督检查农村公益电影放映工作力度。加快"村村通"向"户户通"拓展，积极推进无线发射台站基础设施建设；加快郑州市有线电视数字化整体转换步伐，提升郑州市广播电视数字信息化程度。

4. 不断强化责任意识，确保广播电视节目安全播出

高度重视广播电视安全播出，认真贯彻落实《广播电视安全播出管理规定》及各专业实施细则，强化责任意识，切实做好日常监管，确保"双节"、"两会"、重大节假日、重要会议活动和敏感日等重要保障期安全播出。实现

全市广播电视全年安全播出无重大事故，安全播出停播率控制在20秒/百小时以内。

（三）加强文化精品生产，彰显郑州文化魅力

积极推进《水月洛神》、《斗笠县令》、《轩辕大帝》、《清风茶社》等文艺精品展演，进一步提高《水月洛神》、《斗笠县令》等精品剧目的市场运作力度、社会知名度，以精品剧目带动文艺创作普遍繁荣，用优秀文艺作品弘扬时代主旋律。扶持原创文艺作品生产，重点加快豫剧《都市阳光》等剧目的创作、排练，支持新剧目参加省、国家组织的比赛展演活动。继续建立完善文化精品创作生产规划、论证、决策机制，建立政府主导、企业支持、市场运作、群众受惠的文化精品创作生产机制。

（四）加强文化市场监管，净化社会文化环境

1. 加强文化市场管理

检查全市文化市场行政审批规范工作开展情况，调研规划文化市场，稳步推进网吧连锁化，加强文化市场诚信建设。逐步完善文化市场管理工作领导小组办公室建设。组织开展第二届艺术品市场法制宣传周活动。认真做好全市网吧、歌舞（游艺）娱乐场所、印刷复制发行企业和连续性内部资料的年检年审工作。加强记者证管理，严格落实新闻采编职业资格准入制度。开展"新闻四假"专项治理，规范新闻采编秩序。严格属地管理，按照谁审批谁负责的原则，加强对县（市）区的指导协调和行业协会建设。加强文化市场各企业法人的职业培训工作，推进行业自律。继续推行分级管理、分包联系责任制，开展评优评差活动，组织开展网吧市场专项治理，歌舞娱乐场所及游艺娱乐场所专项检查，非法销售、安装和使用卫星电视地面接收设施专项行动，农村及城乡结合部演出市场专项治理等行动，确保文化市场繁荣有序发展。

2. 深入开展扫黄打非工作

始终保持高压态势，把封堵查缴政治性非法出版物和有害信息作为"扫黄打非"重中之重，深入开展专项行动。加大执法力度，不间断地对出版物市场特别是重点地区、重点部位进行检查，及时发现解决苗头性、倾向性问

题，牢牢掌握出版物市场主动权。坚决遏制各类侵权盗版行为，重点查缴盗版畅销书、工具书、教辅教材读物以及电影电视音像制品。继续加大内部资料出版监管力度，规范内资出版秩序。全面扫除淫秽色情、封建迷信出版物和不良信息，大力查处网上侵权盗版行为，清除网络有害信息。加强出版物市场专项检查、印刷环节重点清查和运输物流环节集中整治，确保出版物市场健康稳定有序。

3. 强化版权保护工作

加强版权保护意识教育，以"4·26"世界知识产权日宣传活动为契机，通过报纸、广播、电视、网络等新闻媒体开设宣传专栏，报道打击侵权盗版成果，宣传版权保护知识。深入开展版权保护进社区、进机关、进学校、进企业、进园区等活动。探索开展首批版权管理示范园区评选表彰活动。扩大版权登记宣传，进一步满足版权保护管理服务需求。做好软件正版化推进工作。加强统筹、协调和指导，完善横向联合执法机制，继续开展打击侵权盗版专项行动，严厉查处侵权举报、投诉案件。

4. 积极推进依法行政工作

加大行政执法监督力度，积极化解与文化事业和文化产业相关的行政争议，营造公平正义的文化发展环境。建立和不断完善依法行政工作的各项规章制度。举办法制学习培训班，进一步提高全体行政执法人员的业务素质，提高执法质量，促进执法规范化和自觉性。

（五）加快文化产业发展，激发产业创新活力

1. 加快推进"三基地四园区"建设

加快国家动漫产业发展基地（河南基地）、郑州市动漫产业基地、郑州华强文化科技产业基地等三大基地建设。着力培育登封嵩山文化产业园、快乐星球文化产业园、石佛艺术公社文化产业园、黄帝故里文化产业园区等四大特色园区。

2. 优化产业发展环境，壮大产业发展规模

认真落实《郑州市文化创意旅游产业三年行动计划方案》，坚持政策、项目、园区、品牌等"四个带动"。积极推进动画电视连续剧《黄帝史诗》、《快

乐星球》(第五部)、电影《快乐星球大营救》等一批影视作品的创作。积极扶持文化企业发展,不断提高自主创新能力,打造知名品牌,为建设国家文化动漫创意中心打下良好基础。发展壮大动漫游戏、演艺娱乐、新闻出版、广播影视、软件网络、广告会展、工艺美术、设计服务等文化产业。

(六)加快机制体制创新,增强文化发展活力

1. 巩固文艺院团改革成果,深化文化事业单位改革

认真落实国家、省市鼓励和支持文化改革发展的有关政策,完善国有文艺院团和非时政类报刊转企改制工作,妥善处理人员分流、资产分割等问题。以人事、管理、供给三个机制创新为重点,深化文化事业单位改革,激发公益性文化事业单位内在活力。

2. 努力解决改革遗留问题,保持文化队伍和谐稳定

努力解决杂技团、美术广告公司、凤凰影剧院、广播电视服务公司、文化劳动服务公司、文化生活服务公司等单位改制遗留问题,完善和落实国有院团转制各项配套政策;推动改制单位深化内部机制改革,实行企业化管理;推动市豫剧院、曲剧团、歌舞剧院、杂技团等改制单位增强活力,走向市场。

B.4 郑州市文物局年度发展报告

"郑州市文物局年度发展报告"课题组

摘　要：

文物局高度重视文物的管理保护，在文物保护的基础工作开展、文物的勘探挖掘、文物科研等方面发挥了重要作用。本报告总结了2012年文物局的主要工作成绩，并提出推进2013年文物事业发展的对策与展望。

关键词：

郑州市文物局　文物事业　发展报告

2012年，郑州市文物工作按照市委、市政府和市文教卫体工作领导小组部署，按照"在全国找坐标、在中部求超越、在全省挑大梁"的思路，紧紧围绕打造华夏历史文明传承创新区核心区的目标，坚持以新型城镇化为引领的郑州都市区建设为依托，以规划编制为牵引，以项目建设为抓手，以依法行政为保障，积极进取，有所作为，全市文物事业继续保持了好的发展形势。承办的2012年中国文化遗产日主场城市（郑州）活动取得圆满成功。郑州文物局被评为河南省第三次全国文物普查工作先进单位。郑州老奶奶庙旧石器遗址获"2011年度全国十大考古新发现"称号，该市已连续五年获此殊荣。参加了2012年度全国文物行政执法案卷评查活动，报送的两份案卷均获全国最高奖"十佳案卷"奖，这是第四次蝉联该奖项的最高奖，为省、市赢得了荣誉。郑州市文物局被评为河南省文化文物系统创先争优先进基层党组织、2010~2012年全市创先争优先进基层党组织。

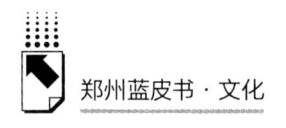

一 2012年主要工作及成绩

（一）全力打造中国文化遗产日主场城市活动，在全国展示和确立该市历史文化遗产大市的地位

郑州以其悠久的历史、厚重的文明，以及近年来文化遗产保护事业取得的成果赢得2012年中国文化遗产日主场城市活动的承办权并取得圆满成功，受到国家文物局及社会各界广泛好评。特点一是筹备工作充分。制定了《2012年中国文化遗产日主场城市（郑州）活动方案》，专门成立了以市主要领导为主任，30多个单位、部门为成员单位的郑州市工作委员会。由于各级领导高度重视，相关单位、部门密切配合，整个活动筹备充分，质量较高。筹备过程中开展的"一分钟文化遗产知识竞赛"、"河南世界文化遗产"诗歌朗诵会、"创世王都"展览进学校进社区、"华夏文明流动讲坛"进校园、民间文物鉴定、博物馆联展等预热活动，贴近群众、贴近生活、贴近实际，为主场城市活动顺利举办奠定了坚实基础。二是内容亮点纷呈。6月8日举办了登封观星台古代天文学展演、中岳庙中岳神祭祀仪式、嵩阳书院诵读儒家经典活动、少林寺佛事活动及武术表演、全国青少年文化遗产知识决赛及颁奖等活动。6月9日举办了2012年中国文化遗产日主场城市活动开幕式，大型广场文化活动及"创世王都"、"发现郑州"图片展，郑州商都遗址博物院和郑州市文物考古研究院建设工程奠基仪式，世界遗产监测中心揭牌，少林寺塔林保护工程启动仪式，2012年中国文化遗产日主场城市活动闭幕式，欣赏《禅宗少林·音乐大典》等活动。国家文物局副局长董保华、童明康对郑州主场城市活动的成功举办高度赞赏，表示此次活动紧扣"文化遗产与文化繁荣"主题，整体过程隆重热烈、特色鲜明，各项活动丰富多彩、亮点纷呈，在迄今为止举办的四次主场城市活动中，郑州的活动是最为精彩的。三是宣传形式多样。通过主题展示、活动专刊、宣传短片、专题采访、设立倒计时栏、开通主场城市微博、灯杆幕旗、大型户外广告牌、大型电子显示屏等，开展了多角度、全方位宣传。从年初预热活动到6月9日达到宣

传活动高潮，持续时间近半年，各大报纸新闻稿件达240余篇，中央电视台、各地方电视台和广播新闻稿件达210余篇，各大网站转载2012年中国文化遗产日主场城市活动1000余次。2012年中国文化遗产日郑州主场城市活动的成功举办，不仅充分展示了郑州地区独有的历史文明和文化特色，以及郑州历史文化遗产在全国的重要地位，而且更加有效地提升了全社会对文化遗产保护的认识，更加有力地推进了文化遗产保护工作。

（二）紧紧抓住基础性长远性工作不放松，全市文物事业科学发展的基础更加牢固

一是积极争取上级部门资金支持。通过抓规划编制、项目建设等，积极争取国家、省文物保护专项资金和市社会事业项目政府投资。2012年是近年来郑州文物局工作力度最大、争取资金最多的一年，全年共争取国家和省级文物保护专项资金1.13亿元、国家文化和自然遗产保护设施建设资金1578万元、市发改委社会事业项目政府投资近2.25亿元，为郑州市历史文化遗产保护展示利用提供了强有力的资金支持。二是科学制订文物事业发展规划。按照市委、市政府和市文教卫体工作推进领导小组安排部署，研究制定了《郑州市历史文化遗产保护展示利用五年规划实施方案》，明确提出实施"25101"工程，即规划建设25个遗址公园、10座国有博物馆以及郑州市文物保护科技中心，进一步统一了思想，明确了目标，坚定了信心。在全国率先推进全国重点文物保护单位保护规划编制工作，该市总体规划编制工作顺利开展，完成了《大遗址郑州片区保护利用战略规划》编制工作，启动了《郑州航空经济综合实验区文物保护专项规划》编制工作；文物保护单位保护规划、方案编制工作扎实开展，完成《纪信墓及碑刻保护规划》、《北大清真寺文物保护规划》、《郑州城隍庙、文庙文物保护规划》等12个规划或方案的编制、评审及审批工作，完成编制、上报待批的有《登封"天地之中"历史建筑群总体保护管理规划》、《少林寺建筑群保护规划》、《西山遗址文物保护规划》等9个项目，正积极推进的有《列子祠、墓保护规划》、《娘娘寨文物保护规划》、《小双桥遗址文物保护规划》等10个编制项目。三是全面推进文物系统项目建设。重点工程项目积极推进，商城本体保护和相关配套工程中，对郑州商都遗址博物

院和郑州市文物考古研究院项目设计方案进行了修改与调整,西南城墙本体保护及外侧绿化工程、商城遗址东南城墙抢险加固工程、郑州城垣遗址东大街段加固维修项目及周边绿化等全部完成,视觉形象展示系统工程6处展示点完成5处;关于大河村考古遗址公园项目,《大河村遗址保护规划》通过国家文物局审批,完成了立项、选址,大河村遗址博物馆二期改造工程已经开工;关于"二七"纪念馆基础设施改造工程,"二七"纪念堂本体加固工程已经完成,内部装饰装修除地板铺设和座椅安装外均已完成,"二七"纪念塔消防、水、电等基础设施改造工程全部完成。文物本体保护维修工作扎实开展,组织开展2011年度文物保护专项资金保护项目的竣工验收工作,筛选确定2012年度文物保护专项资金保护工程项目,全力推进2012年度第一批市级文物保护专项资金项目的实施,新密城隍庙戏楼、巩义刘振华庄园、上街重阳观等8项保护维修工程已经完工,郑州城隍庙戏楼及廊房、关帝庙、三民主义烈士祠堂等9项本体维修工程积极推进。四是其他基础性工作积极开展。抓好第三次全国文物普查后续文物保护工作,做好对普查新发现文物的宣传、利用和研究工作。认真落实文保单位"四有",完善了国家级和省级文保单位标识牌、记录档案。抓紧了《郑州市文物地图集》、《郑州市文物志》的出版工作。

(三)扎实开展文物勘探和考古发掘工作,确保了经济社会发展与文化遗产保护和谐共赢

继续加强办事大厅规范化管理,实行"一条龙"、"一站式"办结服务模式,优化经济发展环境,为郑州市经济社会发展提供优质服务。坚持对每个项目都指定专员全程跟踪服务,及时发现并协调解决工作中出现的问题,受到建设单位好评。全年办事大厅转办文物保护单位保护范围、建设控制地带建设项目审核事项3项,受理文物勘探项目99项,办结文物勘探、考古发掘项目80项。积极为郑州市城市建设和经济社会发展服务,按时完成河南大学国际学院、郑州铁路局中州大道棚户区改扩建项目等多个省市重点工程的文物勘探工作。

2012年,完成勘探项目230项,勘探面积802.6万平方米,发现各类遗迹1295处。配合郑州市城市基本建设完成考古发掘项目70项,发掘遗址面积28200平方米。出土文物3200件,陶片2900包(袋)。正在进行考古发掘项

目 15 项，发掘墓葬 921 座。既确保了各项建设顺利进行，又有效保护了地下文物安全。

（四）高度重视文物考古科研工作，郑州历史文化的重要地位和影响力进一步提升

郑州老奶奶庙旧石器遗址喜获"2011 年度全国十大考古新发现"殊荣，这也是郑州市在 2007 年新郑唐户遗址、2008 年荥阳娘娘寨遗址、2009 年新密李家沟遗址、2010 年新郑望京楼夏商城址之后，连续五年获得"全国十大考古新发现"称号。中国文化遗产日活动期间，郑州电视台对郑州市连续五年获"全国十大考古新发现"荣誉进行了专题采访。与北京大学文博学院合作组织发掘了东赵商城遗址，为申报全国考古新发现奠定了基础。《郑州市第三次全国文物普查重要新发现》获第五届河南省社科优秀普及作品二等奖。完成《郑州市文物地图集》初稿编辑和出版招标工作。加强嵩山文明与中华文明起源学术研究，举办了中国早期城市与文明暨 2012 年中华之源与嵩山文明论坛，与北京大学等单位联合主办了"嵩山论坛"国际研讨会，出版了《郑州历史地理研究》、《中国登封窑》等学术论著。《嵩山文明研究通讯》正式出版，出版《古都郑州》4 期。

（五）加强博物馆建设，深化免费开放工作，较好地满足了人民群众日益增长的精神文化需求

一是大力加强全市博物馆体系建设。全面推进国有博物馆建设，郑州客属文化中心后续建设和移交管理工作顺利开展，接收档案资料、图纸 160 卷，组织专业技术人员进行了核对。郑州纺织工业遗址博物馆项目积极推进。大力支持民办博物馆发展，郑州市登封窑陶瓷博物馆对社会开放，郑州城外城陶瓷艺术博物馆批准成立，郑州市古荥汉代冶铁遗址博物馆与筹建中的郑州汉石雕博物馆正式签约。二是积极推进博物馆基本陈列改造。郑州二七纪念塔消防工程主体及陈展提升项目全部完成，于 7 月 1 日对社会免费开放。郑州市大河村遗址博物馆基本陈列项目有条不紊进行。荥阳市博物馆、登封市博物馆新馆建设按计划推进。三是深化博物馆纪念馆免费开放工作。坚持精品理念，认真办好博物馆专题展览，切实保障社会公众的基本文化权利，不断满足人民群众日益增长的文化需求。全市博物馆举办了"中国文化遗产掠影"、"英雄不老——李文祥先进事迹展"、"我们的生活"、"中国字图片展"等专题展览35个。全年累计接待观众115万人次，讲解2200余场。开展巡展及主题活动81场，受众达53万人次。四是重视馆藏文物征集、保护和规范管理。认真开展馆藏文物征集工作，全市博物馆新增文物、标本4000余件。规范馆藏文物管理，新鉴定文物4000余件，整理文物6300余件，修复文物200余件。认真配合百度百科进行数字博物馆建设，郑州博物馆于9月18日正式上线，成为国内首家入驻百度百科的省会城市博物馆。五是着力提升讲解员队伍整体素质。举办了2012年郑州市讲解员培训和比赛活动。参加河南省第六届讲解员大赛取得优异成绩，获得汉语组一等奖2名，二等奖6名，三等奖1名，英语组二等奖1名，获得团体二等奖和优秀组织奖。讲解员李妍、陈默圆满完成参加中宣部、国家发改委、总政治部主办的"科学发展、成就辉煌"大型图片展讲解接待任务，中宣部给予充分肯定，省委宣传部给予了表扬。

（六）积极推进世界文化遗产申报及管理工作，为保护和传承及实现世界遗产的永续利用做贡献

一是继续做好登封"天地之中"历史建筑群保护管理工作。认真抓好世界文化遗产监测体系试点申报工作，登封"天地之中"历史建筑群世界文化遗产监测预警体系建设项目成为国家首批世界遗产监测试点地区之一。继续开展登封"天地之中"历史建筑群文物本体保护工作，启动了少林寺塔林保护维修工程和少室阙保护房建设工程。做好"天地之中"历史建筑群遗产地景区整改工作，督促并指导登封市政府制订整改方案并迅速实施，在旅游秩序、文物监管、管理服务、商业经营、环境卫生等方面建立了长效机制，确保了遗产点周边环境稳定、协调，最大限度地保护、保持了遗产地周边的历史风貌。二是全面推进大运河申报世界文化遗产工作。重视完善相关法律法规，市政府颁发了《关于加强大运河遗产郑州段保护工作的通告》。认真抓好运河沿线保护与环境整治方案编制工作，编制了《大运河通济渠荥阳古城段环境整治方案》及《惠济桥文物保护规划及环境整治方案》。稳步推进大运河郑州段相关遗产点保护工程，纪信庙保护规划获得省文物局批复，古荥城隍庙复原展示方

案初稿已完成，荥阳故城西城墙中段保护项目已竣工验收。全面启动大运河郑州段档案系统和遗产监测预警系统建设工作，成立了郑州市世界文化遗产监测中心。积极推进郑州市大运河遗产通济渠—荥阳故城段沿岸节点展示工作，完成地质勘探、设施方案编制工作，防洪评价正在积极编制之中。按照大运河申报世界文化遗产的标准和要求，在市政府领导下，积极协调相关单位开展了河道保护、水资源保护、环境整治、生态治理等工作。

（七）不断注重强化依法行政和安全工作，为全市文化遗产保护工作提供了安全保证

一是积极推进大遗址保护立法工作。高度重视大遗址保护立法工作，积极与市人大、市政府相关部门进行沟通协调，组织有关专家进行了研讨。配合市人大进行了立法调研。二是推进安全创建，抓好安全生产。认真落实安全郑州创建2012年行动计划，大力开展重大安全生产隐患整治、重要时期和节假日安全生产大检查、安全生产应急演练、安全生产教育培训等工作，积极构建安全生产监管、应急救援、教育培训等安全生产支撑体系。扎实开展安全生产"打非治违"工作，以文物安全网格化管理体系为依托，以博物馆、文物库房、田野文物、古建筑等为重点，开展了安全生产隐患排查专项行动、夏季防汛检查、百日安全生产大检查等活动，杜绝了各类安全事故发生，确保了安全生产形势持续稳定。三是强化文物安全，治理重大隐患。完善文物安全管理制度，与各县（市、区）文物主管部门、局属各单位签订了文物安全目标责任书。印发了《郑州市文物安全工作考核办法》、《郑州市文物单位安全规范》，修订完善了文物安全管理制度，推进文物安全工作制度化、规范化和科学化。加强文物安全检查工作，集中开展了文物安全督查年活动，全年开展文物安全专项检查10余次，检查单位40多个，下达责令改正书7份。推进重大安全隐患整改工作，基本完成郑州城隍庙戏楼安全隐患整改和销案工作。加强文物安全相关项目初审，联合市公安局开展全市文物收藏单位风险等级认定工作，对5家单位进行了风险等级认定；对各文保单位和博物馆的消防、安防、防雷等7件方案进行了初审。加强文物商店管理工作，对2家文物商店进行了年检，办理文物商店设立申请、文物拍卖资质申请、文物拍卖标的审核等许可事项

10项。四是开展文物行政执法，维护文物管理秩序。强化对郑州商代遗址保护和对基本建设的监管，同时将对基本建设的监控范围扩展至高新技术开发区、郑东新区、经济技术开发区乃至郑州航空港区等远离中心城区的地带。全年执法巡查280多次，办理完成文物行政执法案件56件，对5起重大违法行为作出共计罚款70万元的行政处罚，罚款全部入库。加强对县（市、区）文物行政执法活动的指导，推动了全市文物行政执法活动高效开展。

二 2013年文物事业发展展望

深入学习贯彻落实党的十八大精神，按照市委、市政府工作安排部署，紧紧围绕"三大主体"工作及实施郑州历史文化遗产保护展示利用"25101"工程目标，坚持规划先行，项目带动，重点突破，均衡发展，牢牢把握文化遗产保护事业历史性发展机遇，解放思想，更新观念，攻坚克难，有所作为，全面提升文化遗产保护展示利用水平，为繁荣郑州市文物事业，促进经济社会发展，打造中原经济区核心增长区、华夏历史文明传承创新、世界历史文化名城做贡献。

（一）深入抓好十八大精神的学习贯彻

始终把学习贯彻落实党的十八大精神作为政治任务抓紧抓好，摆在各项工作和建设的首位。将十八大精神纳入各级中心组学习计划和干部职工教育计划，开展宣传发动，组织系统宣讲，加强理论研讨，用十八大精神武装全市文物系统广大干部职工的头脑。坚持用十八大精神统领全市文物工作，贯穿到全年工作的各个方面，促进文物事业科学发展。

（二）积极推进全市文物系统项目建设

以"25101"工程为抓手，推进以老奶奶庙遗址为依托的中国现代人类起源与环境变迁展示园区建设，以黄帝故里为依托的中国文明形成与发展展示园区建设，以西山遗址为依托的中国城市文明展示园区建设，以郑州商城遗址为依托的中国都城文明展示园区建设，以"天地之中"建筑群为依托的中国传统文化展示园区建设，继续推进大河村考古遗址公园等项目建设。抓好2012年度第二批、2013年度文物保护专项资金项目建设，为郑州都市区打造华夏历史文明传承景观。进一步推进郑州博物馆新馆、郑州纺织工业遗址博物馆筹建工作，郑州客属文化中心移交工作和后续建设；支持登封市、新密市、中牟县博物馆新馆项目建设，推进每个县（市）至少建成一个功能健全的博物馆。各县（市、区）要量力而行，积极作为，想方设法争取、筹措资金，有计划地安排好文物保护项目建设。

（三）全面持续夯实文物保护基础工作

继续抓好登封"天地之中"历史建筑群保护管理工作；全面推进大运河申报世界文化遗产工作，迎接联合国教科文组织专家检查验收。做好文物资源基础工作，推进郑州市文物地理信息系统建设，申请召开郑州市第三次全国文物普查总结表彰会，审核公布第三批市级文物保护单位。完善文保单位保护标志及"四有"档案，制作全市国家级、省级文保单位标志牌，建立完善记录档案，绘制郑州市级文保单位保护范围、建设控制地带图纸。抓好保护规划、方案编制及报批工作，完成《大遗址郑州片区保护利用战略规划》、《郑州航空经济实验区文物保护专项规划》的编制工作，完成列入国家重点保护的150处大遗址名录中全部6处大遗址保护规划、在编文物保护规划或方案的编制和报批工作，遴选需编制规划或方案项目并组织编制。抓紧《郑州市文物地图集》、《郑州文物志》的出版工作，为经济社会发展提供服务。

（四）扎实开展勘探发掘和考古科研工作

继续抓好办事大厅建设，提升服务管理水平，优化经济发展环境。继续开展跟踪服务、致函服务，对国家、省、市重点建设项目实施一对一跟踪服务。紧跟以新型城镇化为引领的郑州都市区建设的新形势，摸索服务基本建设中文物勘探、考古发掘科学管理的新形式，不断提高服务效能，实现文物保护与经济社会发展和谐共赢。结合"十二五"规划确立的科研课题，以全国十大考古发现为抓手，做好文物考古科研工作。开辟文物研究新课题，争取获得全国考古新发现、田野考古奖。发展科研机构，提高科研水平，争取郑州市文物保护科研中心项目立项，成立郑州市文物鉴定专业委员会。加强嵩山文明与中华文明起源学术研究，增强华夏文明的影响力、凝聚力、辐射力。

（五）全面提升博物馆公共文化服务功能

抓好基本陈列提升，推进郑州市大河村遗址博物馆完成基本陈列布展并向社会开放、郑州市古荥汉代冶铁遗址博物馆库房建设及展览提升项目筹备工作，支持荥阳市博物馆新馆陈列展览设计项目，推进其早日对外开放。深化博物馆、纪念馆免费开放工作，国有博物馆全年对社会开放不少于300天，民办博物馆不少于240天。加强博物馆间交流与合作，全市博物馆举办临时展览不少于20个。开展优秀展览进校园进社区进乡村活动，举办流动展览及爱国主义教育报告不少于40场。重视文物征集工作，推进博物馆清库建档，规范博物馆文物藏品管理。制定促进民办博物馆发展的相关实施办法，规范民办博物馆管理。抓好全市博物馆年审。指导相关博物馆做好定级申报工作。

（六）不断强化依法行政和文物安全工作

加大向相关部门汇报、沟通、协调力度，积极推进郑州市大遗址保护管理立法相关工作。推进安全创建，抓好安全生产，深化"打非治违"专项行动，实现年度安全生产责任目标。建立健全文物安全工作考核机制，加大落实力度，促进整体文物安全。严格落实防范和打击文物犯罪联合工作机制，有效震慑文物犯罪。依法查处各类文物行政违法案件，完成年度执法任务，维护健康良好的文物行政管理秩序。做好文物市场监管工作。

（七）进一步加大全市文物宣传工作力度

重视发挥好各级主流媒体如广播、电视、报刊及网络的宣传作用，运用好微博、微信等新型网络平台。加强各级文物网站建设，建好古都郑州文物宣传网，增强网站的功能性和互动性。各级、各单位要下大力抓好宣传工作，特别是博物馆、纪念馆要充分发挥自身资源优势，以"国际古迹遗址日"、"国际博物馆日"、"中国文化遗产日"等重大活动为契机，组织开展系列规模、声势、影响较大的宣传活动，营造保护文化遗产的良好环境。加强对外交流合作，提升郑州文物的知名度和影响力。

B.5
中原报业传媒集团年度发展报告

"中原报业传媒集团年度发展报告"课题组

摘　要：

　　中原报业传媒集团以提升舆论引导为根本，注重运作、持续求进，文化产业与文化事业获得较快发展。本报告立足于2012年中原报业传媒集团的工作实际，系统总结了中原报业传媒集团在舆论引导和媒体助政、经营的效益和市场竞争力提升、文化项目的谋划和建设等方面的工作成绩。

关键词：

　　中原报业传媒集团　舆论引导　新闻宣传

　　2012年以来，在市委和市委宣传部的正确领导下，中原报业传媒集团（郑州日报社）紧紧围绕全市工作大局，按照年初确定的工作思路，以传播力、影响力建设为根本，做精主业，不断提升舆论引导能力，不断创新媒体助政水平；以重点项目建设为抓手，做宽产业，努力提升集团发展速度和发展效益；以集团化运营为动力，做优队伍，创新机制，努力实现各项工作新跃升。

一　围绕中心、务实宣传，提升舆论引导和媒体助政的层次和水平

　　围绕党的十八大和市委、市政府"三大主体"工作等中心工作和重大题材，加大新闻宣传和舆论引导力度。关于十八大的报道，会议召开前，集团各媒体分别开设了"科学发展成就辉煌"、"科学发展郑州巨变"等专栏；十八大召开期间，严格按照中央和省、市要求，全面准确报道会议内容；十八大闭幕后，两报一网及时开设了"深入学习贯彻十八大精神努力开创郑州都市区

建设新局面"、"深入学习贯彻十八大精神持续提升城市管理"、"深入学习贯彻十八大精神走基层看发展"等专栏,深入宣传十八大精神及全市各级、各界学习贯彻情况,营造了浓厚氛围。"三大主体"工作报道方面,集团所属媒体分别开设专栏,策划推出了系列报道和系列评论,多体裁、大篇幅、图文并茂宣传市委、市政府的决策部署,报道全市各级各部门推进各项重点工作的探索和实践,《城乡一体化建设中的"新乡思考"》等报道受到市委的肯定,"坚持依靠群众推进工作落实"系列评论在省会新闻界引起较大反响。贯彻市委全会精神系列报道,市委十届三次会议召开后,两报一网按照市委指示,及时策划推出了"认清差距找准自信明确责任超越发展"——贯彻市委全会精神系列报道,受到市领导和省新闻阅评组的充分肯定。其他重点报道,做好了黄帝故里拜祖大典、省市两会、创文总结与复检等重大活动和中原经济区规划、郑州航空港经济综合实验区规划获批等重点报道;推出"郑州文化产业发展巡礼"系列报道;派出记者现场报道2012年伦敦奥运会,两报一网分别推出"奥运特刊";《河南务实发展稳步前行》报道、何平新九论系列报道,城市管理提升系列报道,"学习雷锋见行动、三平之中做贡献"系列报道,都产生了良好的宣传效果。关注民生的报道,《郑州日报》推出民生服务栏目——《百姓服务区》,携手市长电话和中原网心通桥,联动政府职能部门,报网新闻互动解读政策、传递信息,帮助百姓反映、协调、解决问题。《郑州日报》还推出了《中原之子》大型人物访谈栏目和《国医大观园》等服务民生的栏目。《郑州晚报》、中原网分别推出"郑"能量系列报道,关注"气球奶奶"、"送水哥"、"西瓜哥"、"'90后'最美学警"李博亚、"最烦人"交警杨华民等身边的英雄和平凡人物,传递温情温暖,颂扬向上向善,引发《人民日报》、新华社、中央电视台、《中国青年报》等央媒的积极跟进。中原网扎实搞好新闻策划和网络宣传,提升"心通桥"网络问政水平,"云中原"手机客户端顺利上线,迈出进军移动互联网重要一步,"网格郑州"频道和县(市)、区子网站上线,并策划推出了微中原、图中原和评论频道三个新栏目,点击率和影响力不断提高。对于两报的重要活动和报道,中原网都在突出位置显示或开设专栏,对于中原网的重大活动和报道,"两报"也都给予及时报道,初步形成了报网互动的宣传格局。

在 2012 年全省好新闻评选中，"两报"共获得特别奖 1 个、一等奖 2 个、二等奖 4 个，全省内参好新闻评奖中报社获得一等奖 4 个、二等奖 2 个，全国晚报协会新闻评奖中郑州晚报 5 作品获大奖，以上三奖项均实现历史性突破。国家互联网信息办公室专题推广了"心通桥"网络行政经验，中原网荣获第三届中国互联网品牌大奖"中国地方门户十佳品牌"称号。

二 创新形式、扩宽渠道，努力提高媒体经营的效益和市场竞争力

受整体经济形势下滑影响和新媒体的冲击，传统媒体经营难度明显加大，地产、汽车等主要行业广告大幅下降。在这种情况下，集团统筹所属媒体开拓思路，加强策划，拉动经营工作。《郑州日报》两次推出 100 个整版的特刊："龙抬头——郑州都市区践行者"特刊和"盛世华章——郑州日报恢复出版十周年传媒盛典"特刊，又推出 60 个版的"新动脉——郑武高铁开通"特刊，实现了经济效益和社会效益的双丰收。《郑州晚报》与《杭州都市快报》等 19 家网站合作，在文化产业跨地域融合方面做了积极尝试，并策划推出"全城热恋"纪念创刊 63 周年恢复出版 10 年特刊，当日集中出版 672 个版，成功冲击大世界吉尼斯纪录，在业界和传媒院校引起很大反响。紧锣密鼓推进两报发行，晚报发行方面，增加投入 2000 余万元支持晚报提高市场占有率，并推动晚报调整发行结构，提升发行质量，党报征订采取党委班子成员分包、记者分县市区联系等措施。《郑州日报》2013 年征订数比 2012 年高出 7000 余份，创恢复出版以来最好成绩，晚报发行结构和发行效益也有明显改善。经过各方面的共同努力，集团及下属单位经营状况良好。2012 年全年，日报圆满完成各项经营任务，晚报完成目标任务的 97%，中原网经营收入同比增长 81%，全集团总收入同比增长 13%以上。

三 突出重点、攻坚克难，加大经营性文化项目的谋划和建设力度

作为全市文化体制改革试点单位，积极贯彻落实《郑州市文化产业发展

纲要规划（2012~2020）》，加快推进集团各项事业产业发展。按项目管理的要求，着重推进重点项目建设，努力拓宽经营渠道和经营领域。一是加快"云中原"手机客户端建设。联合郑州移动公司，推出了"云中原"手机客户端项目，建设集新闻资讯、文化展示、无线问政、便民服务于一体的移动互联网平台，努力打造未来发展的新支撑。该项目上线以来运行良好，用户数量持续增加。二是加快推进工人路郑报置业项目。该项目已基本封顶，正在进一步办理完善手续及其他后续工作。三是按照市委市政府的统一规划，加快中原报业传媒集团新大厦项目，积极做好项目筹资及其他前期工作。四是投入1000多万元启动搁置多年的党报阅报栏项目，截至2012年底已更新300余座，招商招标工作也顺利推进，年经营收入有望达到1000万元。五是报刊亭退路进店项目，报社投入资金购置了大批售报架铺设到沿街门店，订购了70余种报纸杂志，并组建专门队伍为市区1120个零售店面配送报刊。六是自动售报机项目，近期陆续安装到BRT站台，有望实现经济效益和社会效益的双丰收。七是汽车4S店项目，与华中最大的汽车经销商武汉恒信德龙合作，利用印刷厂剩余土地，规划建设5个高档汽车4S店，第一家店已建成并开始试营业，一汽大众、沃尔沃、奔驰和宝马等4家店也将于2013年陆续建成营业，每年有望为集团增加收入400万元。八是中原网户外多媒体项目。已与银行签订战略合作协议并达成贷款意向，近期将采购设备并试点铺设。九是重启报社纯净水厂。对闲置的水厂进行改制，对厂房和设备进行整修，2013年经营工作即可步入正轨。

B.6
郑州市文联年度发展报告

"郑州市文联年度发展报告"课题组

摘　要：

本报告立足于文联工作实际情况，系统总结了2012年文联工作概况，分析了文联在发展过程中的薄弱环节和存在的问题，提出了今后的发展前景和思路。

关键词：

郑州市文联　文艺事业　发展报告

2012年度，郑州市文联及各团体会员在郑州市委、市政府和市委宣传部的领导下，在省文联的指导下，坚持"二为"方向和"双百"方针，按照"三贴近"的工作要求，积极发挥文联组织的凝聚力和服务、协调、引导的功能，充分调动文艺工作者在建设先进文化中的积极作用，创造性地开展工作，为推动郑州市文艺事业繁荣发展和社会进步，为中原经济区建设作出了积极贡献。

一　2012年度郑州市文联工作概况

（一）围绕市委、市政府中心工作，努力开创文联工作新局面

深入开展"坚持依靠群众、推进工作落实"长效机制工作和基层党组织和共产党员"创先争优"活动，进一步增强文艺工作者的责任感和使命感，开创工作新局面。

（1）以钟海涛主席、徐大庆书记为队长的群众工作队多次深入社区及农村，紧紧围绕政府"经济调节、市场监管、公共服务、社会管理"四项职能，结合当

地实际及文联自身特色，积极发挥公共服务职能，有的放矢地开展一系列工作。

（2）实施文艺惠民政策。市文联驻登封东送表村工作队相继组织开展文艺演出、送电影下乡、名家书画交流、"喜迎十八大、文艺走基层"等一系列活动；积极协调捐赠科普图书、办公及文艺用品等价值10余万元的物资，促进当地文化及各项事业的发展。市文联驻管城石建社区工作队分别开展著名书法家走进社区，"点亮孝敬之灯、让传统美德重放光彩"知识讲座，省会戏曲名家演出，"纪念毛泽东'523'讲话发表70周年——文艺精品进社区演唱红歌"活动，著名书画家书画义捐活动，捐赠价值40多万元的巨幅书画精品，充分表达了广大文艺工作者热爱党，关心郑州社区文化的一片真情与厚爱。

（3）全面加强市文联党的基层组织建设和党员队伍建设，按照市委《创先争优活动的实施意见》要求，继续在文联基层党组织和共产党员中深入开展"创先争优"活动。切实促进机关作风转变，推动机关党员更好地立足本职、争创一流，更好地服务基层、服务群众，发挥示范表率作用，彰显共产党员的先进性，进一步调动和激发党员干部干事创业的积极性、创造性。

（4）围绕市委、市政府中心工作，多措并举，扎实推进"三讲三提升"活动。引导机关人员站位全局，把全体干部职工人员思想真正统一到进一步做好新时期文学艺术工作上来，切实转变工作作风，进一步增强干部职工人员的服务意识、公仆意识和大局意识，为郑州市文学艺术事业发展奠定良好基础。

（二）坚持服务中心工作，充分发挥文联职能，大力开展文艺展演活动

市文联和各文艺家协会紧紧围绕"坚持科学发展、构建和谐郑州"的主题，广泛开展各类文艺活动，为建设和谐文化、构建和谐社会提供精神动力和智力支持。

（1）积极响应中宣部深入开展文化、科技、卫生"三下乡"号召，分别在中牟、巩义、新郑、登封等地举办10场迎新春戏曲晚会；组织参加市文明

办"文化三下乡"活动，为群众义写春联和剪纸。

（2）根据市委宣传部"送文化、下基层"工作安排部署，组织省会表演艺术家及"梨园春"金奖擂主深入上街区、郑州机场新港区进行宣传慰问演出，分别到中原区风和日丽示范小区、新郑煤电公司、登封嵩表矿区开展"送文化三下乡"慰问、喜迎十八大群众文艺赏析活动；到巩义开展"邻里乐，大家唱"文艺演出；承办"绿色音乐周"暨"郑州市首届群众文化艺术节"；组织表演艺术家走进花园口镇八堡村开展"践行十八大、文艺走基层——省市名家专场戏曲演出"活动，并组织"记忆郑州"摄影展，使农民开阔了视野，陶冶了情操，营造团结和睦、积极向上的生活氛围。

（3）深入贯彻落实市委办公厅《郑州市"学雷锋见行动'三平'之中做贡献"教育实践活动实施方案》文件精神，召开了音乐界专家、学者座谈会，组织创作出弘扬雷锋精神和"三平"精神的歌曲5首。

（4）举办"纪念毛泽东同志《在延安文艺座谈会上的讲话》发表70周年壬辰书法精品展"，共展出郑州市老中青书法家的精品70件。

（5）在郑州升达艺术馆隆重举办"喜迎十八大、翰墨书真情——第五届'商鼎杯'全国书法大展暨历届获奖作者作品邀请展"。共评选出金奖5名、银奖15名、铜奖30名、优秀作品208名。"商鼎杯"作为郑州市书协的品牌展览已举办了5届，在全国书坛有着良好的知名度，为全国书法展推出新人，奖掖优秀书法人才，推动书法事业的和谐发展。

（6）联合举办"郑州市市直机关喜迎党的十八大书画摄影展"。组织评选出一等奖5件，二等奖14件，三等奖28件，纪念奖40件。此次有29位市级领导和老领导选送作品参展。作品具有较强的思想性、艺术性和创造性，进一步推动繁荣发展市直机关群众文化艺术事业。

（7）为讴歌郑州市改革开放30多年来取得的伟大成就，组织"文化艺术周"进社区曲艺专场演出活动。曲艺晚会节目全部来自郑州市首届曲艺大赛获奖选手，受到社区群众的欢迎和喜爱。

（8）市影协组织优秀电影作品在绿城广场开展"喜迎十八大廉政电影放映周"活动，并组织多部主旋律电影前往大、中专院校放映20余场。

（三）围绕郑州厚重历史、人文景观，挖掘中原地方文化特色，着力打造文联工作亮点

（1）在登封市大冶镇朝阳沟杨兰春文化园隆重举办纪念著名戏剧家杨兰春逝世三周年暨朝阳沟豫剧团成立揭牌仪式。

（2）在郑州市电力公司礼堂成功举办"郑州市首届曲艺大赛"。此次大赛规模大、规格高、组织得力，受到有关专家领导以及群众的一致肯定，大赛的举办对发现和培养曲艺人才，推进郑州市曲艺艺术的普及和提高起到积极的作用。

（3）举办"中国·新密伏羲山'杏花节'全国摄影大赛"。北京、福州、合肥等地和郑州市200多名摄影家参加大赛。河南省副省长王明义到会致辞表示祝贺。

（4）在郑州升达艺术馆组织"第三届中国郑州·韩国晋州书画交流展"。市领导以及20多位韩国书画代表成员及省会200多人参加展览，韩国客人在展览期间，对郑州、洛阳、开封等地历史、人文参观采风。

（5）市博物馆隆重举行"学习十八大·笔墨写真情——商都书画名家邀请展"。共展出省会33位老中青三代书画名家精心创作的160余幅书画佳作，集中展现和讴歌了全市各界在党的领导下所取得的新成就、发生的新变化、呈现的新风貌。作品体现了全市人民对十八大顺利召开的喜悦之情和对党对祖国的深切祝福。

（6）在升达艺术馆举行"壬辰·古稀资深书画名家作品展"，集中展示省会23位古稀老书画家的精品力作165件。画展的举办对于树立正确的文艺观，引导省会文艺创作的健康发展，弘扬中华民族优秀传统文化，进一步提高河南书画艺术的整体水平，促进河南省文化艺术的繁荣与发展起到积极的推动作用。

（7）市文联主席钟海涛、市美协主席罗治安参加由淄博市文联主办的"醉吟青墨——鲁豫书画名家邀请展"及作品集首发式。共展出两省书画名家作品近200幅，分别代表了两省市实力派书画家现阶段书画作品创作成就，对促进两省文化艺术的繁荣与发展起到积极的推动作用。

（8）为进一步推动大禹文化研究工作的顺利开展，弘扬大禹文化、传承大禹精神，登封市文联分别举办了禹生石纽记碑揭碑暨大禹故里文化研究会揭牌仪式、第三届中国大禹文化之乡文化艺术节。

（四）以"出作品，出人才"为文联工作重点，着力培养优秀文艺人才，不断推出文艺精品

（1）市作协与河南报业集团合作采访创作出版了33万字的纪实文学集《追梦的女人》；分别组织作家为郑州市红十字会创作三个电视专题片剧本，为市委组织部创作"新农村建设"系列专题片，为惠济区创作"廉政文化建设"专题片剧本，组织作者撰写讴歌雷锋的诗歌作品。创研室徐敏的作品《红萌》被中国国家画院收藏。

（2）为迎接党的十八大胜利召开，进一步贯彻党的"百花齐放、百家争鸣"方针，弘扬中国传统章草书法艺术，促进书法交流，推出章草名家，在河南博物院举办"中国当代章草十六家书法作品展"。展出钟海涛等16位颇具实力的中青年章草书法家作品160件，充分展示了当代章草书法艺术的勃勃生机，也标志着中国当代章草的重新崛起。

（3）为认真学习贯彻党的十八大会议精神，纪念毛泽东同志诞辰120周年，在郑州升达艺术馆举办"寄情嵩山——钟海涛章草毛泽东诗词书法艺术展"。展出的66件章草书法作品是为纪念毛泽东同志诞辰专门精心创作而成，风格多样，精彩纷呈，表现了思想性与艺术性的高度统一。

（4）在河南省档案馆举行郑州市文联党组书记、中国摄影家协会会员徐大庆《灵·蓝色》系列摄影作品捐赠仪式。《灵·蓝色》发表于《中国艺术报》并参加2012年上海首届艺博会摄影作品展；《亦幻》发表于《中国摄影报》并获中国摄影家协会举办的"天鹅卡"杯国际摄影展银奖，被北京798艺术区臻·空间画廊、全视影像画廊等收藏。

（5）市音协合唱团在市群众艺术馆顺利地完成了参加全国"金钟奖 群星奖"合唱大赛的歌曲录音、录像工作。

（6）市曲协积极组织的群众性曲艺活动蓬勃开展：市曲协常务副主席张守振坚持创作曲艺作品，一年来创作了10余篇河南坠子、曲艺说唱、唱词、小品等艺术形式作品，并大多搬上舞台演出；尚继业培养学生60多名，创作出多篇河洛大鼓并在舞台演出；赵宝献老师利用业余时间免费招收50多名学生，义务培养曲艺新人，为繁荣曲艺事业做出了一定贡献。

（7）市曲协组织推荐曲艺到省文化厅举办的第十一届河南省"群星奖"小戏小品（曲艺）大赛（决赛），分别获一、二等奖；还组织参加河南省第九届相声小品大赛，获二等奖。

（8）市影协联合拍摄中国首部劳动监察题材的主旋律电影《信念》，在国家劳动监察全年工作会议上举行首映式得到高度评价。

（9）市影协组织郑州市优秀影视作品及优秀主持人参加"第26届中国电视金鹰奖"评选，组织郑州市优秀影视作品参加"第五届中国旅游电视周"活动。

（10）市民协名誉主席、郑州大学教授阎夫立的郑商瓷"大团结"、"葫芦"系列作品、市民协副主席王玲的黄河澄泥砚"如意八仙砚"荣获第十届中国民协工艺美术最高奖——民间文艺山花奖。在首批"中原贡品"普查申报工作中，郑州申报的郑商瓷、登封瓷、黄河澄泥砚、密玉、密瓷、密二花、汉阴石榴等经省专家组审定，入选首批"中原贡品"保护名录，入选数量全省第一位。组织《巩义民间故事集》、《巩义民俗志》、《中牟民间故事集》、《新密地点传说故事》、郑州老作家赵富海的《老郑州》参加省民协"民间文艺金鼎奖"评奖活动。

（五）抓好文联自身建设和各文艺家协会的组织建设，各文艺家协会活动开展得丰富多彩

（1）举办郑州市第23届文学创作"走进新密"主题笔会，郑州市作协主席团、理事会代表，资深作家代表，青年作家、评论家代表，各县市文联领导、作协主席和作家代表共76人参加笔会。

（2）在郑东新区艺术中心广场圆满完成"激情广场·爱国歌曲大家唱"——河南郑州篇。庆祝"三八"妇女节，联合举办"建设中原经济区、巾帼建功展风采——郑州·南阳女子书画联展"，加深两地妇女艺术家们的友谊。

（3）为加强对协会重点作者的宣传和服务，市书协分别举办"壬辰郑州青少年书法作品展"、"自在心画——罗鸣书法作品展"、"马天保诗词书法展"、"第十八届墨缘书法作品展"。同时应邀组织作品参加合肥举办的"国内友好城市暨中部省会城市书画邀请展"。市摄协举办"中国十城十主席摄影作品展"。

（4）市曲协积极举办一系列曲艺演出和交流活动：开展河洛大鼓演唱会；组织下乡巡回演出以及"送文艺下乡"，受到群众欢迎；组织"传统文化进企业、进校园"活动。市曲协围绕工作目标和主题内容，协调指导六县（市）基层协会开展各项群众性曲艺文艺活动、重大节庆文艺演出和广场文艺演出，积极参加由政府举办的"喜迎党的十八大、群众文艺调演"等活动，极大丰富了城乡人民的文化生活。

（5）为帮助应届大学毕业生就业时保护好自身合法权益，市影协将劳动保障题材电影《信念》送进校园，先后在郑州市技工学校、交通技校等放映20余场，受到应届毕业生及老师的欢迎。

（6）在郑州美术馆举办大型设计展览——"GDC11平面设计在中国展·郑州站暨郑州设计师作品邀请展"，共展示作品约420件，这是截至目前郑州举办的规模最大、专业度最强、嘉宾级别最高的一次设计展览活动。对挖掘郑州城市文化底蕴、展现郑州创意产业实力、提升郑州城市品牌形象，扩大郑州城市品牌影响力起到推动作用。

（7）各县（市）文联工作斐然：登封市文联举行登封作家"走进告成"文学笔会暨新型城镇化建设座谈会以及迎党的十八大"我心飞翔"舞蹈文艺晚会。新密市文联相继组织举办2012年春节书法楹联刻字展览、新密市第四届预防职务犯罪书画展及重阳节书画展、"魅力中原、欢乐新密"戏剧专场晚会、第五届"情系筝韵"音乐会、"文联之春"大型综艺晚会、庆双节迎十八大专题中秋文艺晚会、"新密市第九届教师书画作品展"等一系列有影响、有成效的活动。文学艺术创作方面硕果累累，在《新密艺苑》举办书画展12期，受到广泛好评。

（8）百花园杂志社全年出版发行《小小说选刊》、《百花园》各24期，出版《小小说出版》2期，成功承办2012年中国小小说名家沙龙年会。顺利完成文化事业单位转企改制工作。

二 2013年郑州市文联工作思路及工作措施

在取得成绩的同时，工作上还存在着一些薄弱环节和不足。一是繁荣发展文艺的资金严重不足，文联的影响力不够强。二是创建文艺品牌力度不够，精品力作不多。三是文艺人才有待培养加强，文艺拔尖人才青黄不接。四是文化体制改革实施过程中经常出现新矛盾、新问题等。为此，要围绕中心、服务大局、发挥优势、履行职责，努力调动一切积极因素，进一步更新观念、解放思想、求真务实、开拓进取、扎实工作，为加快郑州都市区建设作出更大贡献。

（一）以弘扬社会主义核心价值体系为指导，深入开展理论学习和调查研究，进一步提升用科学发展观统领文艺工作和文联工作的能力

（1）深入贯彻党的十八大精神，切实抓好党组中心组学习，切实把思想和行动统一到党的十八大精神和实现党的十八大提出的宏伟战略目标上来。自觉地用中国特色社会主义理论体系武装头脑，切实把理论武装的成效转化为运用科学理论分析和解决实际问题的能力，转化为推动科学发展、促进社会和谐的过硬本领，转化为增强党性修养、提高思想觉悟的自觉行动。

（2）进一步加强党的建设和党风廉政建设，加强机关作风建设。深入开展"服务城乡、联点共建"以及在基层党组织和共产党员"创先争优"主题教育活动中，切实增强"创先争优"活动的针对性和实效性，推动活动持续深入开展，在推动科学发展、促进社会和谐、服务人民群众的实践中建功立业。紧扣创新发展主题谋划和推动活动开展；紧密联系实际，确保各项活动取得实实在在的效果；教育引导党员增强党性意识，坚定理想信念，遵守组织纪律，争当先锋模范。

（3）大力加强理论建设，加大文艺舆情和调研工作力度。围绕党的十八大提出的重要理论实践问题，进一步加强文艺领域的重大理论和现实问题以及各艺术门类全局性、战略性、前瞻性问题的调查研究，科学认识和敏锐把握文艺发展规律，力争形成一批有分量的调研成果，推动文艺工作和文联工作科学化、制度化、规范化。

（二）围绕提高公民道德素质，积极开展有声势有影响有特色的主题活动

（1）组织作家开展文学采风活动及作品研讨会，开展以建设"美丽郑州、诗意生活"为主题的诗歌大赛。与相关单位合作创作纪实文学集和电视专题片。

（2）继续举办郑州市第二届曲艺大赛，争取办成全省甚至全国的曲艺品牌。大力开展曲艺进校园活动，通过开展活动、人才培训等形式发现人才，吸纳人才，壮大曲艺队伍。继续组织曲艺送戏下乡活动，把发展重心扎根在基层和农村的乡（镇）基层单位，依靠基层单位的工作需求和人力资源、经济资源等条件开展曲艺活动。努力创造一个能够促进文艺作品创造的宽松环境，争取一年出一两个精品节目。

（3）举办学习宣传贯彻党的十八大书画、摄影展、商都墨韵系列书法展、郑州—长沙书法联展、郑州—青岛—乌鲁木齐书法联展、第十九届墨缘书法展。

（三）坚持以人为本，努力形成服务人民的创作导向

（1）深化"走基层、转作风、改文风"活动，踊跃参加面向基层、面向群众、面向农村的各类文化惠民和文艺志愿服务活动。精心组织好元旦春节期间的"送欢乐、下基层"活动，办好"郑州市文学艺术界联欢活动"，营造欢乐祥和文明的节日氛围。

（2）扎实深入开展以"新农村"建设、社区帮扶为主题的系列活动。继续推进中国民间文化遗产抢救工程，开展"送戏曲下基层"、"美术家、书法家进万家"、"文艺进社区、进校园"及慰问演出与交流等活动，为推动全市文化和公共文化服务体系建设作贡献。

（3）采取多种形式，组织广大文艺工作者深入生活、贴近实际，努力创作一批反映基层群众生活和新农村建设的优秀文艺作品。

（四）着眼于凝聚智慧和力量，激发文化创造活力

（1）坚持服务文艺家、服务人才成长，牢固树立人才资源是第一资源的

观念，更加广泛、更加紧密地团结凝聚广大文艺家和文艺工作者，不断加大培养和服务力度，努力推出一批文艺领军人物和各门类创新型、复合型文艺人才。努力推选出一批中青年德艺双馨文艺工作者，积极开展文艺名家和文艺人才的研修培训、采风展演、作品研讨、宣传评介，营造文艺人才大量涌现、健康成长的良好环境。

（2）深入开展文艺工作者状况调研，了解他们的心声和需求，研究他们最关心、最直接、最迫切的问题，及时反映他们的意见和建议。进一步加大对老艺术家的服务力度，继续推进"晚霞"工程和"送温暖"工程。加大对中青年文艺人才的培养力度，积极为"四个一批"人才工程举荐人才。

（五）进一步以改革创新精神加强文联自身建设和各文艺家协会的建设，提升文艺工作和文联工作的科学化水平

（1）继续加强文联自身建设，认真做好各协会换届选举工作，进一步加强文联各协会领导班子党建工作，全面提高郑州市文艺队伍的整体素质。

（2）主动联系党委、政府、企业等方面，实行强强联合、多渠道合作，使文艺产生更大的聚集效应。以扎实的工作作风、科学的工作思路、卓越的工作成效，寻找文联和协会工作新的突破口，在文联与协会工作和服务全市发展大局的工作理念上有新的突破。

（3）加强和改进机关建设和管理，切实贯彻落实市委从严管理干部的要求，制定有效措施，明确责任，建立健全工作机制，切实增强服务能力，提高服务水平，推进文联的各项工作再上新台阶。

（六）积极开展对外民间文化交流活动，切实加强文艺创作、人才培养工作，加大对外宣传力度

（1）始终坚持把"二为"方向、"双百"方针、"三贴近"原则贯彻到文艺创作、生产、传播和评论过程中，从人民群众的火热生活中挖掘素材，从人民群众的实践创造中提炼主题，从人民群众的审美需要中汲取灵感，推出更多更优秀的现实主义精品力作。积极推动文艺创作的繁荣和发展，努力推出更多反映伟大时代历史巨变、描绘人民群众精神图谱、思想性艺术性相统一的文

艺精品。组织知名艺术家到革命纪念地以及新疆等少数民族地区体验生活、采风创作，为宣传贯彻党的十八大、中国共产党成立92周年、新中国成立64周年做准备。

（2）积极推进"名家系列工程"，推出一批反映郑州经济发展和社会进步的重大项目、重大事件、重大典型的文学作品和艺术作品。组织和支持专题文艺创作活动；鼓励作家艺术家深入到农村、社区、企业，创作一批时代感强、生活气息浓、艺术形式多样、为人民群众喜闻乐见的优秀作品。

（3）推出一批美术、书法、摄影精品。与中国美协、中国书协、中国摄协合作创作一批书画、摄影精品，举办体现中原题材、华夏风情的美术、书法、摄影大赛，发现"苗子"，推出力作。

（4）通过继续承办"中国郑州—韩国晋州书画艺术交流展"等外事交流互访活动，组织各文艺家积极参加国内外、省内外各种展览交流活动，加强与各地市的艺术交流活动，巩固和提升郑州在全国的领先地位。

（七）以文化体制改革创新为契机，增强文化整体实力和竞争力

（1）积极筹建郑州文学院。文学是文艺发展的根本和排头兵。郑州作为省会城市，组建文学院已是当务之急。

（2）争取上级领导支持，在郑州市辖六区（金水、管城、中原、二七、惠济、上街）设立文联。郑州市区是文艺人才比较集中的地方，协调六区尽快成立六区文联，以补六区文联工作的缺失。

（3）健全提升发展机制。建立郑州市文艺评奖机制，鼓励艺术家积极投身创作，激励不断出精品。建立郑州市文艺人才引进机制。为了更好更多地出人才出精品，出台"郑州市文艺人才引进办法"，以优惠条件不断吸引外地人才落户郑州，借外力发展和繁荣郑州文艺事业。

（4）花大力气办好文联网站。网站是文联的窗口和形象，是为艺术家提供服务的一个很好的平台，要做到网站内容丰富、信息量大、信息权威。

B.7
郑州市社科联（院）年度发展报告

王玉亭*

摘 要：

本报告简要回顾了郑州市社科联（院）自成立以来，尤其是近年来紧紧围绕郑州经济社会发展实际开展的社科研究、理论研讨、社科普及等工作，分析了郑州市社科事业发展面临的突出问题，提出了今后的发展思路。

关键词：

郑州市社科联（院） 社科事业 发展报告

一 2012年社科工作进展情况综述

郑州市社科联（院）是市委、市政府领导下的社会科学管理和专业研究机构，负责全市社科优秀成果和调研课题的评审表彰，负责对本地区社会科学学会、协会、研究会以及民间组织的管理指导，是市委、市政府联系全市社会科学工作者的桥梁和纽带。近年来，郑州市社科联（院）以基础理论研究为依托，以应用研究为重点，以郑州经济社会发展重大理论问题为主攻方向，发挥了"思想库"、"智囊团"的重要作用。

（一）强化理论武装，以十八大精神统领社科工作

党的十八大召开后，市社科联迅速组织全市社科界学习贯彻会议精神，强化理论武装，以十八大精神统领社科工作。先后召开省会社科界座谈会、理论

---

* 王玉亭，郑州市社会科学院副院长。

研讨会、社科学会秘书长会，组织专家下基层宣讲，以朴实的语言深入浅出论述，把"科学发展观"、"改革开放"、"中国梦"等观点和精髓传递给广大人民群众，阐释确立"科学发展观"的重要指导地位，是十八大的一个历史性贡献。市社科联党组还组织全体机关人员，针对市委经济工作、宣传思想工作、全市新型城镇化建设推进会等具体工作部署，进行专题学习、集中研讨，统一思想认识，把献真知、谋良策、求实效，作为社科工作的宗旨，要求大家以务实的作风、卓有成效的业绩，为落实党的十八大精神做出积极贡献。

（二）突出应用价值，围绕经济社会发展瓶颈规划重点课题，积极申报国家、省、市级调研课题，研究能力得到提升

1. 组织"郑州市2012年哲学社会科学重点课题"的招投标

根据市委、市政府工作总体部署，围绕郑州经济、社会、文化等方面的热点难点问题，以郑州市都市区建设为重点，破解发展"瓶颈"，规划制作调研课题，在广泛征求意见、请专家认真论证的基础上，确定研究重点及研究方向，经报请市委、市政府主要领导圈阅同意，对重点课题实施公开招投标，确定了《郑州建设全国区域性金融中心城市研究》、《推进郑州航空经济综合实验区建设问题研究》、《郑州市加快网格化管理体系建设研究》等9项重点课题。该批重点课题调研深入，数据翔实，制作精良，市领导审阅批示："请分交各相关部门研究，供借鉴采纳研究成果。"社科联已分别发送给市发改委、市文化局等24个相关市直部门在实际工作中参考借鉴，发挥了社科的理论服务和智力支持作用。

2. 省级、市级社科规划课题的申报中标创纪录

为提高社科联（院）的科研水平，社科联积极整合科研力量，认真组织省、市级规划课题的申报。2012年申报中标省发展研究中心课题《当前河南省面临的国内外宏观经济环境分析》和《产业集聚区体制机制问题研究》；申报中标郑州市软科学研究计划项目《郑州都市区建设与中心城区提升发展问题研究》、《华夏历史文明传承创新核心区建设问题研究》、《郑州市创新型产业集聚区的运作模式与发展对策研究》等5项课题全部获准立项，正在按要求深入一线调研制作，创年度中标省市级软科学研究计划项目之最，展示了科研实力和水平。

3. 完成了2011年度社科调研课题的结项、评奖以及2012年度社科调研课题立项工作

上半年，组织社科专家召开评审会，对880项社会科学调研课题予以立项，并对2011年度716项结项课题进行了评审，共评出优秀社科调研课题一等奖40项，二等奖75项，三等奖96项。从评审情况看，近年来郑州市社科调研课题逐步呈现针对性强、调研深入、理论水平高、可操作性强等特点，为郑州市经济社会发展提供了理论支持和决策参考。

4. 完成了《华夏历史文明传承创新核心区建设》重大调研课题

国务院《关于支持河南省加快建设中原经济区的指导意见》中明确将华夏历史文明传承创新区定位为中原经济区的五大战略之一。对接国家和省区域发展战略，抢抓发展机遇，建设华夏历史文明传承创新核心区，是郑州承担的历史责任。根据市委宣传部相关要求，社科联党组认真研究，成立了由社科联（院）业务骨干和有关专家组成的课题组，对核心区建设的意义、内涵与定位、目标任务与载体等进行系统研究，为推进华夏历史文明传承创新核心区建设提供参考。现10个子课题已完成，目前在子课题的基础上制作总报告。

5. 拓展研究领域，整合有效资源，积极开展调研工作

积极承担和参加了"郑州市创建国家公共文化服务体系示范区"调研，"关于'坚持依靠群众、推进工作落实'长效机制研究"调研与撰写，市编办组织的关于事业单位总量控制等有关方面的课题调研制作任务，以及市委宣传部组织的省社科院专家学者代表团在郑州关于产业集聚区建设、新型农村社区建设大型调研活动等。通过主动参与郑州市各项课题调研活动，既锻炼了队伍，也扩大了社科联（院）的知名度。

（三）重质量讲实用，评审出的社科优秀成果实用性增强

2012年面向社会共征集社科优秀成果1256项，经郑州市社会科学优秀成果评奖委员会的严格评审，共261项优秀成果获奖，其中《民生问古今》为市社科优秀成果荣誉奖，《关于构建中原经济区核心增长区问题研究》等53项研究成果为市社科优秀成果一等奖，《注重运作善于运作强化运作——关于

郑州宜居健康城建设的调研报告》等77项研究成果为市社科优秀成果二等奖，《加快二七区楼宇经济发展的调研与思考》等131项研究成果为市社科优秀成果三等奖。从获奖成果情况看，内容涉及政治、经济、文化和历史等诸多领域，其中不乏新观点、新见解、新提法、新措施，尤其是调研报告对郑州市经济社会发展具有一定的指导性、应用性和可操作性。

（四）高标准严把关，编纂的"郑州蓝皮书"预见性、可读性强

在市委宣传部指导下，由社科联（院）组织编写的《2011～2012年郑州文化发展报告》，以翔实的资料数据、客观的动态研究，较为全面地反映了郑州文化发展的基本现状。既有对郑州过去文化发展的回顾和总结，也有对未来文化发展的预测和展望；既有对郑州文化产业发展形势的宏观分析，又有对文化产业不同行业的权威性年度报告，既有典型个案分析与参考借鉴，也有理论视野的专题研究。该书有较强的权威性、针对性和可读性，为政府实施科学决策、加快推进文化大发展大繁荣提供了理论依据，是郑州文化领域中一项重要的科研成果。

（五）多渠道促转化，社科成果的应用领域得到拓展

针对郑州市经济社会发展中遇到的热点、难点和亟待解决的问题，调研编印了《以体制机制创新和科技创新支撑都市区建设》、《郑州市新型农村社区建设问题调查与对策建议》、《新型城镇化建设过程中的重点问题与应对思路》等12期《社科内参》，把专家学者提出的新思路、新观点、新措施等，及时呈送市领导决策参考，受到了各级领导的关注和好评。其中：8月29日，市委副书记王璋同志在《社科内参》（〔2012〕第8期，总第69期）《郑州市网格化管理的实践难点与重点研究》上批示："该文很好，很具有针对性和现实性，望课题组继续深入研究，取得更深入的成果。"编辑《社科调研对策建议快报》。将2011年度获奖课题中对郑州市经济社会发展具有针对性、前瞻性和实操性的优秀课题成果，进行梳理分析，经修改、充实、加工、整理、摘要汇编，形成《社科调研对策建议快报》，呈市领导和相关职能部门参阅，受到充分肯定，实现了社科成果的转化和应用。

（六）勇探索善创新，"郑州市社会科学2012（首届）学术年会"有新意

经精心策划，与郑州师范学院联合举办了"郑州市社会科学2012（首届）学术年会"，主题为："转型·创新·发展"。会议中省会各界知名社科专家围绕当前郑州市经济社会发展中的热点、难点问题纷纷献言献策，市属新闻媒体作了专题报道。学术年会的召开为郑州社科界搭建了一个高层次、品牌化的学术交流平台，也为促进郑州学术交流与创新，打造郑州市学术品牌提供了舞台，是郑州市社科界的一次年度学术盛会。

（七）发挥专家作用，社科知识宣传普及活动取得新成效

为满足广大市民的文化需求，丰富文化生活，与河南省图书馆共同举办了15场"中原大讲堂·郑州讲堂"。邀请理论素养好、演讲口才佳、热心公益事业的名家名师，就公众关心的热点话题进行讲解，内容涉及人文科学、社会科学等领域，如"当代养生误区"、"中国绘画的审美与鉴赏"、"清官包拯的真实历史"等。"中原大讲堂·郑州讲堂"形式不拘一格，学理性与实用性并存，权威性与前卫性并重，追求学术创新，鼓励思想个性，强调雅俗共赏，重视传播互动，深受市民欢迎，社会效果显著。同时积极开展"社科知识大篷车"活动，成立了十八大精神社科专家宣讲团，深入县（市）区、机关、社区、学校等单位，宣讲十八大精神20余场，受众人数达6000多人次，宣讲活动还在继续进行，受到广大群众的普遍欢迎，成效显著。

（八）利用"联"字优势，社科学会工作积极活跃

做好学会工作是社科联的重要职能和优势之一。根据各社科学会（协会、研究会）的不同职能，分类规划学会搞好咨询服务，解答市民日常工作和生活中遇到的实际问题，促进了社会的和谐稳定。社科联深入学会了解情况指导开展活动；召开社科学会秘书长会议，下发学会工作指南；组织社科学会根据各自职能围绕郑州市中心工作开展调研活动；对学会的大型活动策划予以现场指导，如组织郑州市创新教育学会成功举办了"全国中小学校长领导力提升

暨内涵发展策略研讨会"等。通过协调组织，各学会活动积极、热情高涨，呈现了良好的发展势头，工作业绩和社会效益显著。市法学会等6个学会分别被评为"全国标兵学会"和"全国先进学会"。

（九）敢争取勇创新，"社科中评会"的成立为社科工作者提供了新的平台

经过近两年的努力争取，河南省人力资源和社会保障厅《关于批准组建嵩山少林武术职业学院教师（实验人员）中级专业技术职务任职资格评审委员会等中评会的通知》（豫人社职称〔2012〕14号）文件中明确："同意组建'郑州市社会科学研究系列中级专业技术职务任职资格评审委员会'。"由市委宣传部和市社科联（院）联合下文，通知各县市（区）、市直相关机关、社科学会（协会、研究会）和省市大专院校、中小学等单位均可参与申报。社科中评会的组建，有利于促进社科人才的培养选拔和队伍建设，有利于促进郑州市社科事业的繁荣发展，是郑州市社科史上具有里程碑意义的大事。

（十）树立精品意识，社科刊物《中州纵横》品牌效应初显

《中州纵横》坚持"开门办刊"，在广泛征求作者和读者的建议和意见后，对原有的《论坛》、《前沿》、《关注》三栏目进行了重点策划包装，突出其理论性、预见性和可读性。筛选出知名专家300余名，扩大作者队伍。紧紧围绕市委、政府的中心工作组织专门稿件，贴近郑州发展实际，邀请相关领域专家围绕专题深入探讨，精心策划，走精品化道路。同时，立足郑州，贴近郑州，新开辟了《博览中原》、《时评》、《新语》等几个栏目，深受读者的好评。

二　社会科学工作面临的现实问题

随着我国改革进入深水区和经济社会发展多元化，社会科学的"参谋"、"智囊"作用日渐显现，在各级干部和群众中初步达成共识。但就目前社会科学的发展现状而言，还有许多跟不上不适应的地方，亟待进一步加强。

（一）对社会科学的认识不到位

在实现中华民族伟大复兴的历史进程中，哲学社会科学与自然科学"如车之两轮，鸟之两翼"同等重要。时至今日，人们虽然已经自觉地认识到了自然科学的重要性，但对社会科学的理论引领作用仍不同程度地忽视，致使大量的哲学社会科学成果被束之高阁，这与时代发展相悖，不利于纷繁复杂的社会矛盾的化解与社会和谐，必须引起各级领导同志的高度重视。

（二）研究人员的总体水平有待提高

目前，郑州市研究人员的研究水平差异较大，高职称的研究人员缺少，导致科研能力不足。科研人员的理论水平也有待提高，由于对基础理论的重视程度不够，导致问题研究偏于表面，难以把握住实质，尤其是对经济社会发展的总体趋势判断能力不强，以致影响到决策研究水平的提高。社会调研不足导致应用研究能力不足，由于受各种因素制约，深入基层、深入一线的实用性调研较少，导致政策研究的应用性不足，这些都是制约社科研究水平提高的因素。

（三）社会科学成果的转化不够

目前，自然科学成果的转化途径与方法有一套完整的体系措施，促进了自然科学成果向现实生产力的转化；但对社会科学成果的转化，既欠缺实践上的有效举措，也缺乏理论上的深入研究。因此，为了促进哲学社会科学成果迅速转化为现实的社会力量，充分发挥其社会经济效益，有必要研究社会科学成果转化中存在的问题及解决的对策。

（四）社科成果社会认可度不高

社会科学在社会生活中发挥着多重社会功能，实现着多种社会需要。但在以经济建设为中心的社会主义市场经济背景下，经济指标权重增大，经济价值开始成为社会评价的主要依据。社会科学经济功能的间接性使它在现行社会评价指标体系中处于不利地位，它所创造的其他社会价值权重降低甚至被忽视，难以得到社会全面公正的评价，因而难以获得相应的社会承认。这是导致社会科学社会运行过程中诸问题的根源，因此必须加强社会科学的立法进程。

（五）经费投入不足

经费投入短缺直接制约着社会科学事业的繁荣发展。当今我国经济持续快速增长，国家财力显著增强，但是对社会科学投入的增长却十分缓慢，远低于同期对自然科学投入的增长。其原因在于人们认为经济建设与自然科学研究的投入是刚性的，应当予以保证，而人文社会科学研究则伸缩性大（所谓"软科学"），投入可以大大压缩，这与"两个文明一起抓"和"和谐社会建设"相左。

三 2013年社会科学工作总体思路及目标

根据市委、市政府年度工作部署和市委宣传部具体安排，结合社会科学职能实际，经研究确定2013年社会科学工作总体思路和目标是："突出一个重点、打造两个品牌、搭建三个平台、创新四项活动、做好五项工作、实现两个目标"。

（一）突出一个重点

即党的十八大精神的学习贯彻。主要是精心策划和认真组织好社科界的学习贯彻以及理论下基层、社科专家理论研讨会和社科学会的征文比赛等，发挥社科的理论引领和服务作用，增强政治自信和理论自信的自觉性。

（二）打造两个品牌

一是"重点课题"品牌。近年来，社科重点调研课题从立项、招标、结项到成果转化，业已形成一套完整的运作机制，品牌效应初显。今年的重点课题将吸收往年成功经验，实施重大理论课题对外公开招标，对那些与郑州经济社会发展实际结合紧密、应用性强、市领导特别关注的急需重点课题或专业性强的重点课题，采取社科专家与有关职能部门（专业研究机构）联合调研制作或委托调研制作的办法，在提建议的前瞻性和实际操作（执行）的可行性上狠下功夫，提升重点调研课题的针对性，力争在解决实际应用问题上有所建树。做到调研成果在理论上有深度高度，实用上有重要参考借鉴价值。二是"社科内参"品牌。通过几年的持续精心打造，《社科内参》在市领导决策中的影响力和参考价值效果良好，品牌效应已经形成。今年将强化调研力度，突出一个"真"字，打造一个"实"字，编辑一个"精"字，把涉及郑州市经济社会发展，尤其是关乎民生的重大决策的真实实施情况、基层市民心声（呼声）及理论前沿和外地的成功经验等热点、敏感问题和管用的做法，从实地调研中力求"原汁原味"地梳理归纳出来，提出实实在在、切实可行的改进办法和对策建议。把讲真话、阐实情、提建议，作为《社科内参》的编辑宗旨，真正把《社科内参》的"内"字和"参"字的含义凸显出来。

（三）搭建三个平台

1. "社科知识大篷车下基层"平台

以社科知识普及和十八大精神宣讲为主要内容，积极联系企事业单位、社区、学校，扩大受众面。今年重点向区（县）农村新型社区、家庭农场和偏远农村倾斜，细化宣讲内容，突出实用性、趣味性，以此吸引更多听众，在潜移默化中普及社科知识，阐释十八大精髓。

2. "中原大讲堂·郑州讲堂"平台

与"社科知识大篷车下基层"相比，"中原大讲堂·郑州讲堂"的地点相对固定，听众群体也相对稳定，主要是城市的离退休干部、工人和部分青年学生，知识层次相对较高，互动性较强。因此，实施中要坚持高起点选题，高水准授课，针对性要强。重点在家庭和睦、养生保健、家庭教育、社会保障等方面，选好高水平专业教员。

3. "社科普及基地"平台

社科普及基地起步较晚，在数量、基础设施建设、运作机制、宣传告知等方面都不甚完善。今年要继续考察选点，搞好与相关部门衔接，实施授牌，争取再新增10个左右的基地挂牌。同时，帮助指导已挂牌的基地加强宣传和基础设施建设及运作机制的完善，力争尽快投入日常运行，发挥社科普及的"正能量"作用。

（四）创新四项活动

1. 依托社科学会，组织"贯彻党的十八大精神，实现郑州新跨越"征文活动

今年是贯彻十八大精神的开局之年，是郑州市实施都市区建设三年行动计划的关键之年，也是推进新型城镇化建设由"拆"到"投"的强力实施之年。在这不寻常年份，社科学会要敢于担当，发挥好"参谋"作用。计划今年在全市社科学会组织开展"贯彻党的十八大精神，实现郑州新跨越"征文活动，推出一批集实用性、真实性、指导性于一体的操作性强的优质调研成果结集出版，为实现在新型城镇化建设中，"投"得科学、"投"得到位、"投"得有社会效益、"投"得群众满意，提供有分量的参考。

2. "社科理论研讨"活动

创新社科理论研讨方法，打破固有模式，改变就理论谈理论的空谈研讨惯例。在理论研讨主题确定之后，组织参会专家学者针对主题深入一线调研，以专家的视角看问题、想问题，鼓励用事实说话，用丰富的第一手资料佐证，增强说服力。在研讨会上畅所欲言，各抒己见，相互探讨争论，提出不同的意见和建议，最后归纳梳理，视情况编成研讨会"纪要"、"社科简报"或"社科内参"，呈送市领导或市直相关职能部门参阅。

3. "生活大百科"大型义务咨询活动

根据市民群众需要精心组织筛选省会高校、律师事务所、教育研究部门、专科医院等的专家志愿者，围绕群众关心关注的劳动就业、社会保障、法律纠纷、婚姻家庭、心理健康、家庭教育、养生保健等方面进行答疑解惑，为和谐社会建设作出贡献。

4. 社科普及教育基地"免费一日游"活动

积极与社科普及基地协调，组织市民群众到基地开展"免费一日游"活动；在社科普及活动周期间基地免费接待市民群体和大中专院校、技校、中小

学的师生参观学习、听取基地的专题讲座等,最大限度地彰显社科普及教育基地的公益作用。

(五)做好五项工作

1. 办好第二届社科年会

主动与适合承办的单位沟通,综合谋划社科年会,可将学会秘书长会、大专院校科研处长会乃至社科联的换届会等相近内容的会合并召开,既提高会议效率,又使社会效益最大化。

2. 开好首届社科协作会

召开市级社科协作会是郑州市的首创,除邀请省会各社科学会外,还邀请省市相关职能部门(局委)、社科教育普及基地、有关企业等负责人参会,强化沟通,商谈协作,拓展社科工作空间。

3. 编纂出版《2013年郑州文化发展报告》

"郑州文化蓝皮书"已承编了四年,2013年的蓝皮书如何改进编纂,以什么样的形式编纂,使之既不失蓝皮书的客观性、科学性和分析的全面性与前瞻预测性,又不失其可读性和重要参考收藏价值,我们打算以梳理郑州市建市以来的文化发展脉络为基础,客观阐释各个时期和重要发展阶段的文化亮点、发展轨迹,从中全面挖掘郑州市的文化优势,找出"短板",预测今后郑州市文化发展的重点和应着力打造的文化品牌等,助推郑州市新型城镇化建设的全面健康和谐发展。

4. 提升《中州纵横》杂志的品位

《中州纵横》杂志是郑州市唯一的社科类综合刊物。今年编印要实现"四个着力,四个取胜":一是在宣传党的十八大精神方面着力;二是在宣传新型城镇化建设成就方面着力;三是在打造郑州名片、城市品牌方面着力;四是在加强与专家学者和市直有关部门组稿方面着力。以稿件质量取胜、以贴近"地气"取胜、以可读性取胜、以精美的页面设计取胜,全面提升杂志品位。

5. 完善更新社科专家库

目前的社科专家库存在着更新慢、专家少、专业不全等问题,影响和制约了社科工作的顺利开展,亟待采取措施更新完善。一是与省会各大专院校联系沟通，推荐各个专业的优秀教学和科研骨干；二是与市人才办协调，掌握郑州市各科类人才状况；三是与市直机关、省会科研机构和县市（区）联系，了解各类"土专家"情况。通过各方面沟通协调，对省会各类人才进行一次全方位的筛查，而后按照单位、姓名、职称、年龄、研究领域（专业）、主要研究成果、联系方式等详细登记，区分类别建立起门类（专业）齐全的社科专家库，以便开展社科研究、理论研讨等工作需要时"拎之即来"。同时，还要特别注意收集掌握那些近年来的新兴学科、边缘学科和前沿学科的专家及冷门人才，做到不为学历、资历所束缚，不拘一格选人才，服务我们的社科研究，助推郑州市经济社会的快速发展。

（六）实现两个目标

即实现全市社科整体工作上台阶，"智库"服务上水平，为郑州市经济社会健康和谐发展贡献力量。

B.8 郑州市新华书店年度发展报告

"郑州市新华书店年度发展报告"课题组

摘　要：

本报告立足于2012年郑州市新华书店改革发展实际，分析了新华书店从传统单一型书店向现代复合型书店转型的背景及原因，阐述了郑州市新华书店转型发展的思路。

关键词：

郑州市新华书店　复合型书店　转型探索

一　从传统单一型书店向现代复合型书店的转型

1999年2月，郑州市新华书店下辖的旗舰店郑州购书中心在西太康19号正式开业迎宾，装修一新的卖场，6700平方米的经营面积，近20万个品种的图书，优美舒适的购书环境，郑州购书中心很快成为郑州市民购书的首选书店，并被全国图书发行业协会评为国内前十名的书店。但是随着我国图书发行业的飞速发展，当初曾经觉得宽敞明亮的文化殿堂，已经显得落伍陈旧；当初品种、面积在全国还算领先的购书中心，渐渐湮没在超万平方米的大书城中；卖场经营面积过小，图书销售模式单一，相关文化产业匮乏，使得郑州购书中心已无法满足多层次读者的综合文化消费需求，盈利水平也越来越低。特别是近几年来网络书店的低价倾销、电子阅读的悄然兴起、业内竞争的激烈加剧、民营书商的严重挤压、省外资本进入本地图书市场的严峻挑战，使市新华书店认识到，国有新华书店传统单一的图书经营模式已经走到了历史的尽头，如果不进行发展方式的转变，必将在新型业态迅速崛起的市场竞争中被淘汰出局。

"扩建改造郑州购书中心，打造综合文化消费卖场"，郑州市新华书店领导班子提出了励精图治、二次创业、加快跨越式发展的新目标。2007年，郑州购书中心改扩建项目被列为郑州市跨越式发展文化建设工程之一。郑州市委、市政府和市委宣传部以及集团公司领导对购书中心改扩建项目工程给予准确定位，在政策、资金等方面给予大力支持，对改扩建工程中遇到的问题和难题进行协调解决。市新华书店领导班子组织相关人员先后几次赴外地认真学习调研考察，全方位借鉴兄弟省市大型图书卖场兴建及运营的成功经验，集中全店干部职工智慧，高起点找准设计定位，高标准选择设计公司，高品位筛选设计方案，高质量完成土建施工，高创意完成卖场同步装修工程。经过全店干部职工的奋力拼搏，一个全省经营面积最大、功能最完备的综合性一站式大型文化消费卖场目前已与全省人民见面，为满足省会人民乃至周边城市人民群众的购书及文化消费需求提供了更加优质的全方位服务，也使市新华书店基本实现了"从传统单一型书店向现代复合型书店、从图书产品销售商向文化产品整合商"的成功转型升级，在实现经济发展方式转变过程中迈出了坚实一步，为书店今后的持续发展奠定了良好的基础。

二 郑州市新华书店转型发展的思路

（一）坚持"以书为主"，努力实现图书主业经营的全面升级

在郑州购书中心改扩建过程中，围绕着如何打造"综合文化消费卖场"的目标，市新华书店始终坚持"以书为主"的原则和思路，在装修设计定位及卖场总体布局中，强调突出图书经营的主体、主导、主流地位；始终坚持打造"综合文化消费卖场"，必须首先打造出一个品种全、品位高、品质精的大型图书卖场，必须通过提升郑州购书中心的品牌形象、主业经营的全面升级，带动吸引其他文化产业的入驻和发展。

1. 从卖场布局入手，实现卖场品味的全面升级

改扩建工程伊始，市新华书店就借鉴其他城市大书城先进经验，结合自己实际情况，适应卖场升级需求，在一楼设置了"天一阁"精品书馆区。精品书馆区古朴典雅的造型、高档精美的书柜、精心配备的套装图书，有效提升了

卖场品味，也为企业家、领导干部、家庭配备书房提供了样板，取得了良好经济效益。同时，改扩建后的郑州购书中心精心打造了原版音像销售区、原版外文图书销售区、少儿绘本区、河南文化艺术中心等专区，设立了专业类书柜，开创了店中店销售模式，有效提升了卖场品味。

2. 从硬件设施入手，实现购书环境的全面升级

首先是从书架设计及摆放入手，依据不同类别图书的特点，精心设计出适合各个类别图书摆放的书架、新书和畅销书展示台，给读者带来耳目一新的视觉冲击。其次，市新华书店重新设置了24小时不间断滚动电子屏，设置了广告机、图书查询等高科技产品，布置了温馨便捷的读者服务台，构建了人性化的收银通道，重新制作了卖场标识牌和图书分类牌，大大方便了读者选购图书，有效促进了卖场零售。同时，市新华书店还开设了逸品心阅书吧，经营咖啡、茶点、甜品，增设了儿童乐园，摆放了方便读者的阅读台和休息椅，摆放了常青树木和鲜花，绿化美化卖场，为读者提供了温馨舒适的购书环境。

3. 高服务入手，全面提高购书中心软实力

提高员工业务水平，提升服务读者的能力和水平，让读者能快速地找到适合自己的图书，是书店提供增值服务的一项内容。为此市新华书店首先从加大员工培训入手，通过聘请讲师、观看光盘、业务标兵授课等形式，组织全体员工定期进行集中学习，提高员工对图书的认知度。其次根据岗位需要，设立了首席营业员、星级营业员等有挑战性的岗位，组织员工参加业内业务技能比赛，激发员工自觉学习、主动提升的需求，促使员工加深对自身工作价值的理解，拓宽员工职业发展空间，带动整体员工队伍转变服务理念，由"被动式"服务转变为"人情化"服务。同时，市新华书店还建立起人才管理的长效机制。每年组织员工参加理论知识、业务技能考试，严格执行管理岗位人员竞聘上岗制度，面向社会公开招聘大学生，确保公平、公正、公开地选拔出一批年轻有能力的人员补充到业务和销售部门，并把优秀者提拔到管理岗位上去，为人才队伍建设不断补充新鲜血液，有效增强了购书中心扩建改造后的软实力。

4. 自主营销，打造读者社交和心智交流的分享平台

根据不同节日特点增设主题营销板块，依照不同的客户群体特征精心设计出丰富多彩的营销活动，积极探索自主营销模式，独立创办了"新华讲堂"、"少儿诵读活动"、"阅读照亮童年"名家讲座进校园活动、"河南创意市集"、"郑州市推广阅读志愿者"等品牌活动，通过活动举办的多样性、延续性和长效性，更好地培养了阅读群体，唤起了社会阅读意识，全面提升了社会大众对郑州购书中心品牌的认知度。

（二）坚持"以书为媒"，努力实现卖场经营结构的成功转型

改扩建后的郑州购书中心不仅使卖场图书品种大大增加，而且也为多元化经营增加项目丰富品种提供了空间。为此，按照打造综合文化消费卖场的要求，坚持"以图书为主要媒介"，努力挖掘新的经济增长点，继续拓宽多业态经营空间，充分满足读者一站式文化消费需求的工作思路，市新华书店领导班子在组织施工、装修的同时，相关文化产业引进招商工作也同步全面展开。一是加强领导，组建招商工作小组。市新华书店领导班子多次召开会议，研究分析招商思路、研讨论证招商项目、详细制定招商方案、统筹安排招商工作，抽调领导班子部分成员和部分中层干部组成招商小组，并进行了工作分工和责任分工，保证了招商工作的组织落实。二是明确定位，科学确定招商项目。市新华书店领导班子和招商小组经过反复论证，围绕着打造高品位大型综合性文化消费卖场的定位，确立了"以具备合法资质为首要前提、以经营图书品种为重要媒介、以相关文化产品为主要项目、以国内国际品牌为重点品种、以厂商和国内省内总代理为主要招商对象"的招商工作总体思路，在此基础上研究制定了招商的项目和品种，为招商小组展开工作指明了方向。三是成效初显，经营结构逐步转型。通过严格招标、精心筛选与图书行业相关的文化产业项目，在业态上引入了数码电子、文具办公用品、小家电、体育用品、文房四宝、工艺美术品、礼品工艺品、儿童智力玩具、儿童游乐中心、名牌快餐、新华眼镜、教育咨询培训机构等，形成了具有规模和品牌效益的多元化经营项目，现代化复合型书店模式已经初现。这标志着市新华书店在加快经营结构调整、优化产业结构、实现经济发展方式转变上迈出了坚实一步。

（三）针对入住商户，积极建立严格规范的管理制度

一是制定商户管理条例，对入驻商家实行统一化管理，统一制作工装、规范进场营业员的举止行为。二是建立商户奖惩机制，采取公平竞争方法，按照位置的好坏、经营面积的大小，对不同的经营场地采取不同的保底销售指标和提成指标，市场成熟后对商户进行逐步评估，并进行末位淘汰。以扶持商户发展。三是针对多元经营品种不断丰富的情况，开办"一卡通"业务，既方便读者购买图书音像制品，也方便读者购买相关文化产业产品，为联营商户增加销售提供了方便条件。特别是围绕卖场整体装修风格，突出文化产业品位，严格审核商户装修陈列方案，保证了相关文化产业与图书经营协调互补，为广大读者提供了更加丰富多元的文化消费选择，也为满足省会人民乃至周边城市人民群众的综合文化消费需求提供了更加优质的全方位服务。

（四）坚持"以书为轴"，努力实现全店多元化经营的延伸拓展

通过购书中心的扩建改造，市新华书店基本实现了卖场经营的升级转型。但市新华书店深知：实现企业全面升级转型，国有书店还有一定差距。在激烈的市场竞争中，只有充分挖掘企业的差异化优势资源，瞄准培育新的经济增长点，使之成为企业的核心竞争力，并由此衍生出多元化的盈利渠道，实现多元化经营的延伸拓展，才能使文化产业在不断变化的市场条件下寻找到适合的发展道路，全面实现企业的升级转型。为此，市新华书店认真坚持"两用"方针，即：用好新华书店金字招牌，用好郑州购书中心知名品牌，从三个方面进行了尝试和探索，努力实现全店多元化经营的延伸拓展。

1. 用好郑州购书中心知名品牌，整合成立市场发展部，努力搭建吸引多业态和书店经营相融合的平台

根据郑州购书中心的知名品牌效应，市新华书店成立多年的多种经营部，除坚持多元化经营项目的自营外，也在有限面积内尝试了多元化经营的租赁和联营。随着郑州购书中心改扩建的进程，租赁和联营的面积和种类也随之增加。随着招商引进相关文化产业工作的全面展开，市新华书店适时撤销了多种经营部，根据实际需要重新整合成立了市场发展部，将其职能范围重新界定，

进一步拓宽。一是负责对拟入驻商家进行资质审查，项目洽谈及合同签订。二是对入驻商家实行统一管理、教育、监督和协调。三是为入驻商户提供服务、扶持和培养，并对商户进行评估、考评和奖惩。四是负责全店购书券、购书卡与"一卡通"的办理和管理，并协调解决使用过程中发生的问题，特别是"一卡通"使用过程中发生的问题。如果说郑州购书中心的知名品牌效应本身就是吸引多业态和书店经营相融合的场地平台，那么重新整合成立的市场发展部则已成为引导多业态和书店经营相融合的人力平台，为相关文化产业入驻郑州购书中心提供了坚强的人力保障。

2. 用好新华书店金字招牌，整顿收编新华旅行社，努力延伸新华书店社会服务功能的平台

新华旅行社已成立16年，但因历史原因一直游离在外，在全店经营结构实现升级转型的大背景下，为拓展新华书店多元化经营的渠道，延伸新华书店社会服务功能的平台，市新华书店经整顿正式收编了新华旅行社，并重新注册为郑州新华国际旅行社。新华旅行社凭借其多年的运营在郑州市旅游界已有一定影响力，此次正式收编后，将纳入全店目标管理和绩效考核，经营管理将更加规范，经营指标也将跟全店各部门一样，每年按照一定的增长率实施管理与考核。因此，新华旅行社收编后，必将成为全店一个新的经济增长点，在延伸社会服务功能的平台上，为全店的经济增长和经营结构升级转型作出贡献。另一方面，市新华书店自2006年开展全员推销以来，通过优质服务也在郑州乃至周边城市形成了庞大稳定的客户群体，市新华书店就将新华旅行社的业务推介纳入到全员推销中来。因此，在全店职工的努力下，全店图书销售的客户资源很快将成为新华旅行社的旅游客户，这不仅为书店的图书客户打造出全新的服务项目，同时也为新华旅行社的发展带来契机。新华旅行社在下一步的工作中，将继续深入挖掘人才，培养出一批具备导游资格、业务素质良好的服务团队，采取自主运营的模式，加大市场开发力度，创新旅游模式，在产品更新和差异化、在旅游和文化的结合上下工夫，开拓文化观光游、休闲度假游、培训考察游、特种旅游等项目齐全、结构完整的新格局，满足不同层次旅游者的需求，努力将其打造成河南省知名国际化旅游品牌。

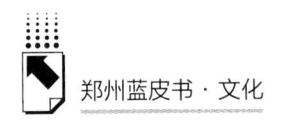

3. 依托品牌优势条件，成立新华培训部，努力拓展新华书店公共文化服务的功能

在郑州购书中心扩建改造过程中，市新华书店在原读者俱乐部基础上，整合成立了郑州新华培训中心，使其进一步完善，兼具社会文化培训及为会员提供增值服务的双项功能，经营职能由为会员提供增值服务为主转为向社会提供公共文化培训服务为主。新华培训中心主要是依托新华书店金字招牌和购书中心知名品牌的优势条件，一方面利用自身图书资源优势，创办阅读训练课堂等，走自主办学模式；另一方面吸纳专业教师队伍，设置音乐、美术、书法、舞蹈、英语等艺术类和学习类课程，书店统一安排授课，给学生提供专业培训，走联合经营培训模式；再一方面是引进联大知名优质培训学校，为其提供场地，使其独立办学，充分利用其品牌优势，聚揽人气，拉动书店主业效益的增长。同时新华培训中心还要继续以读者俱乐部为依托，继续探索会员精品化服务路线，通过免费开放文化讲座、定期举办文化沙龙、与文化名人交流、举办字画展、尝试同媒体联合策划大型主题活动等形式，不断稳定老客户、发展新客户，巩固书店的公共影响力，使书店所承载的文化内涵得以回归。

专题研究

Special Researches

B.9
郑州建设华夏历史文明传承创新核心区战略研究

许颖杰 刘 涛*

摘 要：

华夏历史文明传承创新核心区建设对于推动经济社会发展、提升区域文化竞争力、增强文化示范带动力作用明显，必须加强华夏历史文明传承创新核心区的相关问题研究，尽快推动核心区建设工作的开展。课题组在深入调研的基础上，对郑州建设核心区的内涵、功能与优势进行了分析，提出了核心区建设的战略、步骤，形成了推动核心区建设的系统保障措施。

关键词：

华夏历史文明 传承创新 战略与步骤

---

* 许颖杰，郑州市社科联副主席、社科院副院长；刘涛，郑州市社科院文化所副所长、助理研究员。

文化是民族的血脉，是人民的精神家园，文化建设已经成为新时期国家重大发展战略之一。十七届六中全会作出文化大发展大繁荣的战略部署，十八大提出推进社会主义文化强国建设，《中原经济区规划》明确将华夏历史文明传承创新区定位为五大发展战略之一。在文化建设全面推进的总体背景下，对正处在历史与未来交会、传统与现代碰撞期的郑州，主动对接国家和省区域发展战略，抢抓发展机遇，延续文明、承续传统、创新发展、开创未来，建设华夏历史文明传承创新核心区，是应该肩负的重大责任和伟大使命，是实现民族振兴"中国梦"的文化支撑。

一 华夏历史文明传承创新核心区的内涵与建设意义

（一）基本内涵

华夏历史文明传承创新核心区是传承创新要素充分、优良，支撑、引领、辐射功能集中体现的地区。郑州是千年古都、中华文明的轴心区域、华夏文化的汇聚地、文化创新发展的高地，具有优良的人文精神、深厚的历史文化积淀、较好的区位条件、较强的传承创新和发展优势、强大的辐射功能，具备支撑构造核心区的全部要素。

（二）建设意义

郑州作为华夏文明的重要发祥地之一，是中原文化的核心地带和起源地，在漫长的文明演进过程中，为华夏文明的辉煌灿烂和弘扬传播做出了重要的贡献。在文化大发展大繁荣的背景下，建设华夏历史文明传承创新核心区，具有重大的意义。

（三）是贯彻落实国家部署的战略举措

郑州是华夏文明的重要发祥地，在漫长的历史进程中曾七次为都，作为夏商开国之都，拉开了国家文明时代的帷幕，奠定了中国古代文明的基础，也是华夏文明生生不息的象征。在国家关于文化大发展大繁荣、推进文化强国建设的总体部署下，郑州主动对接国家区域发展战略，抢抓发展机遇，建设华夏历史文明传承创新核心区，不断增强文化软实力，打造中华民族共有的精神家园，有利于更好地贯彻落实国家的战略部署，提升中华文化的影响力，全面推进文化的大发展大繁荣。

（四）是担负"挑大梁、走前头"历史责任的具体体现

在将华夏历史文明传承创新区定位为中原经济区五大战略之一的背景下，郑州立足于"全国找坐标、中部求超越、河南挑大梁"的发展思路，主动承担起"挑大梁、走前头"的历史使命和现实重任。建设华夏历史文明传承创新核心区，有利于进一步增强郑州核心区的辐射力、带动力，领跑中原、带动发展，充分发挥省会郑州的龙头、重心和示范带动作用，形成区域文化发展的合力，强力助推华夏历史文明传承创新区建设。

（五）是增创文化发展新模式的必然选择

文化是城市竞争力提升的重要因素，是经济社会发展的重要支撑，在以文化论输赢的城市发展新时期，推进文化传承创新已经成为时代进步和实践发展的内在要求，成为促进先进文化发展的强大动力。建设华夏历史文明传承创新核心区，坚持在传承中创新、在创新中传承，把传承创新作为文化发展的战略基点和前进动力，转变文化发展思路、创新文化发展模式，充分挖掘文化资源内容、创新文化发展形式，有利于形成文化发展新优势、提升城市文化品质、增强自主创新能力，在激烈的竞争中抢占先机、赢得未来。

二 华夏历史文明传承创新核心区的功能

核心区涵盖的地域范围广、包含的文化类型多样、蕴含的文化元素丰富，通过资源整合、创新发展与平台搭建，有效发挥文化在经济社会发展中的引领、示范、带动作用，可以不断增强区域发展的质量，提升区域的整体竞争力。

（一）助推经济社会发展

随着郑州文化与科技、经济的融合速度加快，文化已渗透到经济社会发展的整个过程。建设华夏历史文明传承创新核心区，充分挖掘和利用优秀文化资源、人文精神，推动历史文化资源转换为经济发展的基础资源，构造符合传统美德和时代要求的行为规范，可以让文化形态的无形资产转变为有形产品，使人们的文明素质和精神世界得到升华，赋予郑州充满激情与力量的文化，推动城市品位不断提升，支撑和涵养城市经济社会的全面发展。

（二）提升区域文化竞争力

文化是城市的灵魂，是区域品格的展现，一个区域内的文化禀赋、文化内涵、文化品质与文化发展水平决定着区域的吸引力和竞争力。郑州作为河南省省会和中原经济区核心区，建设华夏历史文明传承创新核心区，充分发挥历史悠久、资源丰富的基础优势，最大限度地利用丰富的文化资源，聚合要素、突出优势、带动支撑、形成合力，可以充分提升以郑州为核心的区域文化整体竞争力。

（三）强化文化资源整合利用

郑州文化历史悠久、文化遗产富足、文化精神充实、文化类型众多，是中华民族重要的文化资源宝库，通过深入研究、科学规划建设核心区，有效整合区域文化资源，以文化的整合、保护、传承发展，推动文化利用方式的创新，可以充分发挥这些特色资源的价值，促进文化产业的转型发展，完善公共文化服务体系，形成丰富多元的文化产品，使文化成果更好地惠及民众。核心区整体开发、共享共用的方式，必将使区域文化保护和传承工作获得新的发展条件、丰富的发展手段和广阔的发展空间。

（四）增强文化示范带动力

文化是血脉和灵魂，是繁荣振兴取之不尽、用之不竭的力量源泉。在经济社会发展的总体格局中，建设华夏历史文明传承创新核心区，加强优秀文化资源、人文精神的传承创新，充分发展文化引领风尚、教育人民、服务社会、推动发展的作用，可以形成强力的集聚、示范、带动力，进一步增强文化的示范带动功能，以文化支撑城市发展，以文化为城市注入活力，给城市发展提供强大的精神动力和智力支持，把郑州打造成在国内外具有重大影响力的区域文化中心。

三 建设华夏历史文明传承创新核心区的优势

（一）丰富的文化资源优势

郑州在中国两千年的文明史中七次为都，自夏商起长期处于政治中心地位，悠久的历史使得郑州地区汇聚和留存了厚重的文化资源。目前，郑州各类文物古迹达10315处，其中世界文化遗产1处，国家级重点文物保护单位38处43项，省级重点文物保护单位128处，市级文物保护单位269处，无论是文物古迹的总量，还是全国重点文物保护单位的数量，不仅在河南远远排在第一，而且在全国也位居前列。在全国"中华文明探源工程"首批9个项目中，郑州占了5个。全国"十一五"期间重点保护的150处大遗址中，郑州占了6处，为国家文物局重点支持的全国六大片区之一。郑州共拥有国家级非物质文化遗产项目5个，省级非物质文化遗产20处。同时，郑州在漫长的人类历史发展进程中，积淀形成了黄河文化、黄帝文化、嵩山文化、少林文化、商都文化、名人文化等众多的文化内容，它们承载着华夏文明的博大精髓，融汇着多种文化元素的丰富内涵。丰富而巨大的文化遗产优势让郑州建设华夏历史文明传承创新核心区具有了无可比拟的优势。

（二）优越的地理区位条件

郑州市地处"九州"腹地，"天下"之中，有"九州腹地"、"十省通衢"之誉，拥有得天独厚的区位优势。它位于东、西部地区之间，处在陇海经济带和京广经济带的交汇点上，具有承东启西、贯通南北的桥梁和纽带作用，区域战略地位十分重要，古有"雄峙中枢，控御险要"、"得中原者得天下"之说，在中原经济区空间格局中，郑州市也处于相对居中的地理位置，为其在中原经济区中发挥辐射带动作用，提供了有利的空间区位条件。优越的地理区位条件使郑州交通极为发达，是中国铁路、公路、航空、通信兼具的重要综合性交通通信枢纽。郑州为全国八大铁路枢纽和八大区域性枢纽机场之一，全国七大公路主枢纽之一，全国三大邮政电信枢纽和六大通信枢纽之一，也是全国唯一由干线铁路与铁路客运专线构成的"双十字"铁路枢纽。郑州客运东站的建成通车，使郑州迈入了高铁时代，成为国家高速铁路的枢纽。京珠、连霍高速公路，国道107线、310线在此交汇，构成了四通八达的公路运输网。郑州航空港经济综合实验区纳入国家战略，将建成全国大型复合枢纽机场和国际货运枢纽所在地。四面辐射的各种交通通达条件，有利于吸引全国东西南北的文化资源在此汇集和扩散，构成了郑州建设核心区最具竞争力的优势。

（三）良好的文化发展态势

郑州作为创建全国首批国家公共文化服务体系示范区城市之一，不断加快文化设施建设、加大文化惠民的力度，使公共文化服务水平不断提升。文化精品力作不断涌现，《风中少林》、《禅宗少林·音乐大典》、《斗笠县令》、《小樱桃》动漫、《华豫兄弟》等一批文化精品形成，提升了郑州在国内外的影响力。全市文化产业呈现快速增长的良好势头，2006年以来，郑州市文化产业增加值保持了年均15.8%（可比价）的增长速度。2011年，全市文化产业法人单位实现增加值113.72亿元，比上年增加了18.69亿元，增长19.67%（现价）。法人单位从业人员9.17万人，比上年增加0.46万人，增长5.26%。郑州市文化产业法人单位增加值多年来一直保持在全省第一位，占全省总量的25.0%左右。突出项目带动、集团化发展，文化产业集约化、规模化水平不断提高。近年来，郑州先后安排重点项目68个，郑州日报社印务发行中心、《禅宗少林·音乐大典》一期、炎黄二帝巨型塑像、黄河碑林一期、点点梦想动漫城少儿职业体验馆、康百万庄园保护与开发、杜甫故里保护与开发等一大批项目先后建成，海洋馆二期、《禅宗少林·音乐大典》二期等一批项目正在推进。文化投资力度加大，"十一五"期间共实施文化建设重点项目71个，完成 73.6 亿元投资，带动文化产业投资规模不断扩大、产业结构逐步优化，文化发展保持了良好的态势。

（四）坚实的经济发展基础

近年来，郑州着力推进经济社会跨越式发展，区域影响力不断提升。截至 2012 年，全市生产总值由"十一五"初期不足 2000 亿元到突破 5000 亿元，生产总值达到 5547 亿元，比上年增长 12.0%。全年全社会固定资产投资完成 3669.8 亿元，比上年增长 22.1%。全年全市完成地方财政总收入 974.6 亿元，比上年增长 18.8%。郑州经济实力不断增强，对中原经济区的辐射带动作用进一步凸显。在全省范围内，郑州经济总量与所占比重均居于河南省首位，2012 年，全年完成生产总值占全省的 18%，固定资产投资占全省的 16.8%，财政总收入占全省的 29.6%，郑州已经成为中原经济区的核心增长区。郑州市经济社会综合实力不断增强，首位度进一步提升。在全国地级以上城市中，地方财政一般预算收入名列全国城市第 17 位，社会消费品零售总额名列全国城市第 19 位，经济总量排名第 20 位，在中部城市排名第二位。郑州经济快速发展，综合实力不断提升，具有其他城市无可比拟的优势，也为华夏历史文明传承创新核心区建设打下了坚实的经济基础。

四 核心区建设的战略与步骤

以大文化的发展坐标为先导，确立"内涵提升、区域合作、面向国际"的文化大发展、大融合的战略理念，不断提升城市文化的发展层级。

（一）总体战略

1. 文化引领战略

以文化引领城市发展，是适应国内外新形势新变化，大力推进文化改革创新，推动科学发展的客观需要。建设华夏历史文明传承创新核心区，必须积极转变发展理念和创新思维方式，进一步重视文化建设的重要性，充分发挥文化凝聚人心、鼓舞干劲、服务发展的作用。把文化作为城市发展的"根与魂"，

作为华夏历史文明传承创新核心区建设的"内动力",在全社会形成上下齐心推动文化建设的氛围和局面,以高度的文化自信和文化自觉,推动华夏历史文明传承创新核心区的建设。

2. 协同发展战略

协同发展是区域经济一体化进程加快,区域文化间的交流与合作日趋频繁背景下的必然趋势。建设华夏历史文明传承创新核心区,要着力实施区域文化协同发展战略,突出文化相连、地域相近、发展相依等共性因素,以优势互补、资源共享、差异发展为原则,提升市域内各县(市)区协同发展水平,增强郑州与省内外的文化关联城市、历史文化名城的文化协同发展力度。在协同的发展思路引导下,实现不同区域范围内的文化资源、生产要素相互吸引、凝聚、融合,提升区域文化的发展层级和形态,构建文化崛起的战略高地,最终形成跨区域联合一体的文化发展态势。

3. 国际化战略

国际化是拓宽文化发展思路,提高城市文化发展定位和视野的重要战略。建设核心区要以世界性的战略眼光与胸襟,站在国家战略的高度审视文化发展。要立足本土、挖掘潜能、整合资源、加强创新,全新演绎文化神韵,让文化以新的形式和内容走向世界,让地域的文化成为世界的文化,实现本土文化与世界文化的对接、融合与提升,扩大文化领域里的"内联外引",增强郑州文化影响力和文化竞争力,打造龙头、形成核心、影响中国、走向世界,从而提升郑州的城市地位和国际影响,塑造郑州包容、文明、开放的世界文化名城新形象。

4. 融合发展战略

融合发展是顺应新时期文化发展模式的必然选择,是创新核心区建设的新理念。融合发展要树立大文化的理念,在文化的传承创新中,推动文化与科技、产业、城市等多元主体的全面融合,加快文化资源转换的现代化、文化遗产展示的数字化、城市建设的特色化、产业发展的有序化,让文化渗透到经济社会发展的各领域,形成"你中有我,我中有你"的融合发展格局,走出一条传统文化与时代特征相融合的文化大发展大繁荣之路。

5. 项目带动战略

项目带动是拉动经济快速增长的引擎、带动产业集群发展的龙头、推动经济结构优化的关键。要以项目建设为载体和抓手，充分发挥郑州市的文化资源优势，做大做强现有文化产业项目，谋划一批功能完善、具有时代特征、展现城市文化内涵的标志性文化设施项目，规划建设一批影响力大、带动性强、综合效益好的文化产业项目，让大项目成为推动文化传承创新的有力支撑，成为核心区建设的内生动力。

6. 创新驱动战略

创新驱动是发挥比较优势、提升核心竞争力的现实途径，是加快发展方式转变的中心环节，是完善核心区建设总体布局的内在要求。实施创新驱动战略，要依托郑州优秀文化资源，不断创新意识、创新思维、创新潜能，以科技创新引领、支撑核心区文化建设，统筹推进特色优势文化资源开发利用。把高新技术融入文化领域，创新文化的表达载体，催生文化产业新业态，实现传统文化的现代表达，建成适应核心区建设需求、符合科技发展规律的郑州特色区域创新体系，让创新成为驱动核心区建设的新引擎。

（二）建设步骤

核心区建设要坚持社会主义先进文化前进方向，充分发挥文化引导社会、教育人民、推动发展的功能，传承弘扬华夏历史文明，创新历史文化资源利用方式，弘扬优秀人文精神，深化文化体制改革，增强文化发展活力，构筑"特色鲜明、多样互动、开拓创新、充满活力"的新格局。坚持把建设世界文化名城作为长期任务和不懈追求，用10年时间打基础，实行"三步走"。

1. 整体布局（2012~2014年）

出台华夏历史文明传承创新核心区建设战略纲要，制定符合郑州实际的文化政策体系，启动实施重点项目建设，实施一批重点文化项目，建立文化多元、创新能力强的公共文化空间，搭建具有世界影响力的文化机构和文化发展平台，创造能够展现华夏历史文明、中原特色文化的产品和品牌，建成国家级高端文化人才集聚中心，核心区的基本框架初步形成。

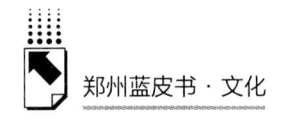

2. 全面推进（2015～2018年）

围绕历史文化、名人文化、生态文化、娱乐文化、休闲文化、民间文化等载体，全面推进核心区硬件系统和软件系统建设，力争在创意、旅游、动漫等优势领域形成突破，现代文化产业体系更加健全，文化资源的产业化转换能力不断增强，文化与科技融合的模式形成，城市文化设施、文化产业、文化品牌、文化气质逐步达到世界水平，对周边区域的带动能力形成，成为中部文化发展的核心地带，建成国家级文化传承创新的先导区。

3. 完善提升（2019～2025年）

对城市文化形象、文化载体、文化品牌、文化产业、文化交流的特色化进行梳理和完善，通过载体建设、环境建设和机制建设，全面完成华夏历史文明传承创新核心区战略纲要明确的目标任务，使郑州的城市开放度、集聚度、知名度显著提升，文化软实力、文化传播力、文化创造力显著增强，区域文化软实力全面提升，核心区传承创新体系形成，郑州成为在国内发挥示范带动作用、在国际上具有重大影响力的文化名城，人民群众精神文化需求高度满足，文化大发展大繁荣得以实现。

五　华夏历史文明传承创新核心区建设的保障举措

（一）组织领导体系

一是充分认识核心区建设的意义。全市各级党委和政府要切实担负起推进核心区建设的责任，从全面贯彻落实党的十八大精神、省委战略部署的高度，充分认识华夏历史文明传承创新核心区建设在推动郑州科学发展、和谐发展、率先发展中的作用，把文化传承创新发展摆到更加突出的位置。二是强化组织保障，建立健全党委统一领导、党政齐抓共管、宣传部门组织协调、行政主管部门具体实施、有关部门密切配合的领导体制和工作机制。三是建立核心区建设领导小组。依托宣传部门，设立郑州市华夏历史文明传承创新核心区工作领导小组，建立健全组织协调功能完善，优化资源配置、整合研究力量，解决相关重要问题，检查督促目标任务、政策措施的贯彻落实，高效推进核心区的建设。充分发挥社科联、工会、共青团、妇联、文联等群团组织联系群众、组织群众的作用，动员全社会广泛参与文化建设，形成人人支持核心区建设、人人参与文化传承创新发展的强大合力。

（二）政策引导体系

一是确立全新的文化发展理念。以文化的传承与创新为核心，积极探索历史文化资源传承利用新模式，研究中原人文精神传承弘扬的新方式，加强文化资源产业化的转换路径创新，形成推动华夏历史文明传承创新发展的政策体系。二是积极争取支持和政策倾斜。郑州作为中原经济区核心"增长区"，要抓住有利时机，积极争取国家、河南省有关部门对核心区内文化、教育、科技和社会事业的扶持力度。三是完善文化产业创新发展的政策。把文化资源产业化及产业创新作为发展重点，积极出台一系列鼓励文化产业创新的政策措施，包括设立文化产业创新发展专项资金，采用贴息、补助、奖励等形式支持重点文化产业项目、创意文化产业项目、文化技术攻关项目，加快产业与科技、创意的融合发展。四是完善市场准入政策。进一步开放市场准入，鼓励跨行政区创办文化事业和文化产业实体，并给予优厚待遇，加强文化产品和要素市场建设，形成统一、开放、竞争、有序的区域文化大市场体系。

（三）资金扶持体系

一是完善投入机制。建立公共财政对核心区建设投入的稳定增长机制，提高文化支出中用于核心区建设的占财政支出比例。加大对重大文化遗产抢救保护、历史文化名镇名村的资金投入力度。设立市核心区专项建设资金、文化改革发展实验区支持基金，用于核心区文化公共设施建设、重点行业的扶持、重点项目的投入、重点领域的打造。设立社科规划研究专项基金，用于重大文化理论问题的研究、重大主题创作、非遗传承保护、文化人才建设等方面的研究，专项资金列入市财政年度预算，由市规划领导小组办公室以项目形式组织申报。二是加大文化产业资金支持力度，重点培育优势文化产业、新兴文化业态和文化产业集聚区。用好"市现代服务业发展专项资金"中"文化产业扶持资金"，重点扶持市场前景好的优秀中小文化企业。三是各县（区）、开发

区要参照市里做法,及时作出相应安排,县(市)区要依据市专项资金,设立配套支持资金,加大推进项目力度。对重大文化建设项目,在项目立项、政策扶持、银行信贷、土地使用、配套服务等方面给予支持。

(四)人才支撑体系

一是创新用人机制,健全培养引进、选拔使用、评价激励等机制,形成优秀人才不断涌现、拔尖人才脱颖而出、各类人才茁壮成长的良好局面,吸引优秀文化人才向核心区集中,以文化人才队伍建设带动核心区文化传承创新。二是创新文化人才培养模式。不断提升市属高校的人才培养和科研层次,依托省内外高校、市属高校、科研机构,建立跨学科、跨地区的人才培养模式。依托文化创新发展基地、文化发展科研机构、历史文化学院等,培养一批文化技能人才、文化战略人才、文化复合型人才。加强高端文化人才的培养、扶持,继续实施"四个一批"人才培养工程,定期选择一批哲学社会科学、文化艺术、新闻出版、广播影视等方面的专业人才,造就一批创新型、外向型、复合型、科技型文化高端人才。三是加强对核心区建设急需高层次人才的引进,重点引进和培养文化创意、动漫游戏、文化旅游、新型传媒、遗产保护等专业人才和复合型人才。四是搭建多元化的人才发展平台。建立区域文化人才信息共享平台,建立"百人计划"人才信息库,把业绩突出的文化人才纳入信息库统一管理,为高层次人才交流提供服务。

B.10 华夏历史文明传承创新的内容与形式研究

席 格*

摘　要：

建设华夏历史文明传承创新核心区，必须科学认识传承创新的关系，理顺传承创新的内容与形式，以有效推进核心区的建设。本报告结合郑州文化实际情况，系统研究了传承创新之间的关系，分析了文化传承创新的选择标准，传承创新的主导文化内容、主要形式，并提出了推进华夏历史文明传承创新的主要思路。

关键词：

华夏历史文明　传承创新　内容与形式

郑州市数量众多的重要物质文化遗产和特色鲜明的非物质文化遗产，不仅为郑州市传承创新华夏历史文明提供了丰富的内容，而且赋予郑州市在华夏历史文明传承创新中建设核心区、发挥探索与示范作用以合法性。同时，良好的经济基础、先进的文化建设、优越的自然条件等，既为郑州市传承创新华夏历史文明提供了坚实的现实基础，又为其在华夏历史文明传承创新中占据核心地位提供了合理性。因此，郑州市积极探索传承创新华夏历史文明进程中如何选择传承创新的内容、形式和如何制定具体推进传承创新的有效措施等一系列重大理论与实践问题，充分发掘传统文化资源软实力，弘扬中原人文精神，传承历史文化，创新现代文化，促进传统文化与现代文化的有机融合，将对如何做好传承创新两篇大文章发挥积极的示范、引领和带动作用。

---

* 席格，河南省社会科学院中原文化研究中心副研究员。

一 正确处理传承与创新的关系

郑州市要成功打造华夏历史文明传承创新核心区，高标准、高质量地做好传承创新两篇大文章，必须首先正确处理传承与创新的关系。文化的发展与繁荣，是在持续的传承与创新中实现的，传承力与创新力共同熔铸了文化的生命力。可以说，传承创新是文化延续的基本规律，是推动文化发展繁荣的必然要求。大力弘扬中华优秀传统文化，加快发展社会主义先进文化，创造充满时代活力的中国现代文化，是保持文化延续、保护民族文化基因、保障国家文化安全、促进文化发展繁荣、提高国家文化软实力的迫切需要，对建设社会主义文化强国、实现中华民族伟大复兴具有重大而深远的意义。

文化传承旨在促使优秀文化得到有效延续与弘扬，文化创新则是要促使文化得到持续发展与进步。二者水乳交融、互为依托，没有文化传承，文化创新就成了无本之木，无源之水；没有文化创新，文化传承则会故步自封，丧失生机，成为天方夜谭。从人类文化发展的历史来看，任何一种文化的发展与繁荣，都是在持续的传承与创新中实现的。传承促使文化得以绵延，创新促使文化得以发展。在传承中创新，在创新中发展，在发展中提升，是文化发展的一般规律。

郑州市传承创新华夏历史文明，必须以传承为基础，以创新为关键，坚持传承创新"两篇文章"一起做，遵循文化传承创新发展的基本规律。即：将传统文化作为当代中原文化建设的基石，深度发掘中原历史文化资源的当代价值，传承优秀中原人文精神，充分发挥传统文化在当代社会发展中的支撑力；以创新文化内容与形式作为传统文化当代发展的助推器，实现历史文明与现代文明的对接，充分发挥传统文化在当代社会发展中的引领力。在传承中创新，在创新中传承，让传承与创新齐头并进，通过传承与创新的有机结合，实现郑州市文化建设的繁荣发展，推动融入华夏历史文明精髓的社会主义核心价值体系的构建；推动凸显华夏历史文明特质的中原人文精神的培育；推动展现华夏历史文明的原创文学艺术作品的创作；推动彰显华夏历史文明特色的知名文化品牌的培育，最终推动华夏历史文明在当代的延续、发展和繁荣。

二 传承创新内容选择的标准

郑州市的传统文化资源，充分体现着中原传统历史文化的基本特征：博大精深，源远流长，具有根源性、开放性、传承性与包容性。但由于文化自身的发展形成具有鲜明的时代特征，因而并非所有的传统文化都适宜于传承与创新，都能与当代文化建设相对接，都能有机融入时下的文化生活，这就要求对传承创新的华夏历史文明的具体内容进行必要的甄别和筛选。

（一）从文化的先进性来看，应属于优秀文化，能够体现中原文化精神、彰显中华文明特征

中原地区作为华夏历史文明的根源地，所孕育发展的优秀文化形态大都是中华文化的典型代表，比如，神龙文化，是中华民族的象征和精神支柱；汉字文化，是中华民族与中华文明的标志；等等。作为中华文明代表的典型文化符号，这些文化形态至今不仅拥有无比的生命活力，与人们的生活息息相关，而且展现出强大的文化影响力，成为中华文化走出去的"知名品牌"。郑州市作为华夏历史文明的根源地之一，孕育发展形成了独具特色的优秀文化形态，如黄帝文化、姓氏文化、功夫文化与嵩山文化等。这些特色文化作为一种地域文化，充分体现出鲜明的中原风貌，又因其根源性而展现出典型的中国特色。

（二）从文化价值层面来看，应具有普世性，能够推动建构共有精神家园

中原思想文化中的易学文化、道家文化、儒家文化、佛禅文化等作为中华民族思想文化的核心构成，蕴藏着很多具有普世性的文化价值观念。如人与自然和谐相处的"天人合一"理念，"中庸"、"仁厚"与"适度"的处事原则，"兼爱"、"非攻"的和平思想等，既塑造了中华文化的基本

形态、中华民族的基本性格，又铸就了中华民族的民族精神。并且，这些优秀思想具有极强的普世性，已经超越了古代与当代、中国与海外的时空差异。从空间层面来看，超越了"黄色文明"与"海洋文明"的差异，为世界所接受与认同。从时间维度来看，对自然生态被极度破坏、自然环境严重恶化，"工具理性"占据统治地位、物质生活与精神生活严重失衡，恐怖主义、民族战争与冲突频发，西方价值信仰出现危机的当代社会而言，在重建人类精神家园中更具有不可替代的作用。

（三）从文化建设层面来看，能支撑与引领当代文化的繁荣发展

当代文化建设作为传统文化发展的自然延续，通过传承与创新以充分发掘传统文化资源的社会价值、市场价值等，已经成为有效推动文化发展繁荣的终南捷径。尤其是在当代城市文化建设日益趋同化的背景下，如何依托传统文化资源打造城市文化名片，彰显城市文化积淀，已经成为城市文化建设的重要内容。郑州市作为千年古都、国家历史文化名城，处于中华文明的轴心区域，拥有丰富的历史文化资源和深厚的中原人文精神积淀，完全可以通过传承创新华夏历史文明的路径，打造独具特色的郑州文化名片，将郑州打造成为国际历史文化名城。

（四）从文化资源的影响力来看，应具有现实影响力和较高知名度

影响范围广、与现实生活密切相关、具有较高知名度的优秀传统文化，甚至自身就是知名文化品牌，这些资源具有坚实的受众基础，为其通过传承创新进一步弘扬发展提供了便利的现实条件。同时，文化资源自身的巨大影响力，也充分证明了这些内容能够满足人们某种特有的精神需求，对于当代文化发展具有巨大价值。郑州所拥有的文化资源中，登封"天地之中"历史建筑群、少林寺、少林功夫、新郑黄帝拜祖祭典、杜甫文化等相当一批文化资源具有国际影响力；姓氏寻根、白居易文化等在汉文化圈内具有较大影响力；裴李岗文化遗址、大河村文化遗址、康百万庄园等则在国内具有相当影响力（见表1）。

表1 郑州市知名文化品牌

类型	名称	类型	名称
世界物质文化遗产	登封"天地之中"历史建筑群	宗教文化	少林寺、中岳庙
寻根文化	黄帝故里	功夫娱乐类	少林功夫
山水文化	嵩山	精品演艺	禅宗少林·音乐大典
古都文化	郑州、登封	旅游	康百万庄园
名人文化	杜甫	神话传说	楚河汉界

三 文化传承创新的内容

郑州市甄选华夏历史文明传承创新的内容，必须依据传承创新内容筛选的四个维度进行选择。同时，还必须考量郑州市当代文化建设中在传承创新华夏历史文明方面已经取得的显著成就的现实基础，从而为所选择的传承创新的内容提供更大的空间。正是基于理论与现实两个层面的考量，郑州市应选择如下内容进行传承与创新。

（一）少林文化

少林文化是佛教中国化后形成的禅武文化的集中体现，具有深厚的中国传统哲学文化底蕴。少林文化以少林功夫为现实传播载体，集宗教、哲学、医学、军事、文学、艺术、伦理、民俗、建筑、娱乐、典籍等于一身，可谓内容广泛；蕴含着"天人合一"的和谐理念、宽容仁厚的向善理念、精忠报国的爱国精神等丰富内涵。同时，少林文化所包含的功夫文化影响巨大，是世界知名文化品牌，对于弘扬传播中华文化精神、提升中华文化影响力具有重要价值。截至2010年底，少林寺在海外建立的"少林文化中心"已经达到38个，分布在美国、英国、德国、法国、意大利、荷兰等国家；国际少林武术节吸引了世界范围内的高度关注。受"以体悟道"思想的影响，武术中蕴含着丰富的哲学思想，体现着中原文化的优秀精神，少林功夫的广泛传播便是传承创新华夏历史文明的一种有效路径。少林文化充分展示了中华文明的特征，全面展示了传统文化的行为方式和价值取向，不仅是中华文化宝库乃至世界文化宝库中璀璨夺目的瑰宝，而且是国际知名文化品牌。少林武术产业链条，对少林功夫和禅宗文化的影视、动漫、歌舞剧和实景演出等多元艺术形式的开发，已经有效成为郑州市文化建设的重要支撑。要充分利用传承创新的路径进一步发掘少林文化资源，打造成为郑州文化名片的最大亮点，推动郑州成为国际历史文化名城。

（二）根亲文化

根亲文化历史悠久，凝聚着丰富的中原文化精神，充分体现着中原文化的根源性特征，能够增强海内外华人的民族认同感与归属感，增强中华民族的凝聚力与向心力，充分展示了华夏历史文明的魅力与厚重，是构建精神共同家园的重要内容与路径。郑州市根亲文化资源十分丰富，既有国家级非物质文化遗产新郑黄帝故里拜祖大典，又拥有丰富的姓氏文化资源。传承黄帝文化，颂扬人文始祖开启文明、奠基华夏的丰功伟绩，是海内外炎黄子孙共建精神家园的重要路径。姓氏文化，乃是中华文化与世界其他民族文化相区别的一个重要特征，是中华农耕文明对血亲关系传承重视所发展形成的独特文化现象，是一道亮丽的民族文化风景线。河南是中国姓氏的重要发源地，姓氏的萌芽、发生、发展、普及与定型，都与河南密切相关。郑州拥有丰富的姓氏文化资源，是郑氏、冯氏、潘氏等多个姓氏的发源地。依托黄帝故里拜祖大典和姓氏寻亲会、根亲文化节等形式，既能够强化"根亲中原"、"老家河南"的民族文化认同，将郑州市打造成为全球华人重要的根亲文化圣地，同时又能够以拜祖大典等为平台传播根亲文化、展示传统礼仪文化、进行招商引资等，为郑州市的文化建设提供强有力的支撑。

（三）嵩山文化

嵩山是儒家、道教、佛教三教合流最早发生地之一。嵩山既有中国化的佛教禅宗祖庭少林寺，又有历代皇帝祭祀中岳神的道教圣地中岳庙，还有儒家二程讲学的著名地点嵩阳书院。可以说，嵩山文化作为中国独特的"山"文化的优秀代表，充分体现出中华文化的包容性与开放性特征。如嵩山文化所体现出的儒道互补、儒佛相融、佛道互解、三教合流，便充分展示了中原文化、中华文化的包容品格，对于当代文化建设、全球化背景下文化的多元共存、文化冲突的缓和等具有重要启示。因此，嵩山文化中蕴含着中原传统文化的多元价值理念，如"天人合一"的和谐理念，以强调人与自然的和睦相处，主张人与自然应建立亲和而非对抗的关系。比如，佛教禅宗所讲的万物皆有佛性、所追求的圆融境界等，河洛文化中"太极图"形成的传说所追求的阴阳和谐等，均是强调人类与自然应建立和谐而非对抗的关系，与西方文化所追求的对自然的征服、对抗观念是截然相反的，对解决当前人与自然关系失衡、生态危机频发现象具有重要作用。而位于嵩山之上的登封"天地之中"历史建筑群的申遗成功，则进一步提升了嵩山文化的影响力和知名度。尤其是物质遗产保护监测等措施，对于探索如何通过遗产保护传承华夏历史文明、如何发掘潜力文化品牌的巨大影响力等，既做出了积极有益的探索又提供了现实的示范与经验。

（四）商都文化

郑州商城是中国商代都城的遗址，于1955年发现并开始发掘，1961年被国务院列为全国重点文物保护单位。郑州商城遗址是商代早期政治、经济、军事与文化中心，在探索夏商周三代文明发展中具有承上启下的重要作用，是中国古都发展史上的一个重要里程碑。基于此，郑州市1994年被列入国家级历史文化名城，2004年被中国古都学会确定为中国八大古都之一。如果能够有效发挥商都文化的影响力，将大力推动郑州市当代文化建设的蓬勃发展。尤其是郑州作为一个现代化城市，要发掘城市文化底蕴、打造城市特色文化名片，更应该突破当前商都遗址主要局限于保护的现状，而理应通过城市文化符号提炼与宣传等多种方式挖掘商都文化，展示郑州作为商都的悠久历史和深厚文化积淀。如果郑州能够成功实现对商都文化的传承创新发展，将会为中原其他城市的文化定位与文化名片打造和发掘城市文化底蕴提供宝贵的借鉴经验。

（五）黄河文化

黄河流域是中华文明的重要发祥地，黄河文化在中华文化中占有独特的历史地位。黄河作为母亲河，被华夏儿女赋予了独特的文化功能，黄河文化中蕴含着优秀的民族精神。比如，在治理黄河的过程中所孕育形成的自强不息的奋斗精神、勇于创新的开拓精神、百折不挠的韧性品格等，至今仍然作为优秀的文化基因传承流淌在中华儿女的血液之中。更难能可贵的是，这些精神依托众多的物质遗产和非物质遗产在现实文化建设中发挥着重要作用。如大禹治水的神话传说，作为中华民族祖先勇于和自然灾害做斗争而又遵循自然规律的体现，既充分展现出中华民族独特的与自然相处的方式，又体现出顽强拼搏、艰苦奋斗的精神。这既对培育当代中原人文精神具有重要价值，又能够为区域文化发展产生推动作用。比如，通过整合资源，通过大河村文化、黄河博物馆、象棋文化、炎黄二帝塑像等文化内容集中展示郑州市的黄河文明概况，依托黄河文化的品牌带动作用构建黄河文化产业带，借助黄河文化的影响力来支撑当代文化建设。

（六）名人文化

郑州市下辖区域内，在历史上涌现出了许多著名人物，他们作为中原文化、中原人文精神的优秀代表，不仅对推动中原传统文化的繁荣发展做出了重要贡献，而且在当代文化建设中依然具有巨大的影响力。人文始祖轩辕黄帝，治水英雄大禹，春秋政治家管仲，战国水利专家郑国、思想家列御寇与韩非，世界文化名人杜甫，唐代杰出诗人白居易、李商隐，北宋建筑家李诫，元代理学家许衡等，都形成了独具特色的名人文化，在国内甚至是世界上都具有较高知名度。围绕着这些历史名人所形成的特色文化、历史故事等均已成为当代文化建设的重要资源。仅以少林僧兵的集体故事为例，无论是"十三棍僧救唐王"还是僧兵英勇抗击倭寇等历史故事，均已成为当代影视开发的重要对象，拉动了文化产业的发展。但是杜甫、白居易等众多名人文化资源，郑州的开发利用程度还远未达到其应有的程度，拥有较大的提升空间。

四 传承创新的形式

华夏历史文明的传承创新必须植根于当代文化发展的境遇之中，因而无疑会被烙上时代文化发展的印记。这不仅要求传统文化的内涵、理念、价值取向、审美观念等形而上的内容和符合传统审美观念、艺术观念的文化艺术形式，必须与当代的文化观念、价值观念、审美观念以及文化艺术形式等进行对接、进行转化，而且要求赋予所要传承的优秀的价值观与理念等内容以具有当代文化特征的形式载体，为其更为广泛地传播和创新发展提供现实依托。

（一）以当代形式演绎传统文化内容

要发掘传统文化内容中蕴含的优秀人文精神与普世性价值理念等培育当代中原人文精神、构建中华民族共有精神家园和向世界传播具有中国特色的价值理念，必须赋予适宜于传承创新的华夏历史文明理念、价值等以更宜于传播、更宜于接受的文化艺术形式，如电影、电视剧、动漫、歌舞剧等。依托这些现代艺术形式，通过独具特色的文化创意将中原传统文化中的和谐理念、中庸思想、仁爱观念、自由精神等融入其中，以春风化雨、潜移默化的形式融入到当代文化之中，从而实现优秀传统文化精神对当代精神生活的成功融入。电影《新少林寺》、电视剧《少林寺传奇》、动漫《少林海宝》、歌舞剧《风中少林》、实景演出《禅宗少林·音乐大典》等，便是以现代艺术形式深度发掘少林文化中优秀的禅武精神、爱国精神、和谐理念等，为推动传统文化价值理念的当代转化进行了切实有效的探索。

（二）在当代生活中发掘优秀传统理念

中原文化绵延至今，传统文化中所积淀下来的优秀价值理念已经深深融入于民族性格和个人品质之中。如传统文化中蕴含的诚信、友善、仁爱、民本、和为贵等价值理念，仍然是当代人重要的价值信仰和行为准则。同时，由于时代的发展变化，这些价值理念又并非一成不变，而是在当代生活不断拓展创新，具有鲜明的时代性特征，以鲜活的现代形式重新阐释、重新注解着传统理念的当代价值。电视剧《任长霞》，便是通过当代人的生动案例，深刻展示了潜藏在当代人身上清廉、和睦友善等一直绵延下来的优秀理念，但又是在当下生活中作出的时代性阐释，有效探索了优秀传统理念与当代价值的对接问题。

（三）赋予传统艺术形式以现代品格

优秀的传统文化内容之所以能够传承发展、持续不断，关键在于其拥有众多富有生命力和时代性特征的依托形式。但这些传统文化形式在现代文化境遇中却遭到了现代文化形式的严峻挑战，甚至是丧失了其原有的生命力，如传统民俗中的拜祖、传统音乐中的超化吹歌、传统体育、杂技中的苌家拳与杂技表演等。但这些文化形式所承载的传统文化内容与文化精神又具有较高的当代价值，这就需要遵循文化艺术发展的基本规律进行创新式发展，重新激发出新的生命力。以豫剧为例，除去依托现代科技提高舞台背景的艺术化效果、音响效果、服饰道具的审美效果等之外，还主动将内容创新融为一体，从而有效推动了豫剧及其所承载的传统文化内容的当代传承，《程婴救孤》、《苏武牧羊》等传统剧目的现代改编便是如此。

（四）依托高新科技革新传统文化物质载体

积极寻求高新科技与物质文化遗产的结合，提高物质遗产的保护水平，革新物质遗产的展示方式，拓宽物质遗产的传播渠道，乃是传承创新华夏历史文明的重要途径。如通过现代建筑技术对传统建筑进行拆迁重建、复建，再现传统生活场景，打造特色复古型街区等，让当代人如临其境般地体验传统文化；借助网络技术、摄影摄像技术等，对博物院、物质遗产景区等内容进行虚拟游览与展示，拓展物质遗产提高影响力的方式等。同时，高新科技对于濒临消失的非物质文化遗产而言，依然发挥着重要的传承媒介作用。如借助现代影像技术对"超化吹歌"、"猴加官"等逐渐淡出人们日常生活的重要非物质文化遗产，进行影像保存和现代传播。高新科技对民族历史文化记忆的有效保存与传播，将大力推动华夏历史文明的传承创新。

五 传承创新内容与形式的总体思路

郑州市要肩负起探索传承创新华夏历史文明问题的责任，提升华夏历史文明传承创新的水平，在遵循文化规律、经济规律、教育规律、美学规律等的基础上，充分运用顶层设计，进行高端谋划，提出科学、合理、有效的华夏历史文明传承创新内容与形式的总体思路。

（一）革新文化观念

重树文化归属与开发观念：正确认识文化资源的归属性，打破传统的文化拥有意识，尤其是要充分利用非物质文化遗产的非专属性进行资源整合开发，依托郑州独有的传承创新优势，整合郑州市的内部资源、郑州市与周边地市关联性文化资源以及中原地区的非物质文化资源甚至是全国乃至世界性可整合文化资源，只要能够推动华夏历史文明的传承与创新，均可以进行整合利用，并非必须是郑州市所用的传统文化资源。重树文化保护观念：在对文化遗产进行梳理的基础上进行保护属性划分，将单纯保护、保护性开发、创新式开发等形式有机结合起来。重树文化价值观念：文化内容不仅具有一定的文化价值和审美价值，而且具有一定商业价值。尤其是文化就是生产力理念的提出，必须充分认识到文化符号、文化品牌、文化内容的商业价值，挖掘文化软实力的过程其实也是传承创新文化内容、价值、理念等的一种有效形式。

（二）强化顶层设计

利用顶层设计的科学性、战略性、系统性和开放性等特征，制定推动传承创新华夏历史文明的科学、系统和切实有效的开发规划。从空间层面来看，强化郑州市辖区内的资源整合，先从内部做强；强化郑州市与周边市县的资源整合，实现联动互补；强化对华夏历史文明非物质文化资源的整合，打破空间局限。从行业层面来看，强化文化遗产保护，重点推动大遗址公园和博物馆建设等，维护传承创新的文化基础；强化文化与旅游的结合，集中进行非物质文化遗产展示开发，发掘文化遗产的展示教育功能；强化文化创意开发，推动文化资源的现代转化与深层次开发的有机结合，优化文化产业结构，健全文化市场体系，培育特色优势文化产业，扶持文化骨干企业。

（三）改革体制机制

文化体制机制的深化改革和创新，乃是激发文化发展创造力和内在活力、解放文化生产力的催化剂。郑州市要强化顶层设计思维，站在应有的全局的高度，根据推动华夏历史文明传承创新内容与形式的需要，围绕文化管理和文化内容创新、文化与科技融合发展、文化人才队伍构建与完善、文化资本投入体系建设四个文化发展的核心环节，在革新文化管理观念和转变文化发展意识的基础上，对文化管理部门、文化事业单位、文化企业及与文化发展关系密切的科技、金融等行业的相关体制机制进行切实有效的改革，为华夏历史文明的传承与创新提供保障，搭建平台。完善文化扶持机制，落实相关文化政策，科学规划与监管文化扶持资金的投入使用。同时，要构建完善的公共文化服务体系，推动传统文化的学校教育和社会公共教育，集中再现与展示华夏历史文明的优秀内容等，提升大众的传统文化素养，实现城乡文化统筹发展。

（四）实施品牌战略

文化品牌是一种无形的资产，品牌知名度越高、影响力越大，其社会影响力、市场竞争力就越强。相应地，依托这些文化品牌进行传统文化教育，直接传承华夏历史文明的效果就会越好；对适宜于产业化开发的文化品牌，所生产的文化产品的经济价值就会越高、市场占有率就会越高。郑州市文化资源优势明显，既拥有众多已经发挥巨大效应的文化资源品牌，又拥有很多潜在的有待培育的文化资源品牌。但整体而言，现有的少林、黄帝拜祖大典等知名品牌还有待进一步提升为世界级的著名文化品牌；杜甫、白居易、康百万庄园等文化品牌则有待进一步培育发掘；登封"天地之中"历史建筑群等知名品牌则是有待开发。可以说，积极实施文化品牌带动战略，是郑州市发挥文化资源优势、发掘文化软实力的重要模式，更是传承创新华夏历史文明的有效路径。

（五）推动集聚发展

依据传统文化资源的种类、关联性、融合性等共同特征，进行文化资源的有效整合，实现传承创新的集聚式发展。将富有中原特色的传统文化内容、形式及物质载体集中在一起，依托创意整合开发，打造特色文化遗产集中展示保护区、中原民居集中展示地、中原民俗集中体验区等。如将新郑黄帝拜祖大典与新密的黄帝宫等资源有效整合在一起，丰富寻根文化内容，拉动黄帝宫等特色产业发展。将能够进行传统文化资源开发的企业集中一起，实现协同发展、优势互补，壮大文化企业主体，走特色文化创意之路，打造郑州市优势文化产业，如传统文化动漫开发、少林文化综合开发等。在集中展示、集聚开发的基础上，打造标志性文化设施、文化地标，凸显郑州市的文化积淀，从而推动具有中原特色、中原气魄、中原风貌的当代中原人文精神的培育和形成。

（六）融合文化科技

文化与科技的融合发展，不仅是当前文化建设发展的重要方法，而且是推动华夏历史文明传承创新的重要路径。高新科技在华夏历史文明传承创新进程中的贡献率如何，不仅会直接影响文化遗产的传承保护水平，而且将直接影响传统文化资源的创新发展水平。郑州拥有世界文化遗产1处，国家级文物保护单位38处43项，省级重点文物保护单位128处，市级文物保护单位269处；全市博物馆馆藏藏品6万多件，其中一级品125件；5处国家"十一五"重点保护大遗址，遗产涵盖了古遗址、古墓葬、古建筑、石窟寺、石刻、壁画、近现代纪念建筑全部7种类型。这些物质遗产是华夏历史文明传承创新发展的物质载体和承载着民族文化的历史记忆，其保护、修复、展示等均需要高新科技的充分运用。同时，对于适宜于产业化开发的传统文化资源，在培育特色文化创意产业、提升文化创意产品经济附加值，构建以华夏历史文明为主要内容的传承创新的现代传播体系等方面，不仅需要高新技术与文化内容的完美融合，更需要进行创新文化科技、掌握技术制高点。

B.11
塑造特色城市文化形象 提升郑州城市综合竞争力

边铀铀 白华莉*

摘 要:

城市文化形象是城市历史文化特色的表达，它对一个城市的发展有着重要的影响。郑州虽然文化资源丰富、文化类型众多，但是在城市文化形象塑造中还存在着研究不足、设计和规划缺乏、个性化弱等突出问题。本文通过回顾郑州城市文化形象的建设历程，分析制约文化形象塑造的因素，结合国外成功的城市文化形象塑造经验，提出了郑州城市文化形象塑造的对策。

关键词:

郑州 城市文化形象 运营机制 形象塑造

城市文化形象是城市品位、城市竞争力高低的重要表现，郑州建设华夏历史文明传承创新核心区，打造世界文化名城，城市文化形象的塑造就显得尤为迫切。但是虽然郑州文化资源丰富、文化类型众多，但是缺乏深入研究、设计和规划，城市文化特色不突出、个性化弱、品牌缺乏等问题突出。因此，必须高度重视城市文化形象塑造问题，通过整理研究郑州文化特色和核心文化资源，定位郑州的城市文化形象，找准文化形象塑造的途径，合理开发和利用这种无形资产和战略资源的价值，使之发挥出巨大的经济效益和社会效益。

一 城市文化形象的内涵与塑造的意义

（一）城市文化形象的内涵

城市文化形象由自然文化和社会文化结合而成，总体上包括城市建筑文

---

* 边铀铀，郑州轻工业学院讲师、博士；白华莉，郑州市社会科学院研究实习员。

化、城市公共文化、城市科技文化、城市自然文化、城市制度文化与城市精神文化等方面的内容。它是物质文化、制度文化与精神文化的统一，构成了文化形象的物质基础与基本条件，是人们对城市的识别系统，是一个立体、多维、复杂的综合系统。具体由以下几个层面构成：一是城市视觉形象层，这是城市的"外衣"，是城市文化形象最直接、最外在的表现。主要体现在城市建筑形象、景观形象以及环境形象等方面。二是城市行为形象层，又被称之为城市制度文化层。行为形象是城市的"骨骼"。它是城市精神理念指导下的一系列具体行为方式的总和，包括言论、职业道德、服务水平、生产和生活环境等内在构成方面。主要分为政府行为、市民行为和企业行为三大类。城市行为形象对于树立良好的社会公共主体形象，提高市民的整体文化修养，规范企业服务态度和行为，提升企业形象具有不可忽视的作用。三是城市精神形象层，又被称之为城市精神文化层。精神形象是一个城市的"灵魂"，主要由城市精神、发展定位、思维方式、主流价值观等方面构成。城市文化形象的各个组成部分相互结合、相互影响、相互制约，在城市文化形象建设中各自发挥着不可或缺的作用。

（二）郑州城市文化形象塑造的意义

郑州是河南省省会、中原经济区核心区，地处中华腹地、九州之中，是中国八大古都之一，文化资源丰富，文化类型多样，充分利用郑州市历史文化资源，培育特色城市文化形象具有重要现实意义。

1. 有助于增强城市的归属感和吸引力

城市文化形象则是城市的"无形资产"，它起到了"城市凝聚力加速器"的作用，对于增强市民的自豪感和认同感，以及提高市民的精神文明水平具有重大意义。郑州市培育符合自身特色的城市文化形象，可以使市民增强对城市的归属感，主动为城市发展努力工作，这不仅可以增强城市的发展能力，而且可以使城市在区域竞争中处于有利地位，促进城市发展目标的顺利实现。同时，良好的城市形象还可以让外界形成较高的认同感，使得其他城市主动向郑州靠拢，逐渐将郑州周边城市和国内外重要生产要素吸引来，并进行有效的配置，进而把郑州城市无形的财富转化为有形财富。

2. 有助于提高城市的知名度

城市文化形象培育的重要目标就是提升城市的知名度，城市知名度的提升不仅决定了城市外在的影响，而且对于城市内在的发展也起着决定性的作用。郑州通过梳理文化资源和文化元素，将这些资源融入城市形象建设中，可以借助文化符号表达出城市的魅力和吸引力，同时能提高城市的知名度、美誉度，在国内外引起更多人士和机构的关注。尤其是在郑州建设世界文化名城的过程中，更要注意培育国际性的文化形象品牌，使之在全球市场上拥有巨大的吸引力，树立国际形象，从而能够提高城市的国际知名度，推进世界文化名城的建设。

3. 有助于带动第三产业的发展

独特个性的城市景观、人文历史形象资源等都是城市旅游和服务业的基础，良好的城市文化形象可以成为城市旅游和服务业的核心竞争力，有助于发展旅游和服务业等第三产业。郑州地处中原腹地，有着得天独厚的人文和自然旅游资源，合理利用这些资源是建设中原经济区的重中之重。郑州旅游文化是围绕"根"字展开的，而目前，山西、陕西也在定位"根文化"，因此塑造独特的郑州城市文化形象，体现旅游服务品牌"差异性"，有助于打造旅游品牌，带动郑州第三产业的发展。

二 郑州城市形象的建设与存在的问题

随着郑州城市的发展，曾经有过不同的城市名片和外部形象，这些形象在一定时期内能够表达郑州的发展特色，但是这些形象文化内涵不足，缺少特色，因此很难形成持续性的城市印象和记忆。

（一）郑州城市形象建设的历程

一是新中国成立初期的形象。由于郑州地处中原，盛产粮食、棉花、油料、烟叶等轻纺相关原料，且人口密集、需求量大，接近原料产地和消费区，因此计划经济时期郑州城市定位与大多数城市一样，按照将消费性城市建设成生产性城市、工业城市的要求，在新中国成立早期被定位为"以轻纺工业为主的工业城市"和"以轻纺工业为主、轻重工业协调发展的综合性工业城市",这一时期郑州成为一个工业城、中部工业基地,工业、纺织等特色符号成为郑州的外在形象,这代表了一种初期阶段的经济发展文化。二是改革开放初期的城市形象。自20世纪80年代中期至90年代,随着改革开放大潮的深入推进,郑州城市定位逐渐转向商贸城战略。提出了"依靠交通、搞活交通,大力发展第三产业,把郑州建设成为立足中原、面向全国的商贸中心"的战略思想,并制定了一系列商贸城建设的总体思路和规划。在国家和地方的积极努力和推动下,郑州市由计划经济时期形成的"以轻纺工业为主的工业城市"转型为"全国重要的商贸物流中心"和"国家区域性中心城市","商贸城"、"交通枢纽"等成为郑州的代名词,这大大提高了郑州的知名度和影响力。三是20世纪90年代的城市形象。随着经济的发展以及国家对环境和持续发展的重视,郑州开始重视城市生态环境建设,作为持续发展的基础,城市绿化率也一直处于中国城市前列,矗立在街道旁的法国梧桐成为城市一景。1990年,郑州市绿化覆盖面积达2000多公顷,绿化覆盖率达到35.25%,居全国省会城市第3名,被誉为"中原绿城","绿城"成为城市的代名词。除此之外,郑州还曾被贴上"古都"、"黄河之都"、"区域性中心城市"甚至"东方的芝加哥"等标签。但是这些形象仅具有阶段性特色,难以展现郑州的文化底蕴,最终都在郑州发展的历史长河中逐渐隐退。

(二)城市文化形象建设中的问题与不足

由于缺乏主题文化,城市形象不清晰、城市形象缺乏时代性、科学设计不足等问题突出。

1. 城市文化形象定位不准确,导致失去特色

郑州地处中原腹地,黄河之畔,8000年前,裴李岗文化在此打下烙印。5000年前,华夏文明的始祖黄帝在此诞生。3600年前,商代都城在此屹立。而在现代,她贯通东西、连接南北,"公、铁、航、信"兼具,是综合性交通、通信大枢纽。但就是这样一个具有鲜明个性的历史文化名城、一个现代商贸名都却被时代的列车遗忘在20世纪七八十年代的"尘封小站"。由于郑州的形象过于依附经济内容,以至于变动性较大,缺乏独特的、符合郑州历史特

色的符号。由于缺少了这种差异性、特异性，以至于城市的建设慢慢失去历史底蕴。同时忽视对城市自身历史文化内涵的把握，片面追求程式化的形象识别系统，忽视内涵式的城市文化形象建设，导致城市逐渐失去特色。这种千城一面现象的出现正是对城市文化形象没有正确定位的结果。

2. 城市文化形象缺乏时代性和系统性，导致影响力不足

城市文化形象不仅要具有厚重感，而且要具备时代性，而城市规划在其中发挥着重要作用。但是现在郑州存在的问题首先在于城市规划无法适应日新月异的城市发展变化，显示出滞后性，明显落后于现代城市发展的实践需求。其次，文化形象建设的系统性不够，缺少研究、运营的机制，现有的城市文化形象理论难以回答现代城市形象发展中存在的问题，因此城市文化形象理论需要进一步深化研究。再次，城市整体和谐方面严重不足，城市布局特色不明显，城市窗口没能充分发挥其宣传优势，这直接导致城市影响力的不足。

3. 城市文化形象设计缺乏科学性，导致认同感较低

高端优质城市形象设计人才队伍的缺乏导致了专业形象咨询设计团队的缺位，无法设计出具有城市特色的标志，未形成有效的城市文化形象构建机制。同时在进行城市文化形象设计时，缺乏对城市文化元素的提炼和分析，郑州虽然是一个现代城市，但是城市历史久远，嵩山文化、少林文化、黄帝文化等文化底蕴深厚，她是中华儿女寻根问祖的圣地。但是由于缺乏统一的设计，这种评价的实质只是一种城市社会发展实态的评价，而非城市文化形象的评价，因此很难引起市民的认同感。

三 国外城市文化形象建设的经验与启示

国内外文化名城经历了长期的发展，形成了各具特色的城市文化形象，这些城市的经验和模式值得参考和借鉴。

（一）注重加强城市文化"硬件"建设

硬件设施建设是培育城市文化形象的基础，纽约文化艺术发展就依托了文化设施，林肯艺术演出中心、卡内基演出厅、中央公园的迪拉科特露天剧场等，都是城市的标志性文化建筑，大都会歌剧团、纽约交响乐团、芭蕾舞团以及各种戏剧和音乐团体经常来此演出，这给城市增添了文化氛围，也提升了城市影响力。纽约的博物馆也非常出名，城市高度重视文化遗产资源的保护和文化资源的展示，共有历史、艺术、自然科学以及综合性的博物馆2000多座，纽约对城市文化的"硬件"设施的建设和利用，提高了市民的文化素质，极大提升了城市的品位，从而能够从根本上改变了城市面貌。

（二）注重特色风格的塑造

城市的文化形象主要指城市的外观形象，它是指城市的空间布局、建筑的造型、风格、色彩。国外文化城市为了避免城市特色的缺失，防止千城一面现象的出现，高度注重城市文化风格的塑造。城市形象建设都突出了文化个性和艺术感，非常讲究城市的整体和谐和审美情趣。例如，世界文化名城伦敦、巴黎、法兰克福、威尼斯等，都重视城市建设与文化元素的融合，都重视规划设计，在城市中融入了特有的元素体系，展现了独特的城市文化形象。例如，巴黎城市建筑吸收古典主义建筑、西方建筑等风格，结合了本国建筑特色，形成了自己独特的风格。大多城市雕塑都以历史为题材，是国家历史的真实描绘和反映，这已经成为城市所独有的文化形象。

（三）不断增强市民的文化意识

市民的文化意识是城市建设的根本，提高一个城市的文化水准，特别是建设一个文化名城，必须把提升市民的文化意识放在首位。例如伦敦、新加坡、香港等城市都在注重公共文化设施建设的同时不忘加强文化活动的开展，通过丰富多彩的文化活动，使人们在一天的工作之余得到放松，培养市民的文化意识。只有培养市民的社会理想和责任感、开放意识和变革精神、社会公德和文明意识、科学精神和科学意识，具有这些文化意识的公民才会关心自己的城市，努力建设自己的城市，乐于接受新思想、新观念和新知识以及新的行为方式，成为一个新市民。因此，市民文化意识的增强是一个城市发展的核心动力。

（四）注重城市文化品牌建设

城市文化品牌闪耀着一座城市独有的品格和气质，它有助于提升城市的亲和力，增强城市的影响力和竞争力。城市文化品牌是打造城市形象的关键，要发展城市文化，就必须使各种文化有机结合、协调发展，在协调发展中树立城市文化品牌，走品牌发展的道路，打造可以叫响世界的郑州名牌。世界上著名的都市，都有高品位的，甚至是独特的城市文化品牌做支撑，如巴黎的卢浮宫、圣母院、伦敦白金汉宫、伦敦塔等，都是城市的文化品牌。香港、巴黎等也都有国际性的盛会，这些都在一定程度上提升了城市的影响力。郑州除了《风中少林》等演艺类节目外，在国内外缺乏有影响力的品牌，尤其是世界性的文化品牌稀少，因此充分利用郑州深厚的文化资源，建设高品位的城市文化品牌对郑州城市文化形象的塑造起着决定性作用。

四 郑州城市文化形象建设的定位与建设路径

结合郑州市的城市历史、文化特色以及基础条件，准确定位城市文化形象，形成建设思路，并提出具体的建设举措。

（一）郑州城市文化形象的定位

城市文化形象定位是对城市文化发展历史的反思和考证，是通过确定城市文化个性，寻找城市文化差异来发展自身特点的重要环节。祖根文化和源头文化是郑州文化的特点，郑州应该重点挖掘历史变迁中形成的文化基础，尤其是要将共同的文化心理、地方文化个性提炼出来，加以精心培育。根据文化传承创新的内容构成，郑州城市文化形象的塑造应以黄帝文化、嵩山文化、名人文化、商都文化、黄河文化、少林文化、交通文化等文化为主体，其主要以"源"文化和"中"文化为基本内核。因为天地之"中"、华夏文明之"源"可以概括主导文化的特点，这样就可以逐渐把城市历史变迁中形成的共性呈现出来。因此，城市文化形象可定位为"天地之中·文明之源·文化都市"。城市建设中的道路、景观、建筑等都要以此定位为基础，将历史文化符号与城市现代化建设有机地融合在一起。

（二）城市文化形象塑造的思路

城市文化形象塑造应在挖掘传统文化内涵的基础上，准确把握城市文化的脉络走向，在历史文化的基础上，以先进的时代文化为主体，融合城市不同类型的优秀文化，设计和创造出充满地方特色、性格魅力和生命活力的现代城市形象。同时需要继续深入研究城市文化形象建设问题，使之成为郑州城市形象打造的基点，充分展现华夏文化源头、中华文化核心的特色，以明显区别于其他城市的形象定位。在具体的建设中，应借助城市建筑、城市文化行为活动等内容塑造，形成城市形象理念识别体系，展现城市的历史文化、人文价值、城市记忆等特色内容。

（三）郑州城市文化形象建设的路径

充分提炼城市的色彩、符号和标识，通过城市设施、城市景观带、城市标志性建筑等体现城市的文化特色，通过文化活动、文化交流等宣传城市的文化形象。

1. 城市建设展现城市文化形象

城市特色建筑是城市面貌的直接展现，是城市外在形象与内在特质的有机统一体，以特色城市建筑表达城市形象，可以有效避免市面貌的趋同、城市记忆的消失、城市建设的失调等问题。

（1）提炼城市建设的基础色彩。核心区既要具有华夏文明源头文化的色彩，又要避免失去现代城市建筑的特色。使城市面貌具有时代性、艺术性和可识别性，可以从提炼展现黄帝、黄河、嵩山等特色文化的主导色彩入手。在城市的规划建设过程中确定城市的主导色调，城市店牌、各类型单位牌、路牌、站牌、广告牌、电话亭、书报亭等都应围绕主色调而变化。在新建城镇、道路景观、"两环十七放射"生态廊道等城市建设中充分考虑城市色彩主调，这样可以做到统一与个性的协调。

（2）以标志性城市文化建筑展现文化内涵。以建筑材料、建筑技术、建筑思想的创新，培育城市的文化空间，延续城市的历史脉络，彰显城市的文化符号，不断塑造城市的新面貌。在郑州新区现代文化产业区、商城文化片区、新郑黄帝文化片区等区域，高标准规划建设一批能够展现华夏文明的特色文化建筑，彰显华夏文明之源的神韵，充分体现国家历史文化名城的深厚文化底蕴。充分发挥县（市、区）资源优势，建立民俗、科技、工业、艺术类博物馆等标志性文化展示建筑，呈现郑州最为精粹、最具地方特色的历史文化特性，展现郑州的历史文化内涵。

（3）特色文化景观提升城市品位。推进特色文化景观的建设，对进一步提升郑州城市品位有着重要作用。积极保护利用郑州优秀的人文景观特色，对历史上的名人故居、活动地等建筑，要采取修复、迁移、重建等措施，加以整理修复，对周边区域要设置雕塑、标志等，延续历史人文景观的文脉。继续加强人文自然景观的保护力度，突出做好山水文章，形成以嵩山文化圈和黄河文化带为主体的山水体系。设计好主干道城市景观、雕塑和标志性的建筑，处理好自然景观与建筑景观的关系，打造郑州特有的文化景观，提升城市的文化品位。

（4）创造新的文化符号升级城市形象。提炼"天地之中"、"黄帝故里"、"黄河文明"、"古都商城"、"少林功夫"等特色标识中的文化符号与文化元素，并大量运用到城市设施建设及文化宣传中，唤起对华夏文明旅程的记忆和对郑州文化的认同。在城市窗口区、旅游景区和重要路段，规划和打造个性突出、宏伟时尚的城市地标，增强视觉冲击力，使之能够在全国乃至全世界范围内形成较大的知名度。明确郑州的市徽、市旗、市树、市花等城市文化标识，加强宣传和展示力度，增强城市主题文化内容，将郑州的城市文化形象升级到全国乃至全球认同的层面。

2. 文化行为活动提升城市文化形象

（1）良好的市民文化行为改善城市形象。以优秀传统文化教育为内容，通过各种教育手段，包括新闻宣传、大众教育、文化熏陶、树立典型等来潜移默化地影响市民行为，提升市民素质和精神面貌。注重培养市民的法律意识、道德自律意识及现代科技意识，维护城市形象意识，使之具有先进的思想、良好的道德、丰富的知识、文明的举止、健康的身心，创造一个守法有序、安定和谐、充满朝气和活力的现代文明城市，为提升城市文化形象提供精神基础。

（2）设计营销活动推介城市文化形象。注重城市文化形象的营销，建立文化活动营销月。以展现华夏文明的特色文化品牌为营销重点，有计划、分阶段地实施展现主导性文化的营销活动。强化媒体宣传，依托省市电视台，邀国内外电视台、旅游报刊等对"天地之中·文明之源"的文化形象进行广泛宣传，并将黄帝文化、功夫文化、商都文化、黄河文化、嵩山文化等品牌文化制作成专题，在国内外进行宣传，将郑州文化形象推广到全世界。

（3）区域合作提升城市文化形象。实施区域联合宣传，加强与省内的洛阳、开封等著名文化城市的协作，成立城市文化形象合作发展联盟，不断宣传提升区域城市文化形象。依托文化旅游业积极寻求同长沙、武汉、西安等周边省会城市的合作，构筑城市外宣联盟，通过各种文化节庆活动联合打造城市文化形象。

（4）文化主题活动宣传城市形象。利用特有文化资源，通过举办文化主题活动来宣传城市形象。例如，可以充分利用杜甫、白居易、刘禹锡、李商隐等文化名人资源，创建"中国诗歌节"，并努力将其打造成有国际影响力的诗会。策划以展现华夏文明为内容的"中原风大型音乐会"、"国际古都文化交流论坛"、"国家姓氏文化交流会"、"列子文化艺术节"等重大文化节庆和文艺盛会，在世界范围内打响"华夏文明之源在郑州"的品牌，这都是宣传城市文化形象的有效途径。

五　郑州城市文化形象塑造的保障措施

郑州城市文化形象建设基础薄弱，而且涉及城市文化、城市历史、建筑设计、人文环境等多个方面，是一个全方位、系统性、长期性工程，需要强调文化形象的塑造。

（一）加强城市文化形象塑造的基础问题研究

进一步加强对城市文化形象建设任务的调研，加强城市文化形象塑造的相关基础理论研究，在此基础上，制定郑州城市文化形象发展战略。让城市文化形象建设的理念突破单一的经济导向，建立起"文化引领发展、形象塑造精彩"的新思路，在城市建设中注入文化气息，让城市特色突出，展现深厚的

文化底蕴。要进一步深入对城市特色文化资源、城市主题文化、城市基础色彩、文化行为活动、城市形象识别系统等问题的研究，从而对郑州城市文化形象进行准确定位和科学规划。

（二）高标准规划设计城市文化形象

以战略性眼光和现代化意识，按照国际一流的标准进行《郑州城市文化形象建设规划》，对城市文化形象进行设计、改造。对建筑物这一城市文化形象的主要构件要高度重视，根据城市特点和形象定位，利用树木、绿地、色彩、铺地的图案，道路的景观，做好总体性规划，合理布局建设。城市文化形象规划是城市文化形象塑造的蓝图和依据。必须从整体出发，设立专门的机构，让专家、学者、管理部门、市民共同参与其中，通过整体规划、统筹规划，对城市文化形象在目标、行为、视觉以及评价等各方面进行规划设计。

（三）加强城市文化形象的管理与运营机制

政府是城市文化形象建设的主要推动力量，要依托宣传部门和相关文化管理机构，成立专门城市文化形象策划管理机构。完善城市文化形象管理机制，建立集研究、管理和开发于一体的长效管理制度，加强对文化形象的管理，让城市文化形象真正建立起来，并能够持续产生影响。加强文化形象的营销和推介，依托媒体、教育机构、研究机构、政府部门，积极开展文化交流、文化宣传、品牌推介等活动，形成城市文化形象的运营机制，增强城市在国内外的影响力。

（四）在形象塑造中体现人文关怀

随着人们收入水平的提高，人们对文化的消费需求、对高质量生活的要求提高，对社会和谐发展的要求提升，对文化建设中蕴含的"人文关怀"理念的要求也逐渐凸显出来。因此，当今郑州城市文化形象的塑造应该体现"人文关怀"，通过培育和谐文化氛围、建设文化公共服务设施、塑造历史文化形象，以特色突出的城市形象增强城市的人文特征，赋予城市更为突出的吸引力和凝聚力，从而实现陶冶市民的情操，提高城市文明程度的目标，让郑州逐渐成为一个到处充满和谐之声的人文关怀城市。

B.12
增强区域文化协同发展能力提升文化传承创新水平

郭 艳*

摘 要：

  区域文化协同发展是文化发展的一大趋势，是区域文化经济发展的内在要求。郑州建设华夏历史文明传承创新核心区，必须不断加强区域文化的协同发展，提升协同发展的水平。本文总结了以郑州为中心的区域文化协同发展的基础条件，找出了制约区域文化协同发展的因素，提出了推进区域文化协同发展的目标与任务。

关键词：

  区域文化　协同发展　整合资源　发展任务

在中原经济区建设的过程中，郑州要承担建设华夏历史文明传承创新核心区的重任，就必须突破传统的发展思路，跨域谋划，做"大文化"文章。积极推动以郑州为中心的区域文化协同发展，实现资源共享、优势互补、融合发展，增强引导非核心区文化发展的能力。

一　区域文化协同发展的内涵与意义

随着区域经济一体化进程的加快，区域之间的文化交流与合作日趋频繁，加强区域文化合作已经成为文化发展的必然趋势。只有实现区域文化协同发展，防止和克服各地文化发展的盲目性和局限性，整合文化资源，扬长避短，融合发展，才能真正提升郑州的文化软实力。

---

* 郭艳，河南省社会科学院中原文化研究中心助理研究员。

（一）区域文化协同发展的内涵

区域文化协同发展是指不同区域范围内的文化资源、生产要素相互吸引、凝聚、融合，最终形成跨区域联合一体的文化发展系统，通俗地说就是一种广义的文化资源整合。文化协同发展的主要内容有：①协同发展的区域有统一的文化发展目标和文化规划；②协同发展的区域之间形成统一的区域文化市场，建立高效的区域文化发展组织协调与运作机制；③协同发展的区域之间是平等和相互开放的，同时也向外部开放；④通过协同发展，区域内部与外部进行良性互动，达到一种和谐的状态。不难看出，协同不简单地等同于协调、协作，它更强调各要素之间的相互作用，突出合作主体的主观能动性与灵活性。跨区域文化发展合作可以使各区域的文化资源相互补充，形成复合价值，有利于延伸和扩充文化资源的文化价值和经济价值，提升区域文化的整体吸引力和竞争力。

（二）区域文化协同发展的意义

1. 有利于形成文化发展的合力

郑州地处中原腹地，古今交汇，历史厚重，有丰富的文化资源。但一直以来因为资源分布过于分散难以整合而远未建成华夏历史文明传承创新核心区。协同发展既看到不同文化资源的共性，又肯定个体的特性，注重从互补的角度推动相互合作，能够最大限度地化解发展中的矛盾冲突，增强不同文化资源相互之间的吸引。

2. 有利于促进区域内"大文化"的繁荣发展

"文化"一词包含"大文化"和"小文化"两层含义，传统的文化发展方式更多的是围绕"小文化"做文章，在增强区域文化对经济、社会发展的贡献方面效果有限，并易于导致盲目开发、恶性竞争，造成文化资源的闲置、流失和破坏。协同发展作为一种新的发展模式，能为区域内的不同个体提供平等的发展机制，使文化发展落后地区也能共享先进文化，获取文化发展资金等要素支持，实现区域文化整体发展。

3. 有利于提高郑州在传承创新华夏历史文明中的地位

郑州内部及其周边城市通过区域文化协同发展，整合文化优势资源，跨区实现文化协同发展，将自己的文化资源、文化产品与郑州的优势品牌融合在一起，共同实现文化的较快发展，从而提升整个中原经济区文化发展的整体实力。郑州通过引领带动区域文化发展，能够进一步加强其在传承创新华夏历史文明中的"核心区"地位，扩大郑州文化的影响力和号召力。

4. 有利于增强郑州城市核心竞争力

在当前，文化软实力在区域综合实力中占有的作用和地位越来越大，文化已成为一个城市核心竞争力的重要组成部分。以郑州为中心的区域文化协同发展不仅能够促进郑州文化的发展，为郑州的发展提供强大的精神动力和智力支持。而且能够通过对城市资源从文化层面上进行新的整合，从而提升与创造城市的价值与形象，增加城市无形资产，有效地提升郑州城市核心竞争力，为建设郑州大都市提供文化支持和保障。

二 以郑州为中心的区域文化协同发展的优势与制约因素

郑州市作为河南省的省会，具有政治、经济、历史、文化、区位、人口等多方面的优势，在建设华夏历史文明传承创新核心区、引领区域文化协同发展方面，有着深厚的历史基础和坚实的现实支撑。但是，目前由于体制机制等方面的原因，郑州及其周边的一些城市在文化资源整合的过程中还存在着缺乏科学规划、盲目开发、重复建设等问题。

（一）区域协同发展优势

1. 文化资源丰富

中原地区文化资源丰富，河南更是华夏文明的重要发源地，这为以郑州为中心的区域文化协同发展提供了基础和前提。郑州位居中原腹地，在中华文明形成和发展过程中，处于政治、经济、文化活动的核心地区，曾七朝为都，八代为州，留下了许多重要历史文化资源。目前，郑州各类文物古迹达10315处，其中世界文化遗产1处，全国重点文物保护单位38处43项，省级文物保

护单位128处，市级文物保护单位269处，无论是文物古迹的总量，还是全国重点文物保护单位的数量，都位于全国地级市的前三名，郑州具有引领区域文化协同发展的文化资源优势。

2. 区域文化关联性强

郑州及其周边城市文化资源具有很强的关联性，有的在时间上互为先后，一脉相承；有的在空间上互为依存，构成整体；有的在属性上互为补充，交相辉映。郑州与周边城市既有郑、汴、洛等历史文化名城和品味很高的人文历史文化资源，也拥有嵩山、石人山、云台山、伏牛山等美丽的自然风光，文化资源结构合理，互为补充的集群优势明显；郑州及其周边城市同属中原大地，历史渊源颇深，文化一脉相承。著名典故、著名战场、著名人物时空关联，彼此难以区分，许多文化资源是多方共享的。如新密、新郑都有丰厚的黄帝文化，双方可以在黄帝文化资源开发上共同合作、统一规划、整合资源。郑州和洛阳都有河洛文化，并且一脉相连，具有协同发展的基础和可能。因此，郑州及其周边城市在文化资源、文化产业等方面相互合作的潜力很大。

3. 区位条件优越

良好的区位条件为以郑州为中心的区域文化协同发展提供了空间保障。郑州有着悠久的历史、灿烂的文明，是中华文化的发祥地，是中国八大古都之一。郑州自古以来就是兵家必争之地，占据着得天独厚的地理区位优势。历史发展到今天，这种区位优势更加凸显。郑州的铁路、高速公路四通八达，从郑州出发，省内三个小时均可到达，郑州的航空业也已经形成了规模，国际客运和货运都已开通。目前郑州是全国重要的人流、物流、资金流、信息流的集散地。这些区位优势有助于郑州及其周边城市进行文化资源整合、交流，充分发挥郑州文化的辐射力和影响力。

4. 政策环境支持

文化的发展离不开政府的重视和政策的支持。《国务院关于支持河南省加快建设中原经济区的指导意见》明确把建设华夏历史文明传承创新区作为中原经济区的五大战略定位之一，这给以郑州为中心的区域文化协同发展带来了先行先试的机遇。中原城市群规划的提出，有助于推动形成以郑州为中心，东连开封、西接洛阳、北通新乡、南达许昌的大"十"字形核心区，形成区域内任意两城市间两小时内通达的经济圈。河南省委九届二次全会将打造华夏历史文明传承创新区，作为河南增强文化软实力、提升中原文化影响力、促进文化大发展大繁荣的一项重要工作，制定了具体措施。河南省在旅游发展中提出了"一带五区"的发展战略格局，即沿黄河文化旅游经济带和嵩山、太行山、伏牛山及豫东平原五大旅游经济区。这些政策和措施的出台为以郑州为中心的区域文化协同发展提供了良好的政策环境。

5. 全省政治经济中心

郑州作为河南的省会，具有全省的政治经济中心和众多文化资源的源头的优势，奠定了郑州在区域文化协同发展中的核心地位。郑州集聚了全省的文化优秀人才和众多的文化事业机构，为郑州文化发展提供了动力源泉；郑州的许多文化资源具有文化源头的意义，对周边地区的文化有着重要的影响，这为郑州实现区域文化协同发展提供了优势，增强了郑州实现区域文化协同发展的带动力。

（二）区域协同发展的制约因素

1. 行政体制不顺

在以地方利益为前提的政策导向下，郑州及其周边城市文化发展各自为政，文化产业项目重复建设，文化资源和建设资金浪费严重。许多人文历史遗留和自然景观，也因行政区划而割裂，这使得郑州及其周边城市的一些共生性文化资源无法全面完整地展现出来，限制了整体效能的发挥，制约了区域文化协同发展。最突出的表现就是不同区域但属同一文化类型的景区各自为战，缺乏总体规划与区域合作，导致盲目投资、重复建设。这个问题在郑州黄帝文化资源的开发和利用中尤为突出。新郑和新密为了争夺黄帝文化资源而相互竞争，重复建设，造成了不必要的浪费。

2. 政策不健全

区域文化协同发展是跨区域的文化资源整合，牵涉到不同区域的利益，所以会遇到许多困难和问题。可至今还没有具体的关于郑州及其周边城市区域文化协同发展的政策，这就使文化协同发展一碰到跨区域的问题时就无法进行了。

3. 缺乏相关的协调组织

在目前同一文化资源被不同的行政区域管理的情况下,要实现区域文化协同发展就必须有一个有权威、能处理不同区域管理权限问题的机构进行协调才行。可由于进行区域文化协同发展的工作刚刚开始,在郑州及其周边地区的各级行政区域之间没有建立这样的协调机构。所以区域文化协同发展无法开展和落实。

4. 文化资源整合开发深度不够

郑州在整合文化资源时,在文化价值的挖掘和价值链的延伸上还存在很大不足,河洛文化、古都文化、黄河文化、遗址遗迹、非物质文化等研究梳理不够,而且包装、提升和宣传的方式创新能力不足。由于文化产业的开发以及市场开拓的理念缺乏,文化资源的产业转化成效低,文化产品难以得到市场认可,加上相关文化产业之间的关联度低,特色品牌效应不足,制约着郑州文化发展的经济社会效益。

三 以郑州为中心的区域文化协同发展的目标与对策

(一)协同发展的战略目标

以郑州为中心的区域文化协同发展的总体目标是郑州协同周边城市,以黄帝故里拜祖大典、中华姓氏文化节、中原根亲文化等为主要平台,打造全球华人根亲文化圣地;以世界文化遗产和大遗址保护为重点,打造中国文化遗产保护传承示范基地;建设"全国文化改革发展综合试验区",打造全国重要文化产业基地,将郑州建设成为引领华夏历史文明传承创新的中心。由于文化资源整合是一个长期而复杂的过程,需要分阶段逐步实施,因此文化协同发展有必要进行分期并确定各时期的目标。根据郑州及其周边地区的文化发展现状,以郑州为中心的区域文化协同发展可以分为两个目标。

近期(2012~2015年)目标:整合郑州与省域内周边城市的文化资源,突出黄河文化、始祖文化、古都文化、佛教文化等主题,实现郑州与其内部县区及其省内周边城市的文化协同发展,使郑州成为引领全省华夏历史文明传承创新的中心。

远期（2016～2020年）目标：充分发挥以郑州为核心的沿黄河文化带和大运河文化带的产业聚集和辐射作用，整合周边省份的相关文化资源，初步实现跨省文化协同发展的态势，把郑州打造成为引领全国华夏历史文明传承创新的重要名城。

（二）以郑州为中心的区域文化协同发展的任务

以郑州为中心的区域文化协同发展的总体思路：以文化资源为依据，以文化市场为依托，充分考虑郑州及其周边城市之间区位的关联，注重开发文化整合中的层次性，在文化整合中强调特色，在开发中强调层次，形成一点（郑州为区域文化协同发展的中心）、三轴（郑州及其内部县区文化协同发展的内层文化圈，以中原城市群为主体文化协同发展的中层文化圈，以沿黄河一带、大运河一带为轴线文化协同发展的外层文化圈）的区域协同发展格局。

1. 市域范围内的文化协同发展任务

以文化资源整合为重点，打造四大文化主题功能区和两个综合性文化联合项目。四大文化主题功能区即以郑州中心城区为主的商都文明展示地，以新郑、新密为主的根亲文化朝圣地，以巩义、荥阳、中牟为主的历史战争文化寻访地，以登封为主的嵩阳文化休闲地。两大文化联合项目，一是整合全市范围内重大古都城遗址遗迹，形成古都城文化系列，让郑州成为研究和探寻中国城市文明的重镇；二是整合黄河沿岸区县内的黄河文化资源、自然资源、工农业资源，建设黄河文化生态区。

（1）以郑州中心城区为主的商都文明展示地。郑州商城遗址是中国商代都城的遗址，1955年发现并开始发掘。郑州商城作为商代早期建立的一座都城，至今已有3600年历史，其建筑规模之大、规划布局之严整、文化内涵之丰富，堪称当时世界之最。整个城墙绕一圈近7公里，该区域现在仍是郑州市的核心地带。今后，郑州商城遗址的保护开发应当以商城城墙断面展示点为主，协同周边的古建筑群——城隍庙、文庙、金水河、子产祠旧址、夕阳楼旧址等，建立商城遗址公园，营造郑州商都文化形象，赋予郑州商都以真正内涵。

（2）以新郑、新密为主的根亲文化朝圣地。新郑市是人文始祖黄帝的诞生地，5000年前人文始祖黄帝诞生并建都于此。近年来，郑州市共举办8届"黄帝故里拜祖大典"，将新郑的寻根文化推向高潮。而新密市的黄帝宫存有5000多年前中华人文始祖轩辕黄帝宫殿遗迹，是轩辕黄帝练兵讲武、战胜蚩尤、统一中原、建功立业的地方，是中国最早的古代兵法八阵图诞生地。今后，两地应联手发展黄帝文化，以新郑黄帝故里为中心建设黄帝文化园，范围主要包括新郑的黄帝故里、始祖山，新密的黄帝宫、古城寨遗址等，重点开发以炎黄子孙寻根祭拜、姓氏渊源为主的传统文化，建设世界华人寻根拜祖的圣地，丰富现有新郑黄帝故里拜祖大典的活动内涵，把目前半天的活动拉伸为一天，可以上午在新郑黄帝故里祭祖，下午参观新密黄帝宫。

（3）以巩义、荥阳、中牟为主的历史战争事件、旧址寻访地。中原地带、黄河岸边历来是兵家必争之地。位于黄河岸边的惠济区和荥阳的历史战争资源整体比较丰富，惠济区的古荥镇包括了古荥阳的大部分区域，是楚汉争霸的主战场，最著名的有楚汉战争的鸿沟，汉霸二王城、纪信庙，三国时期的虎牢关等。今后，应当扩大视野，以点带线，以线促面，结合广武山整体开发项目，用中原影视城对接黄河风景名胜区，串联桃花峪、楚汉鸿沟、虎牢关等文化资源，并和中牟的官渡等地联合开发历史战争资源。

（4）以登封为主的嵩阳文化休闲地。嵩山及其周边时代久远、文化绵延、数量与类型众多的遗址构成了围绕嵩山的嵩山文化圈。在这个文化圈中有着孕育中原文化的山、水、土、生（物）、气（候）、位（置）古环境"六要素"的最佳组合。嵩山文化圈在中原文化、华夏文明的核心地位是郑州实现区域文化协同发展的独有优势。今后，发展嵩山文化，应依托"天地之中"世界文化遗产和少林品牌，以现有的少林寺景区、嵩阳书院景区、中岳庙景区、观星台景区等历史文化景观和嵩山世界地质公园等为主，进行统一布局、综合开发。重点打造嵩山文化产业园区，努力把登封建设成为"国际化文化休闲和旅游观光度假城市"。

（5）古都城文化系列项目。郑州是中国城市文明的发祥地，古都文化资源非常丰富。郑州西山古城是中国古代城市的滥觞；郑州商城是当今世界上年代最久远、规模最宏大、保存最好的古城池，可与当时世界上同时代的古巴比伦相媲美；郑韩故城是春秋战国时期郑国和韩国的故城，经2700多年，仍岿然屹立，是目前世界上保存时代最早、最完整的古城垣之一；嵩山周围的先秦时期古城址多达50余处，形成了中国早期最庞大的古城市群。这些都是研究和感受中国古代城市文明发展的宝贵资源，可通过建立古都城观光线路把较为分散的古城池遗址连接起来供人们踏寻；另外可以建立郑州古都城文化博物馆，把郑州及其内部县市登封、新郑、中牟、巩义等太过零散的古都城文化碎片收集起来进行集中展示，真正赋予郑州八大古都之一的文化内涵。

（6）黄河文化生态区项目。郑州处于黄河文明的核心位置，发扬光大黄河文化具有独特的地理优势。郑州黄河湿地保护区，面积38007公顷，保护区分布到巩义市、荥阳市、中牟县、金水区、惠济区，是河流湿地中最具代表性的地区之一。在金水区、惠济区有黄河上最早的铁桥，历史上影响很大的花园口及被称为"古代的黄委会"的焦作嘉应观，荥阳市有楚汉战争的鸿沟，三国时期的虎牢关，巩义市有伊洛河与黄河汇流处，中牟县有官渡古战场等。今后，应以郑州黄河游览区为中心，协同巩义市、荥阳市、中牟县、金水区、惠济区，建立郑州黄河文化公园，制定统一的黄河文化产业带规划。通过规划保护、开发黄河文化资源，努力打造黄河文化品牌，争取把沿黄河历史文化资源的整体开发与黄河南岸的自然景观、观光农业、生态防护林、休闲度假结合起来，形成沿黄河南岸集文化、生态、旅游休闲于一体的文化发展新区域。

2. 郑州与省域范围内周边城市的文化协同发展任务

以文化产业合作为重点，以文化旅游业为切入点，推动形成河洛文化、佛教文化、三国·宋文化、世界遗产文化、书院文化等独具特色的文化产业集群，借梯上楼，合作共赢，增强郑州的文化知名度和文化凝聚力，使郑州真正成为传承创新华夏历史文明的中心。

（1）三皇五帝朝圣文化区。郑州有丰富的黄帝文化资源，如新郑的黄帝故里、黄帝纪念馆、始祖山与新密的黄帝宫等。另外，新密还是中国"羲皇文化之乡"。郑州的这些始祖文化资源可以与河南其他城市的三皇五帝文化资源整合起来共同开发。例如，淮阳的太昊陵、画卦台、宛丘，上蔡的伏羲庙与蓍台，商水的伏羲祠、五谷台，巩义的伏羲画卦处；西华的女娲城、女娲墓；沁阳的女娲山、女娲祠；柘城的朱襄陵；扶沟的重修轩辕庙碑；灵宝的荆山黄

帝铸鼎原、黄帝陵与庙；内黄的颛顼帝喾所都顿丘城、二帝陵；濮阳的颛顼高阳城、长乐亭、皇姑坟；偃师的帝喾之墟；商丘的帝喾陵；虞城县的舜子商均墓。今后，应该以郑州的黄帝故里拜祖大典为核心，整合这些始祖文化资源，建立以新郑、周口为主体的"中国三皇五帝文化保护基地"，打造中华民族根亲文化圣地。伏羲祭祖大典是农历的二月二、老子祭拜大典是农历的二月十五、黄帝祭祖大典是农历的三月三，时间相近，完全可以进行文化对接，实现郑州和周口等地三皇五帝文化的协同发展。

（2）河洛文化产业集群。河洛文化是中国文化的重要源泉之一，以洛阳盆地为中心，西至潼关、华阴，东至荥阳、开封，南至汝颖，北跨黄河至晋南、济源一带。郑州在河洛文化中有着不可替代的重要地位。巩义市的河洛交汇处乃伊洛河和黄河两河交汇地带，是河洛文化的交融之处，具有重要的地标意义。今后，郑州可以携手洛阳，整合洛阳、偃师、孟津、新安、洛宁、宜阳、嵩县、栾川、伊川、汝阳等地丰富的河洛文化资源。以巩义河洛交汇处沿途景观协同黄河上游的孟津小浪底水库、偃师白鹤镇的汉光武帝陵，下游荥阳汜水镇虎牢关、汉霸二王城、郑州黄河游览区、大河村遗址等景观，建立一个河洛文化游集散中心，形成河洛文化产业集群，进一步提高河洛文化的影响力和号召力。

（3）佛教文化产业集群。登封少林寺是中国佛教史上最有影响的宗派禅宗祖庭，号称"天下第一名刹"；巩义慈云寺始建于东汉明帝永平七年（64年），是中国佛教始传圣地，两千年间积累了丰厚的佛教文化，这两座寺庙与洛阳白马寺、开封大相国寺、安阳日光寺、宝丰香山寺、登封永泰寺等一起见证了中国佛教史上的诸多第一，但在现实发展中，很多寺院由于未能真正围绕佛教文化做文章而渐渐淡出人们的视野。以郑州为中心的文化协同发展，可以利用少林寺的品牌优势，整合白马寺、相国寺、慈云寺等省内佛教文化资源，并与雕塑、功夫、民俗等其他文化资源结合起来，增强佛教文化资源的整体优势，形成独具特色的佛教参拜禅修体验、佛学研究、饮食等文化产业集群。

（4）三国·宋文化产业集群。在郑州，与三国、宋朝相关的历史遗迹不计其数。以三国文化为例，有曹袁官渡之战、董卓逼宫、三英战吕布等政治或军事事件的发生地。省内许多城市也有着丰富的三国文化资源，但多年来，各地区独立开发，规模效益不明显，很难实现三国文化应有的价值。今后，郑州要发展三国文化必须联合许昌、漯河、南阳、安阳等地，以人物成长过程为线索，打造三国文化园区，形成集文化、建筑、旅游、休闲、购物于一体的综合性文化产业集群。

由于北宋的重大历史事件都是在河南发生的，所以河南的宋文化最集中、最有代表性。巩义的宋陵文化就是宋代文化一个特别集中的反映：北宋皇陵是我国现存最大、地面遗址最完整的著名陵墓之一。这个陵墓群几乎涵盖了北宋所有的皇帝，北宋九帝中除徽、钦二帝被金人掳去囚死在漠北外，其余七帝均埋葬在巩义，加上赵匡胤的父亲赵弘殷的陵墓，统称"七帝八陵"。围绕八座帝陵有皇后陵、皇室宗亲墓、名将勋臣墓近千座，地面石刻现存近千件，是一座浩瀚的大宋历史博物馆。今后，要实现宋文化的协同发展，郑州必须联合宋文化的中心城市——开封，实施"宋文化大遗址保护开发项目"。一方面每年拨付专项经费进行保护，另一方面建立"巩义·开封宋文化产业园区"，范围包括巩义、开封市、开封县、兰考、封丘等县市。重点整合宋文化，以巩义的宋陵，开封市的开封府、龙亭、清明上河园以及朱仙镇年画等资源为重点，组合设计宋文化主题旅游线路；以北宋皇家文化和民风民俗为内容，打造宋文化旅游品牌。

（5）世界遗产公园。今后，为了实现世界遗产文化的协同发展，要以郑州登封的"天地之中"嵩山历史建筑群为主，联合洛阳龙门石窟、安阳殷墟两处世界遗产，建立世界文化遗产公园。进一步加强三处世界文化遗产保护、管理、研究、展示等工作，设立登封"天地之中"历史建筑群、洛阳龙门石窟、安阳殷墟三处世界文化遗产监测管理中心。落实国务院《关于支持河南省加快建设中原经济区的指导意见》精神，争取国家文物局等有关部委支持，筹建集理论研究、科研合作、教育培训、宣传展示、监测管理于一体的世界遗产保护研究基地，弘扬世界遗产文化。

（6）非物质文化遗产展示园区。郑州拥有众多非物质文化遗产，是文化产业发展的重要资本。但要保护、开发利用好这些资源，仅凭郑州一己之力难以完成，必须加强与周边地区的合作，抱团发展。重点打造中华功夫产业园、

陶瓷仿古制作园。①中华功夫园。河南少林功夫（登封市）、太极拳（焦作市）是第一批国家级非物质文化遗产。随着社会经济的发展，围绕少林武术文化，形成了一个武术产业链。其中，塔沟武校、鹅坡武校等已成为国内"冠军摇篮"。太极拳发源于焦作市温县陈家沟的陈氏家族中，目前已风靡全国，走向世界。今后，应当以少林功夫联合太极拳，建立中华功夫园，加强"两拳"之间的相互融合与交流，发挥各自优势，实现强强联合，共同把河南打造成"中国功夫之乡"。②陶瓷仿古制作园。巩义窑白瓷，是唐代中原地区白瓷制造水平最高的。钧瓷，其产地禹州市神垕荣昌钧窑生产的"祥瑞瓶"、"乾坤瓶"、"华夏瓶"三次作为博鳌论坛唯一指定的国礼而享誉全球。唐三彩曾多次在国际旅游会议上被评为优秀旅游产品，并作为国礼赠送给50多个国家的元首和政府首脑。汝瓷，位居五大名瓷之首。今后，以郑州为中心的文化协同发展，可以把这些传统工艺美术作品制作的原料和技法等资料进行集中整理，引进陶瓷制作技术人才，建立河南仿古陶瓷制作园，使用唐宋古法，复制隋唐白瓷、唐三彩、宋代钧瓷、汝瓷，统一包装、营销，作为河南文化旅游的重要纪念品，逐渐恢复河南陶瓷艺术的辉煌。

（7）书院文化。中国古代四大书院，河南有其二，嵩阳书院（河南登封）和睢阳书院（河南商丘）。登封嵩阳书院，创建于北魏孝文帝太和八年（公元484年），宋代理学的"洛学"创始人程颢、程颐兄弟都曾在嵩阳书院讲学，是宋代理学的发源地之一。商丘睢阳书院，又名应天书院、南京书院，位于商丘旧城州之东，宋仁宗时将应天书院这一学府改为南京国子监，使之成为北宋的最高学府之一。伊皋书院（元朝改名伊川书院）由程颐建立并在此长期讲学，其思想体系和著述传道活动大多在此完成。许昌襄城的紫云书院是明清洛学重镇之一。今后，为了协同发展书院文化，应该借鉴嵩阳书院成功的保护传承经验，以保护修复为主，通过书院文化交流活动，将千年书院精神进一步发扬光大，在书院久远的历史传统与现代大学教育之间找到一个新的契合点，使古代书院在高等教育的平台上实现传统与现代的交融。

（8）嵩阳书院、汉三阙、"将军柏"、观星台等。云台山位于修武县境内，风景秀丽，曾是魏晋"竹林七贤"隐居的地方。鲁山县的尧山国家地质公园，由尧山花岗岩地貌、圣人垛水体景观和"三汤"温泉群三大园区组成，展示了在数亿年地质运动作用下，形成的断裂、褶皱和风化沉积、冰川运动等地质遗迹，并以其独特的奇峰怪石、幽谷深潭、溪流瀑布、温泉地热等千姿百态的地形地貌和地质景观，展现了大自然的神奇秀美。今后，为了实现协同发展，应发挥嵩山景区"天地之中"世界文化遗产的金字招牌，带动焦作的云台山、平顶山、尧山等山水文化资源快速发展，共同打造"壮美河南"。

3. 郑州与省外周边城市的文化协同发展任务

紧紧抓住促进中部地区崛起和建设中原经济区的战略机遇，以市场为导向，进一步解放思想、创新体制，强化优势互补、开放互动，推动和形成以项目带动合作、以合作促进发展的良好合作机制和共同发展模式，不断增强郑州引领省外周边城市文化协同发展的能力和辐射带动作用，努力把郑州建设成为引领全国华夏历史文明传承创新的重要名城。重点要打造两条文化带（大黄河文化带、大运河文化带）。

（1）大运河文化带。大运河郑州段位于郑州市惠济区，即今日的索须河部分河段，西起丰硕桥，东至索须河与贾鲁河交汇处，长约15公里。大运河郑州段是中国北方地区最早沟通黄河与淮河两大水系的运河遗存，也是贯通南北、连接海上丝绸之路的主要内陆水系。大运河郑州段是通济渠河道保存较为完整、历史风貌较为协调的重要河段。河南省大运河遗产除了郑州部分以外，主要涉及洛阳、巩义、开封、商丘、焦作、新乡、鹤壁、滑县、安阳、濮阳等10个地级市或省辖市（县），包括洛河、汴河故道、卫河3个遗产河段。郑州应联手大运河河南段的诸多城市，与其他省份的大运河沿线城市一同加入大运河申遗行列，做好保护和复原工作，展现遗址丰富的历史、科学和艺术价值，共同发展大运河文化。

（2）大黄河文化带。黄河发源于青海省巴颜喀拉山，流经青海省、四川省、甘肃省、宁夏回族自治区、内蒙古自治区、陕西省、山西省、河南省、山东省等9个省区。黄河由三门峡灵宝市进入河南境内，在河南省内，流经郑州、开封、新乡、洛阳、三门峡、濮阳等多个城市，沿河地带都是历史古城，最后由濮阳市台前县流入山东。河南省沿黄河一线的城市众多，且处于黄河中

下游地区，由于黄河的自然风貌，加上黄河文明的传承，文化底蕴深厚，自然风光特色突出，有一批著名的文化景点，诸如郑州黄河游览区的波澜壮阔，洛阳、济源黄河小浪底水利枢纽工程高峡出平湖的壮丽奇观，三门峡"天鹅湖"的自然古朴，开封柳园口的"悬河"奇观以及濮阳的黄河风情，展示了中原大黄河的无穷魅力。今后，以郑州为中心的大黄河文化协同发展，要突出河南段的文化特色，联合其他8个省区共同打造黄河文化品牌。

B.13
开发郑州文化旅游　传承创新华夏文明

刘　昱*

摘　要：

　　文化与旅游的融合发展是转变经济发展方式的重要支点，是建设华夏历史文明传承创新核心区的主要载体。本文通过分析郑州文化旅游开发的现状，提出了进一步推进文化旅游融合的思路与举措，以推动经济发展与文化传承的良性互动，使华夏历史文明在发展中得到传承与弘扬，努力把郑州打造成为区域性文化中心城市和国际性旅游目的地城市。

关键词：

　　文化旅游　融合发展　传承创新　华夏文明

　　郑州是华夏历史文明重要的发祥地之一，拥有嵩山文化、黄帝文化、黄河文化、少林文化、商都文化、河洛文化等多种文化资源，为中华文化的形成和发展、华夏文明的创立与辉煌作出了突出的贡献。开发郑州市文化旅游对传承与创新华夏历史文明有着得天独厚的优势，最能适应市场经济形势，借助先进技术，激发创意，把华夏文明符号、优秀传统价值观念等文化资源和遗产，以旅游线路、产品等形式在市场上传播，使文化的厚重遗产，以最便捷、最直接的方式进入公众视野，融入当代生活，获得新的生命力。

一　郑州市文化旅游资源概况

（一）文化旅游的概念及起源

早期人们关于文化旅游概念的理解更多倾向于在旅游活动中所体现的文化

---

* 刘昱，郑州大学旅游管理学院讲师、博士。

精神内涵，随着人们对文化旅游关注的增加，关于文化旅游的理解也大概形成了以下几种观点。第一，活动说，即认为文化旅游是一种旅游活动，旅游者通过这种旅游活动调动了自己的审美情趣，使其精神与文化上得到了全方位的享受。第二，体验说，该观点认为文化旅游是一次有意义的旅游经历，游客通过观光、度假过程体会了旅游目的地丰富的文化底蕴。第三，产品说，认为文化旅游是旅游供给方为旅游消费者提供的以学习、考察旅游地文化为主要目的的一种旅游产品，如历史文化旅游、文学旅游、民俗文化旅游等。综上所述，上述前两种观点更侧重于把文化旅游当做旅游过程中的伴随产品，而第三种观点则是将文化当做旅游产品，也就是说，前两种概念更适合于描述旅游文化，而第三种观点才是严格意义上的文化旅游。因此，我们这里使用第三种观点来描述文化旅游。

（二）郑州市旅游业发展现状

近年来，郑州市的旅游业得到了较大的发展，旅游环境进一步优化，接待游客的水平已经超过了全国旅游业的平均发展水平。全市已经有近百个景区，A级景区24个，其中国家5A级景区1个、4A级景区7个；全国工农业旅游示范点11个；全市拥有大小旅行社205家，其中经营出入境业务的旅行社21家，经营入境及国内旅游业务的旅行社184家；星级饭店111家，其中五星级饭店5家、四星级饭店20家，三星及三星以下饭店86家；乡村"农家乐"饭店300多家；旅游教育培训机构40余家；全市导游员5000余人，旅游直接从业人员达11万余人。

根据郑州市统计信息网上《2001~2011年国民经济和社会发展统计公报》显示："2011年郑州市旅游总收入达到589.9亿元，接待游客总人数达5464.1万人次，2001~2011年郑州市旅游总收入平均增长率为20.7%，旅游接待总人数平均增长率为22%"。由此可见，旅游业逐渐发展成为郑州经济发展的支柱产业之一，而文化旅游在郑州市的旅游业发展中占有重要的地位，当前郑州市的绝大多数旅游产品都蕴藏着丰富的文化内涵（见表1），因此，借助旅游业发展的强劲势头，进一步促进文化旅游业的开发，为弘扬中原文化、传承创新华夏文明起到积极的引领作用。

表1 郑州市一些旅游产品所体现的文化内涵汇总

产品名称	载体类型	历史朝代	产品主题文化	旅游功能
二七纪念塔	纪念地	现代	革命文化、建筑艺术	观光、教育
商城遗址	历史建筑	商代	历史文化	观光
大河村遗址	历史建筑	新石器	历史文化	观光
刘禹锡墓	陵墓	唐代	名人文化	观光
河南博物院	博物馆	现代	建筑艺术、文物文化	观光、教育
郑州城隍庙	祭祀地	明清	祭祀文化	观光、祭祀
文庙	祭祀地	东汉	名人文化、祭祀文化	观光、祭祀
清真寺	寺庙	明清	宗教文化	观光、宗教事务
佛光寺	寺庙	现代	宗教文化	观光
关帝庙	祭祀地	明代	名人文化、祭祀文化	观光、祭祀
小双桥遗址	历史建筑	商代	历史文化	观光
二七纪念堂	纪念馆	现代	革命文化	观光、教育
胡公祠	纪念地	现代	名人文化	观光
彭公祠	纪念地	现代	名人文化	观光
黄河博物馆	博物馆	现代	文物文化	观光、教育
孔氏家庙	祭祀地	北宋	名人文化、祭祀文化	观光、祭祀
纪信庙	祭祀地	隋代	名人文化、祭祀文化	观光、祭祀
列子祠	纪念地	待考证	名人文化	观光
晋王庙	祭祀地	宋代	名人文化、祭祀文化	观光、祭祀
郭家大院	历史建筑	民国	建筑文化、历史文化	观光
洛达庙遗址	历史建筑	夏代	建筑文化、历史文化	观光
东史马民居	历史建筑	清代	建筑文化、历史文化	观光
浸礼会教堂	教堂	民国	建筑文化、宗教文化	观光、宗教事务
京汉铁路总工会筹备处故址	纪念地	现代	革命文化	观光
吉鸿昌墓	陵墓	现代	名人文化	观光
碧沙岗公园	公园	民国	革命文化、园林文化	观光
德化步行街	传统街区	民国	城市文化、历史文化	观光、购物

（三）郑州市文化旅游资源基本情况

1. 物质类文化资源

郑州是人类文明、国家文明、城市文明的起源地之一，从旧石器时代起就有人类在这片土地上活动。距今8000年的裴李岗、6000年的大河村、夏王朝的京畿重地、早商时的第一国都，从周秦汉唐到宋元明清，一部中华文明史在

这里有序传承。据统计，截至目前，郑州市现已探明的各类文物遗迹（含古建筑、古遗址、纪念地等）有10135处，其中：38处国家级文物保护单位，128处省级重点文物保护单位，269处市级文物保护单位。

2. 非物质类文化资源

郑州市拥有较为丰富的非物质文化遗产，除已有的5个国家级非物质文化遗产、20个省级非物质文化遗产项目外，还有一些项目已入选国家非物质文化遗产名录，如：少林功夫、黄帝祭典、苌家拳、超化吹歌、小相狮舞等。

此外，郑州作为黄河文明的摇篮和发源地，在此地域积淀形成了诸多影响深远的特色文化，主要包括：黄河文化、黄帝文化、嵩山文化、少林文化、商都文化、河洛文化、姓氏文化、客家文化等。

（1）黄河文化。黄河文化是中华民族传统文化的主体部分，培育了中华民族的民族精神。郑州处于黄河文明的中心区域，发扬光大黄河文化具有独特的地理优势。

（2）黄帝文化。新郑是中华人文始祖轩辕黄帝的诞生地和建都地，新密市留存有黄帝活动的遗迹。黄帝故里是海内外亿万华人心中的圣地，黄帝文化具有持久的影响力和凝聚力。

（3）嵩山文化。嵩山以特有的地质地理条件成为人类最早居住、活动的地区之一，在嵩山周围留有大量人类活动的遗迹和丰富的人文景观，诞生了禅宗、少林拳、太极拳、苌家拳等优秀文化遗产，时代久远、文化绵延、数量与类型众多的嵩山文化在中原文化、华夏文化中占有重要地位。

（4）少林文化。登封少林寺是少林武术和禅宗的发源地，在此形成的少林文化是中华民族传统文化的瑰宝。少林文化包括少林禅宗文化、少林武术文化、少林医学文化、少林艺术文化、少林历史文化和相关的民俗文化等。

（5）商都文化。郑州商城遗址是中国商代都城的遗址，至今已有3600年历史，是商代早期政治、经济、军事、文化中心，在探索夏、商、周三代文明发展中具有承上启下的重要作用。2004年，郑州被中国古都学会确定为中国八大古都之一。

（6）河洛文化。郑州的巩义是洛河和黄河的交汇处，两河相交形成的漩涡触发了古人创造太极八卦的灵感，这里因此成为"河图洛书"的发源地。

在这一地区长期积淀形成的区域性文化在中国古代文化史上占有十分重要的地位，是中国文化的主要源泉之一。

（7）姓氏文化。郑州是郑氏、潘氏、许氏、侯氏的发源地。其中郑氏、潘氏发源于荥阳，许氏发源于登封，侯氏发源于新密。韩氏、孔氏、杜氏、左氏、周氏、高氏、冯氏、史氏、常氏、熊氏、龚氏等（或其中的一支）发源于新郑，密氏、邻氏等（或其中的一支）发源于新密。

（8）客家文化。郑州是客家文化的源头，2003年在郑州举办了世界客属恳亲大会，在郑东新区建设了世界客属文化中心，郑州已成为无数客家人心灵的故乡和研究宣传客家文化的中心。

二 郑州市文化旅游资源开发情况

（一）突出指导规划引导，提升文化旅游业开发水平

郑州市"十二五"旅游产业发展规划中指出，要通过挖掘和整合传统文化资源，使文化与旅游融合双赢发展。要通过旅游打造出一批拥有自主知识产权、具有传播力的演艺品牌，形成一批具有国际影响力的文化旅游品牌，使郑州成为文化旅游新娱乐之都。《郑州市城市总体规划（2008~2020年）》中将文化旅游业作为优势产业之一，并且提出要依托丰富的自然、人文旅游资源和对外交通优势，把郑州建设成郑—汴—洛沿黄河旅游带的核心城市、全国乃至世界具有较高知名度、集古代文明和现代文明为一体的旅游观光胜地的发展目标，同时要求打造"一心三片一带"的文化旅游格局。一心：以郑州商代遗址和古荥汉文化遗址为核心，打造商都文化旅游区；三片：围绕嵩山古建筑群世界文化遗产、禅宗少林和嵩山世界地质公园、国家森林公园，建设嵩山文化旅游区；以华夏民族寻根问祖圣地和中华民族精神家园为特色，建设黄帝文化旅游区（包括黄帝故里、始祖山等）；突出河洛文化、汉文化、唐宋文化特色，建设河洛文化旅游区（包括杜甫故里、宋陵等）。一带：以郑州黄河风景名胜区、雁鸣湖生态旅游区、河洛文化旅游区为核心，建设沿黄河生态文化旅游产业带。

（二）加大科学保护力度，维护城市文化根脉

一是完成了《郑州商代都城遗址保护规划》、《郑韩故城文物保护规划》、《宋陵保护规划》、《古城寨保护规划》、《郑州商代都城城垣遗址保护展示方案》、《大河村考古遗址公园规划》等一批大遗址保护规划的编制工作，力争规划先行，使大遗址得到科学有效的保护。二是积极组织实施郑州商代都城西南城垣违章建筑拆迁整治和环境绿化、古荥城隍庙维修、新密县衙维修、新密城隍庙维修、张祜庄园修复、刘振华庄园修复、刘碑寺建设、崇福宫修复、南岳庙修复等多项本体维护及环境整治工作，保护了大遗址及其周边文物。三是积极做好非物质文化遗产保护工作。首先，成立专门机构组织管理非物质文化遗产保护工作，如：非物质文化遗产保护领导小组、非物质文化遗产保护评审委员会、非物质文化遗产保护中心；其次，制定非物质文化遗产保护的纲领性文件《郑州市非物质文化遗产保护工作实施方案及长远规划》；此外，还成立了郑州炎黄文化研究会、郑州古都学会、嵩山文化研究会、郑氏文化研究会等文化研究组织和机构。通过这些研究组织，可以有效地调动全国的力量，对郑州市文化资源进行深入、系统的研究。

（三）加大宣传推介力度，不断提升影响力

近年来，我们加大了对郑州市文化品牌——黄帝文化、商都文化、少林文化、河洛文化、客家文化、汉文化的宣传力推介力度，少林文化、黄帝文化、客家文化等已成为具有国际影响力的文化品牌。一是通过登封"天地之中"历史建筑群的成功申遗，向世界推介了以"少林文化"为主的历史文化品牌。"天地之中"历史建筑群由周公测景台和登封观星台、嵩岳寺塔、太室阙和中岳庙、少室阙、启母阙、嵩阳书院、会善寺、少林寺建筑群（包括常住院、塔林和初祖庵）等8处11项优秀历史建筑组成，这些建筑具有丰富的文化内涵，历经汉、魏、唐、宋、元、明、清，构成了一部中国中原地区上下2000年形象直观的建筑史，其时代跨度最长、建筑种类最多，是中国先民独特宇宙观和审美观的真实体现。二是通过举办系列文化活动，扩大郑州城市知名度，提升郑州乃至全省的文化形象。黄帝故里拜祖大典、郑州国际少林武术节、世界传统武术节、世界客属恳亲大会、郑氏文化节、象棋文化节等文化活动在海

内外都产生了强烈影响。特别是为深入开发黄帝文化资源，每年三月三，我们在新郑黄帝故里举办拜祖大典，祭拜人文始祖黄帝，有力推动了中华传统文化走向世界，为弘扬传统文化、凝聚民族意志、建设中华民族共有精神家园作出了突出贡献。

（四）加大开发利用力度，依托资源建设重点文化项目

一是开发建设商城遗址公园。商城遗址公园主要是依托国家重点文物保护单位——郑州商城遗址，建设集文物保护、展示、休闲等功能于一体的城市遗址公园，将建设成为郑州市的重点文化旅游景点。一期为商城遗址东、南城垣本体及两侧20米区域的文物保护及展示，目前拆迁工作已全部完毕，正在进行城墙绿化展示工程建设。二是建设登封嵩山文化产业示范园区。该园区以"少林禅武文化、儒学文化、道教文化和古代天文文化"为开发重点，将全面展现丰富的嵩山历史文化资源和自然资源，争取建设成为国家一流的文化产业示范园区。同时，计划投资100多亿元的登封文化改革发展试验区规划已经获得省政府审批，正在进行详规设计。三是康百万庄园、杜甫故里、大河村遗址、荥阳故城、西山古城遗址等也在强化保护的前提下，加大了开发利用的力度。其中，康百万庄园保护与开发、杜甫故里保护与开发两个项目接近尾声，康百万庄园游览面积扩大为原来的6倍。四是深度开发文化资源，打造了舞剧《水月洛神》、电视剧《康百万》等一批文化产品。特别是通过挖掘少林文化，打造的舞剧《风中少林》和实景演出《禅宗少林·音乐大典》，已经成为演艺精品力作。《风中少林》连获多项全国文艺大奖，得到市场的广泛认可并成功走向国外，曾赴新加坡、澳大利亚及中国台湾、中国香港等国家和地区演出。《禅宗少林·音乐大典》运用精美的音乐、舞蹈艺术和先进的声光手段阐释禅宗文化和少林武术，走出了演艺业与旅游业共生共赢发展的新模式，2007年正式演出以来得到广泛的市场好评，其经验得到中央肯定并在全国推广。

三 郑州市文化旅游开发的总体思路

文化旅游资源的特点不同，相应文化旅游产品的开发思路也不尽相同。根

据上文对郑州市主要文化旅游产品的汇总，可以从以下几个方面考虑郑州市文化旅游产品的开发。

（一）历史文化旅游产品开发思路

历史文化旅游资源产品的开发应突出展现旅游资源的历史价值，反映旅游资源所代表的历史时期的政治、经济、文化、社会、文学艺术等特色，可以通过其文化价值、科学价值、艺术价值、稀缺性价值等相关价值的展现体现出旅游资源所代表的历史意义。郑州市有着十分丰富的历史文化旅游资源，如果将这些资源通过前面提到的整合提升模式和直接利用模式进行开发，可以形成多个精品旅游景区，组建郑州市文化旅游体系中的尖端产品。历史文化旅游产品的开发重点和难点在于文化内涵的挖掘和体现，因此在开发的过程中可以通过横向和纵向的文化展示方式，即展示该资源所反映出的某一方面文化的演替历史以及某一时代社会文化的不同方面。开发时应准确把握历史文化资源的特点，从游客的精神追求和体验意愿出发，通过文化资源中所体现的历史人物、历史事件或社会历史文化，深入挖掘内涵，设计开发新颖独特、老少咸宜的新型旅游活动。

（二）建筑文化旅游产品开发思路

以建筑学角度来说，建筑风格是指建筑在各个方面所表现的特征，主要包括建筑的平面布局、构成形态、艺术处理等方面能够显示的独特和完美的意境。一个城市建筑风格的发展演变是由其客观条件所决定的，城市建筑的风格特色与地区的自然环境和地理位置是息息相关的，也就是建筑风格的地域性；另一方面，随着时代的变化发展，不同发展阶段的建筑风格也是不同的，这就是它的时代性。不同的地域和时代承载了一座城市不同的风风雨雨，也经历了这座城市的历史变迁，因而不同城市的建筑风格也是各不相同。传统的城市建筑能够代表城市悠久的历史文化的传承，现代化的建筑也代表着一座城市的快速发展与进步。郑州市在城市快速发展的过程中，已经开始忽视这一问题，因此出现很多历史建筑没有得到相应的保护而濒临消失的现象，因此，在建筑文化旅游产品开发的过程中，首要任务就是制定更为科学性的保护规划,明确保护范围、措施、目标,杜绝建设性破坏和其他一切破坏现象。

(三)宗教文化旅游产品开发思路

宗教作为人类精神财富的重要组成部分,蕴含着丰厚的哲学理念以及深邃的文化艺术性,因而宗教文化成为一种非常重要的文化旅游资源。特别是宗教文化虔诚的精神导向、强烈的信徒吸引力使得宗教文化旅游产品具有强烈的神秘性,因而在宗教旅游产品开发中应体现出这种神秘性,通过增强参与性,构建出强烈的宗教氛围。郑州市几个具有代表性质的宗教寺庙体现了不同宗教文化,如果将这些宗教文化资源加以整合开发,就可以极大地丰富郑州市宗教文化旅游产品。在宗教文化资源开发过程中,宗教氛围和宗教思想是十分重要的,在产品开发中,不仅要为信仰者们提供宽松愉悦的宗教氛围,还要将宗教思想的表现形式置身于良好的景观环境中。此外,还需要为非信仰游客提供能够亲身体验的机会,创造出富有创意的宗教体验式旅游,实现宗教文化旅游产品的体验和感悟功能。

(四)饮食文化旅游产品开发思路

开发郑州市饮食文化旅游产品应该以特色小吃为主体,借助于传媒产业,着力渲染特色小吃所蕴藏的民间故事和历史传说。除了在外表包装上进行改进外,还应该注重质量的精细化,在提高食品质量的前提下,以文化价值带动产品经济价值的提高。在饮食文化旅游产品的宣传过程中,可以利用电视、网络或报纸杂志等媒介,在告知顾客特色小吃历史发展渊源的同时,一并介绍小吃的具体制作工艺,增强游客的参与度和体验度,这样不仅可以激发游客的兴趣,还可以挖掘食品中的文化底蕴,通过环境和氛围营造来刺激食客的视觉和感官,从而借助于人化和物化的形式来体现出郑州地方饮食文化。

(五)科技文化旅游产品开发思路

随着知识经济的深入人心,科技也成为文化旅游的一部分。科技旅游通过高科技成果及产品的展示而散发出的文化魅力使之赢得市场。当前国内外很多

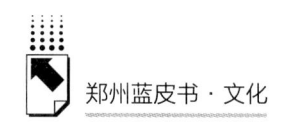

国家和城市都已开发出多种科技文化旅游项目，并且都取得了良好成效。郑州拥有众多国家级和省级科研单位和高等院校，科技实力位居全省首位，科技文化旅游资源拥有一定的优势。在修学文化旅游不断兴起的今天，郑州市应当抓住时机，借助大学城修学文化旅游、现代高科技旅游等多种形式，加强科技文化旅游产品的开发。

四 郑州市文化旅游开发的具体措施

（一）物质类文化旅游资源的开发措施

1. 在原有旅游产品基础上的扩建及功能分区建设

对康百万庄园、杜甫故里、大河村遗址、荥阳古城、西山古城遗址等在强化保护的前提下，根据景区游客承载力和区位状况进行扩建，加大开发力度。另外，扩建后的景区要注意相关配套基础设施的建设，在景区规划中要进行相应的功能分区，并做好相应的路线规划指示工作，使得游客在游览的过程中，住宿餐饮等方面的需求得到满足，也能够根据不同的功能分区进行游玩计划安排。

2. 文化遗迹纪念品开发及工艺品制作体验项目

对现有文物遗迹进行系列纪念品开发，包括文物复制品、文物遗迹缩景雕塑、文物工艺品、文物遗迹宣传册等。

另外，还应根据游客的体验性需求，开发出文物制作体验项目，如大河村遗址博物馆的制陶作坊。体验过程不必仅仅局限于现有的文物，也可提供相似相近的其他产品的体验，如在制陶作坊中，游客除了可以体验陶瓷的制作工艺外，还可以结合唐三彩的上色工艺进行延伸体验。

3. 建造主题博物馆

郑州市文化资源的特点在于数量多、种类全、特色鲜明，根据这些特点，可以建造相应的主题博物馆。以商城遗址为例，可以建造商城博物馆，馆中除了可以展出在商城遗址中出土的相关文物外，还可以展示商朝时期的社会状况、民俗风情、饮食文化、服饰装饰、民居建筑等方面的内容。另外，郑州市拥有丰富的石器时代文化资源，比如织机洞遗址、裴李岗遗址、大河村遗址、西山古城址、新密古城寨遗址等一大批著名的文化遗产，可以将这些资源进行整合，建造石器时代博物馆。

4. 开发相关影视产品或举办相关活动

文化旅游产品的开发离不开文化产业的支持，因此，开发相关文化旅游影视产品是十分必要的。政府可以集景区、媒体、公众之力，共同开发影视产品，主要包括广告（又分为公益广告和商业广告）、宣传片、照片展、DV短剧、舞台剧、Cosplay（角色扮演）等形式。首先，可以参考央视著名的公益广告（例如："family"广告、保护野生动物广告等），拍摄文化遗迹的保护公益片，或者文化旅游产品宣传片；其次，可以开展文化遗迹照片展或DV短剧大赛，从全市甚至全国范围内征集优秀的文化旅游产品照片或DV作品，并进行展览或展播；最后，还可以打造各类舞台剧或实景演出，或者在景区内开展游客角色扮演项目，让游客身着古代服装，体验文化资源内涵。

5. 建造大型主题公园

建造文化旅游主题公园主要有两种形式，一种是单一主题公园，如商城遗址公园，可以集文物保护、展示、休闲等功能于一体；另一种是综合主题公园，即将文化旅游资源进行整合分类，把同样类型的资源整合于一个大型主题公园之中，或者将不同类型的资源整合到同一个主题公园中，并进行缩景展示，整体形式类似于世界公园，使游客可以在一个地方欣赏到不同的文化旅游景观。

6. 开设旅游公交专线

郑州市文化旅游资源丰富但较为分散，甚至还有很多开发不足或尚未开发的景点，开设旅游公交专线可以在一定程度上均衡旅游产品的发展，也可以发挥已有文化旅游品牌的带动力，在一定程度上可以为游客提供方便。

（二）非物质类文化旅游资源的开发

1. 黄河文化旅游资源开发

现有的黄河文化旅游资源主要有黄河游览区和黄河博物馆。相对来说，黄河文化旅游资源的发展较为全面，因此此类文化旅游资源的开发应以原有产品为基础，进行相应的深入发展或适当扩充即可。

（1）建设黄河主题公园或拓展基地。当前黄河游览区主要以景观游览为主，游客可参与程度不高，因此，可以考虑在此进行扩建或引进其他开发商再次建设黄河主题公园或拓展基地。方案一：主题公园可以分为游玩区、观赏区、休闲区等区块，增强游客的旅游乐趣和参与度。游玩区即包括各种游乐设施或户外体验项目，使游客可以充分享受户外景色；观赏区可以进行黄河文化展示，使游客在游玩之余可以深刻体会到黄河文化内涵；休闲区为游客提供休息的场所，要配备基础的餐饮、住宿服务，为游客营造出休闲安逸的环境。方案二：主题公园可以以黄河流经的九个省份作为分区，以流经顺序作为游览路线，以各省份特色文化或城市缩景为景观进行开发。这种开发方案可以更好地使游客在游玩欣赏中深入了解黄河文化内涵，更加有助于中原文化的传承创新。方案三：开发黄河素质拓展基地。这一方案开发较为简单，将现在市场上已有的素质拓展项目设备安置在景区内，并安排相应培训人员即可。与其他素质拓展基地不同的是可以根据黄河游览区原有的资源进行相关拓展项目的调整。

（2）开创或举办国内、国际著名赛事活动。通过开创和举办赛事活动，可以进一步提高黄河游览区的知名度，同时可以更好地传播黄河文化。相关赛事活动可以包括：黄河摄影展，黄河大气磅礴，一定是很多摄影爱好者的最爱，此项活动可以吸引国内外摄影爱好者参加，在增强黄河游览区知名度的同时可以更好地传播黄河文化；FLW 世界户外钓鱼大赛，2011 年，FLW 已通过与快乐垂钓频道独家合作落户中国，FLW 还将联手快乐垂钓频道打造中国区资格预选赛，黄河游览区可以在这一赛事的基础上与快乐垂钓频道进行交流沟通参与其中，目的在于可以在一定程度上唤起国人对黄河的保护意识，有助于黄河文化的传播；漂流、登山、攀岩，根据黄河游览区内不同景点的状况，可以开发出漂流、登山、攀岩等活动，使游客更多地融入自然，接触自然，感受自然；黄河鲤鱼烹饪大赛，景区可以举办黄河鲤鱼烹饪大赛，吸引世界各地的大牌厨师相聚郑州，以黄河鲤鱼为原料进行厨艺比拼；另外，也可以开发出一系列黄河鲤鱼食品，推向全国。

（3）建造书法体验馆。黄河游览区中的"黄河碑林"景点内分建有书法馆、名人书法馆和民族书法馆，因此，可以借鉴中国文字博物馆中的相关设施,增设"书法体验区",使游客可以更好地感受书法文化的魅力。

(4) 黄河博物馆。黄河博物馆作为世界上最早建立的水利行业博物馆,是我国唯一以黄河为主题陈列内容的自然科技类博物馆。因此,对于黄河博物馆应以保护和维持为主,但是也要注意科学技术的引进,可以将现在的3D、4D影像技术融入其中,在馆内播放黄河宣传片,增强体验性旅游,使参观者可以更深入地感受黄河。

2. 黄帝文化旅游资源开发

黄帝故里是海内外亿万华人心中的圣地,黄帝文化具有持久的影响力和凝聚力。新郑是中华人文始祖轩辕黄帝的诞生地和建都地,新密市留存有黄帝活动的遗迹。黄帝文化旅游资源最成功的就是黄帝故里拜祖大典,拜祖大典影响深远,已经发展成为黄帝文化品牌。因此,黄帝文化旅游资源的开发要依附于这一品牌的带动力和推广力。

(1) 相关纪念品的开发。《庚寅年黄帝故里拜祖大典》个性化邮票已经发行,在此基础之上,可以进一步开发相关的明信片、相册、徽章、台历等其他纪念品,进一步发挥其品牌带动力。

(2) 黄帝文化纪录片或黄帝文化讲坛。将黄帝文化的发展由来及内涵打造为纪录片的形式,通过媒体更快更广地传播出去,使更多的公众了解黄帝文化的精髓内涵;邀请国内外知名学者,开办黄帝文化讲坛,使大众更全面、更深刻地了解黄帝文化。

(3) 开发《黄帝大战蚩尤》网络游戏或动漫产品。黄帝大战蚩尤是大家耳熟能详的故事,将这一故事改编开发为网络游戏或动漫产品,能够更好地吸引年轻群体的兴趣,寓教于乐,更好地传播黄帝文化内涵,使青少年群体能够更全面、更深刻地了解中原文化,另一方面,也在一定程度上带动文化产业的发展。

(4) 以沙画艺术表现黄帝文化。沙画艺术是近年来新兴的一种艺术形式,以浪漫优美获得公众青睐,若以这一艺术形式来表现黄帝文化的发展历程,一定可以集艺术性与文化性、现代与古典为一体,更好地传播黄帝文化。

3. 嵩山文化旅游资源开发

嵩山以特有的地质地理条件成为人类最早居住活动的地区之一,在嵩山周围留有大量的人类活动遗迹和丰富的人文景观,诞生了禅宗、少林拳、太极拳、苌家拳等优秀文化遗产,时代久远、文化绵延、数量与类型众多的嵩山文化在中原文化、华夏文化中占有重要地位。嵩山文化中的核心就是宗教文化,因此,除了与少林文化共同进行产品开发外,还可以从佛教、道教、儒学、天文等方面进行文化旅游资源的开发。

(1)建设嵩山文化产业园。园区建设以开发禅武文化、道教文化、儒学文化和天文文化为重点,以建设具有区域性特色文化园区为目标,深入挖掘嵩山的自然资源和历史文化资源。

(2)举办文化讲坛。延参法师的走红使我们认识到,文化讲坛除了可以邀请学者专家进行讲说,还可以邀请佛教、道教的各位法师进行传教,用宗教的力量洗涤心灵,以这种独特的方式向公众传播更多的正能量,或许会达到事半功倍的作用。

4. 少林文化旅游资源开发

登封少林寺是少林武术和禅宗的发源地,在此形成的少林文化是中华民族传统文化的瑰宝。少林文化包括少林禅宗文化、少林武术文化、少林医学文化、少林艺术文化、少林历史文化和相关的民俗文化等。少林文化已经发展成为具有国际影响力的文化品牌,因此,少林文化旅游资源的开发已经比较成熟,现阶段的任务是要使之更好地发挥品牌带动力,以少林文化带动其他文化的发展。

(1)继续演艺业与旅游业的共赢开发。舞剧《风中少林》和实景演出《禅宗少林·音乐大典》已经成为演艺精品力作。运用美妙动听的音乐、精美绝伦的舞蹈艺术和先进发达的声光技术阐释禅宗文化和少林武术,创造了演艺业与旅游业共生共赢发展的新模式,这一模式应该成为少林文化传播的特色,并值得推广下去。

(2)影视业与旅游业联合开发。一部《少林寺》捧红了李连杰,但也让少林文化流传至今,在此基础上应该看到影视业与旅游业的联合发展潜力,可以进一步开发相关的影视作品。另一方面,可以建造武术影视基地,将各种影视中出现的场景集合在一起,甚至可以创造出更多更好的武打场景。武术影视基地的开发可以使游客有机会深入体验少林文化的精彩所在,可以更好地传播少林文化。

(3) 搭建武林风擂台。"武林风"节目一度受到习武、爱武之人的青睐，如果将武林风擂台与少林文化相结合，将擂台由室内转为室外，使更多的人能够近距离观赏到精彩的比赛，必然会有利于少林文化的传承发展。

5. 商都文化旅游资源开发

2004年，中国古都学会将郑州确定为中国八大古都之一。作为中国商代都城遗址的郑州商城遗址，至今已有3600年历史，是商代早期政治、经济、军事、文化中心，在探索夏、商、周三代文明发展中具有承上启下的重要作用。商都文化旅游资源的开发可以从以下几方面进行考虑。

(1) 建造商城博物馆。商城博物馆除了展出已挖掘的文物古迹外，还应该从横向和纵向两方面进行展示。横向展示是指商朝社会文化的不同方面的展示；纵向展示则是指商都文化中各个方面文化的演替历史。在展示过程中可以运用科学技术手段，动态模拟出不同文化的变迁和发展，使参观者可以直观感受到历史的进步与文化的发展。

(2) 建造民俗村和商代商业街。民俗风貌再现可以使游客通过自身体会，更好地了解文化的发展与时代的进步。民俗村和商代商业街的建造一方面有助于提高游客的体验性与休闲性，另一方面还可以拉动当地的经济发展，在一定程度上解决就业困境。

(3) 相关影视产品开发。制作关于"郑州商城"的探索与发现节目，拍摄相关的影视作品。

(4) 媒体宣传。在市内一些主干道处树立商汤大帝的雕像，把城市主要街道更名为与商汤有联系的名字，通过征名等一些形式的事件营销活动全方位地吸引人们的眼球，开展广泛密集地轰炸式宣传。

6. 河洛文化旅游资源开发

郑州的巩义是洛河和黄河的交汇处，两河相交形成的漩涡触发了古人创造太极八卦的灵感，这里因此成为"河图洛书"的发源地。在这一地区长期积淀形成的区域性文化在中国古代文化史上占有十分重要的地位，是中国文化的主要源泉之一。河洛文化旅游资源的开发包括以下几个方面。

(1) 河洛文化旅游节。节庆的召开是传播文化的有效手段。河洛文化旅

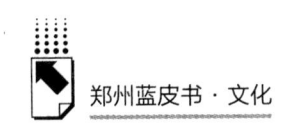

游节可以在原有的基础上,加强对节庆的宣传包装,通过整合郑州和洛阳两个古都的文化资源,力争使之成为具有国际影响力的盛会。

(2)由相关传说改编的影视产品。河洛文化中最引人注意的就是关于河图洛书和洛神赋的传说,因此,将相关传说故事加以改编,运用艺术手法以影视的形式展现于大众面前将是一个不错的选择。

(3)河图洛书讲坛。有关河图洛书的传说、内容、释义一直较为深奥,但一直吸引着公众的眼球,因此举办河图洛书讲坛,邀请知名专家学者进行深入讲解和思想碰撞有助于河洛文化的发展与传承。

7. 姓氏文化旅游资源开发

郑州是郑氏、潘氏、许氏、侯氏的发源地。其中郑氏、潘氏发源于荥阳,许氏发源于登封,侯氏发源于新密。韩氏、孔氏、杜氏、左氏、周氏、高氏、冯氏、史氏、常氏、熊氏、龚氏等(或其中的一支)发源于新郑,密氏、邹氏等(或其中的一支)发源于新密。姓氏文化一直融入黄帝文化和河洛文化之中,除了与其他文化融合所开发的旅游产品之外,姓氏文化旅游资源还可以从以下角度进行开发。

(1)开发姓氏文化系列工艺品。姓氏文化系列工艺品主要包括姓氏印章、姓氏邮票、姓氏明信片以及姓氏扑克等。通过上述工艺品的发行和销售,能够快速融入市场,使公众通过各种途径了解到姓氏文化的内涵。

(2)开设姓氏讲坛。邀请国内知名姓氏研究专家对百家姓的来源及演变进行讲说,并制作成专题节目进行展播,或制作成公交车车身广告,使公众深刻了解姓氏文化内涵。

8. 客家文化旅游资源开发

郑州是客家文化的源头,2003年在郑州举办了世界客属恳亲大会,在郑东新区建设了世界客属文化中心,郑州已成为无数客家人心灵的故乡和研究宣传客家文化的中心。客家文化旅游资源的开发应从以下几个方面进行。

(1)客家文化节或客家联谊会。客家文化与中原文化有着密不可分的关系。客家文化节或客家联谊会的举办,不仅有利于客家人的沟通与交流,更加有利于河南省与其他省市的共同发展。同时也能够使更多人认识了解到客家文化的精神内涵。

（2）客家围屋开发。围屋是客家人的典型家园构造，从一定程度上代表了客家文化的内涵。客家围屋的建造开发在增加郑州市建筑多样性的同时，也开发出一种新的旅游景点，更是努力传承客家文化的重要体现。

（3）相关影视产品开发。客家文化历史悠久、内容丰富，可以将客家文化历史演变、客家风俗、客家节日以及客家服饰等相结合，开发出一系列的影视产品或舞台剧等。

参考文献

马勇、舒伯阳等：《区域旅游规划——理论、方法、案例》，南开大学出版社，1999。
郭丽华：《略论"文化旅游"》，《北京第二外国语学院学报》1999年第4期。
蒙吉军、崔凤军：《北京市文化旅游开发研究》，《北京联合大学学报》2001年第1期。
许志晖、丁登山等：《对南京文化旅游开发模式与整合重点的探讨》，《人文地理》2006年第3期。
马耀峰、宋保平：《旅游资源开发》，科学出版社，2005。

B.14
中原文化要素在郑州新区建设中的展现与启示

史蕊 罗来军*

摘 要：
　　本文总结了中原文化的基本特征以及中原文化对构建郑州新区城市形象的作用。详细分析了中原文化要素在郑州新区规划和建设中的实例，并探讨中原文化要素既有的应用情况。找出了中原文化要素在新区规划中存在的问题，针对这些问题提出了具体的建议。

关键词：
　　中原文化要素　郑州新区　城市规划

郑州独特的历史文化资源是华夏历史文明传承创新核心区建设的根与魂，深度挖掘黄河文化、黄帝文化、嵩山文化和商都文化等资源，发挥文化旅游资源优势，培育知名文化品牌，对于繁荣郑州文化事业、发展郑州文化产业、增强郑州文化的辐射力和影响力、提升郑州都市区发展的"软实力"，具有十分重要的意义。在郑州新区发展浪潮的推动下，新区城市规划及城市建设怎样才能既具有现代风貌，又体现中原文化内涵，构建现代气息与历史文化底蕴有机融合的城市风貌，已经成为目前的重点任务。

一　中原文化特征及其运用意义

（一）中原文化的基本特征

以河南为代表的中原地区一直是中国古代政治、经济、文化的中心，对四

---

*史蕊，河南财政税务高等专科学校教师；罗来军，北京大学光华管理学院，博士后。

周经济文化产生过强烈的影响。中原文化源远流长博大精深，概括起来讲具有四个方面的特征。

1. 创新性

中原文化在千年的发展历史中，具有极强的创新力，她在自我传续的同时，又积极地创新完善，以应对复杂社会的需要，这就是中原文化的特征所在，也是中原文化的魅力所在。

2. 主导性

中原文化的主导性明显，在宋以前都处于支配地位，对朝代的发展有着重要的影响，中原文化的主导地位说明了其是中国古代文化的主体部分，代表着文化的发展趋势。

3. 兼容性

中原文化是开放的、兼容并蓄的，不仅融入了海洋文化、陆地文化，而且融入了边疆民族文化、中亚南亚的海外文化，使得中原文化逐渐多样化、一体化，也更为丰富多彩。

4. 辐射性

中原地区是政治、经济、文化中心，文化的辐射力、带动力极强，农耕文明具有极强的先进性，不仅影响到中原各地区，而且对周边文化有着极大的影响力，甚至影响到海外。

（二）中原文化要素对构建郑州新区城市形象的作用

1. 中原文化要素是构建郑州新区城市形象的文化资本

任何城市都有其传统，既包括一般意义上的文化传统、风俗习惯等因素，还包括优秀的历史文化，尤其是与人类社会发展相一致的可歌可泣的精神文化，这是城市人格化能够存在的重要精神支柱，是城市的重要文化资本。中原传统文化具有无限丰富的精神特质，悠久的历史沉淀使其潜藏着许多塑造城市文化形象的营养元素，可以利用为郑州新区打造城市形象的文化资本。中原文化要素作为资本形态可以加以运用，还因为它具有稀缺性特点。中原文化有很强的地域性和传承性，以河南为代表的中原地区拥有独特的民情风俗，是宝贵的区别于其他地区的稀有资源。它是基于自然生活环境之上的具有特殊地域色彩的文化符号，中原传统文化被作为稳定的结构整体积淀，还可以被保存与传播，内容不会随着时间和空间的变化而发生太大变化。目前，在世界范围内的有识之士越来越关注城市的无形财富，即开发城市的文化资源，使城市传统文化得到更好的利用。为此，我们应该仔细研究并运用好中原传统文化要素，以便打造郑州新区独特的城市形象，提高城市知名度，形成品牌定位和核心价值。

2. 中原文化要素是体现郑州新区城市个性特色的基础

个性是城市形象塑造的生命，那些没有个性的城市就没有生命力。作为一种特色资源的中原文化要素，具有很强的地域环境和文化的根植性，不易被其他城市模仿与"拷贝"，是推进和塑造郑州新区城市形象发展的极其宝贵的战略资源。一座城市只有保存她固有的特色，在历史和文化的传统上不断塑造以及美化自己，才会具有永恒的魅力。比如埃菲尔铁塔是巴黎城市形象的特色资源，不可能再复制出第二个相同的埃菲尔铁塔，再比如凯旋门也是形成巴黎城市特色的文化资源。其实，一个城市的形象是许多局部形象的综合，是多个意象的结合。凯旋门的形象，不仅能够使我们联想起拿破仑与奥斯特里茨战役，还能使我们联想起法兰西，法国至今仍以他们有这段历史而自豪。同样的道理，中原文化要素有厚重的历史文脉，有强大的民族认同感和凝聚力，能够使我们产生强大的认同感和自豪感。

3. 中原文化要素是构建郑州新区城市形象的重要内容

城市形象包括物质和精神两个层面，无论从哪个层面展现城市形象，首先要展现的是文化意义上的深度和魅力，即文化内涵。中原传统文化要素既是郑州新区的内在底蕴，又能够丰富城市的外在形象，是城市文化发展的核心内涵，是塑造郑州新区城市形象的重要内容。新区城市文化需要在体现城市优秀传统的基础之上，形成富有自身特色的制度文化、物质精神文化和生态环境文化，并以此来强化和升华郑州新区的城市管理理念，塑造整体形象，提高城市文明程度。从某种意义上来说，一座城市的文化形象决定人们对她的整体印象和第一印象，并决定人们是否愿意来该城市的最终决策。郑州新区在城市规划和建设过程中，应立足中原特有的传统文化要素，打造有品位、有文化、有魅力的城市本土文化，凸显出郑州的地方优势，形成区域品牌的身份象征，增强城市的吸引力、影响力和综合竞争力，实现和促进经济与文化的协调发展。

二 中原文化要素在郑州新区城市规划中的运用实例

在郑州新区的城市规划和建设中，有些方面已经很好地体现了中原文化要素，把中原文化中的一些意蕴、内涵或事件运用到区域布局、建筑造型、街道风貌、广场构造等方面，积极地体现了郑州新区在文化和历史维度上的城市个性、城市特色和城市形象。

（一）新区龙湖与 CBD 核心区域规划中，中原文化"龙抱如意"图案的运用

在新区的整体规划中，龙湖地区为一大一小两个环形的规划结构，包括 CBD 中心和 CBD 副中心，两者之间通过弯曲的运河相连接，形成"两心一带"的结构形态。两个卵形中心和略带弯曲的运河结构形成了一个酷似"龙抱如意（古代象征吉祥如意的玉器）"的图案，象征着吉祥、成功与活力。而"如意"这种传统的玉器象征了美好、平安、幸福，是中原文化元素的体现，也是现代化设计与传统文化的结合。"如意"的一端是龙湖高尚住宅区 CBD 副中心，另一端是 CBD 中心。在两个组团之间建立了水文化特征的运河，绿色生态的廊道使组团的建设不仅独立而且一体，道路和运河使得两个中心之间能够保持相互间的密切联系。组团的内部也是一种环形发展态势，各自有独立的中心。在龙湖内部组团的基础上，延续出来魅力突出的运河滨水景观，展现了黄河文化以及水路网发展而来的历史文化景象，这是中原传统文化的延续和表达的有力体现。

（二）河南艺术中心外观造型中巧妙融入了中原文化

河南艺术中心是省级重点项目，位于郑州新区 CBD 核心区，占地面积 10 公顷，建筑面积约 75000 平方米，是河南省最大的艺术中心。艺术中心的功能强大，有 1800 席的大剧院 1 座、800 席音乐厅 1 座、300 席多功能小剧场 1 座，还包括艺术馆、美术馆等，功能区划分明确，内容极为丰富。该建筑是由加拿大著名设计大师卡洛斯·奥特先生设计，由五个椭圆体的长轴汇集于一个

中心，这表达文化的核心地位，意指郑州是中原之中心，是文化的核心地带。其中轴对称正立面是两片翻卷上升的艺术墙，使得现代化建筑的组织结构包含了中国传统建筑的精髓，这种分割和融合让美术馆、艺术馆这两个建筑与剧院形成了相对动静的结合体，并巧妙而自然地划分开来。主入口大平台有6米高，设计气势恢宏的曲面筑体为背景，让所有庆典都具有了古都的王者气派。分解来看，每部分建筑都源自于中原文化的内在要素，五个椭圆体借鉴6500年前古代乐器陶埙造型；艺术墙吸收了黄河水文化的元素，借助波涛翻卷的浪花外形设计，体现了中华文明与黄河绵延不断的悠久历史，是中国上下五千年文明史的有力见证；中间晶莹剔透的装饰柱，则是借鉴了8700年前的骨笛特征而设计的。河南艺术中心的造型特点和主题风貌都吸取和运用了中原传统文化中的具象和抽象元素，实现了中原文化与现代建筑的有机结合。

（三）采用中原文化与现代建筑相结合的思路设计郑州会展宾馆

郑州会展宾馆于2006年12月开工建设，是CBD三大标志性建筑之一。西临河南艺术中心，北侧为中心湖，东临郑州国际会展宾馆。建筑总面积约为24万平方米，由主楼和群楼构成，主楼63层，地下3层，高度为280米。项目设计方案由美国SOM设计事务所与上海华东建筑设计研究院共同组成的团队完成。该项目的设计理念与思路也源于中原文化，古代建筑嵩岳寺塔的建筑理念是灵感来源。嵩岳寺塔距今已有1400年的历史，是我国现存最古老的砖塔之一，是古代建筑技术的表达载体，是中原文化与建筑文明的体现，也是河南与郑州悠久历史的象征。郑州会展宾馆的主楼曲线与嵩岳寺塔基本吻合，通过现代建筑材料、建筑技术使古塔密檐效果展现出来，建筑的平面布局也与古塔平面非常相似，建筑充分尊重和考虑了中原的深厚文化渊源，独特的建筑使之成为中原大地的地标和郑州市名片，是中原传统文化与现代建筑设计完美的结合。

（四）新区CBD中原文化步行街并举"文化大旗"与"商业大旗"

CBD商业步行街位于CBD内环与外环之间，成环状分布，全长约3.6公里，宽51米，分东西两部分，是中原地区最长、规模最大的商业步行街。

CBD商业步行街集旅游观光、休闲娱乐及购物于一体，有效完善CBD的功能及品位提升，致力于打造一条具有中原文化氛围的高层次商业街。最先开发亮相的CBD·东环步行街位于CBD的东半部分，总建筑面积11.7万多平方米，商业建筑面积8.8万多平方米，地下停车场停车626辆，容量大、气魄大。又采取了"三首层、全街铺"的设计概念，使整个街区都是纯正的街铺分割，易多方位、多层面、多内容安排商业，利于形成规模、形成特色。该街集古玩艺术品经营、旅游商品购物、非物质文化保护、现代艺术品批发、餐饮休闲于一体，是促进郑州新区CBD繁荣的领跑者。作为一个新兴的街区，东环步行街具有其他商区所不具备的优势，那就是它独有的地理位置和文化底蕴，它能够与会展和艺术中心相互辉映，共同烘托郑州新区已经成为中原文化的一个象征，也由此吸引越来越多的人来目睹新区的风采，并带动起和集聚起强大的商业效应。该步行街的兴建，是遵循市场运作规则而打造出来的极富文化内涵的商铺集结体，经营具有文化内涵的业务是其一个鲜明的特点，比如着力经营古玩艺术品、非物质文化项目、民间寻宝鉴宝等丰富多彩的传统文化产品和活动，也以此带动一些现代化的商业活动，比如现代艺术品批发和旅游餐饮休闲等活动。目前东环步行街的关注者络绎不绝，接踵而至，因为投资者看中了中原文化的投资潜力。

三 中原文化要素运用在新区规划中存在的问题与不足

从上面的几个实例来看，中原文化要素在郑州新区规划和建设中的运用在一些方面已经有了很好的体现，然而，也存在着问题，整体上的规划建设对中原文化要素的运用还不足够，缺少系统的研究和全局的安排，有些环节和局部也缺乏对中原文化的采纳和把握。

（一）中原文化要素的载体数量较少

郑州新区的核心CBD地区，处处高楼林立犹如钢筋水泥丛林一般，现代化气息很浓厚，给人一种发达现代化城市的印象，和其他现代城市没有明显的区别，呈现出"千人一面"的面貌，缺失了自身特色和传统文化的厚重品味。

尽管也有部分建筑和规划运用了河南的本土元素，但由于数量较少，并不能够充分引起人们的重视以及视觉冲击力。因此，从城市形象树立和开发的角度来讲，应该增加体现中原文化要素的载体，使其形成一定的规模与数量，这样才可以凸显郑州新区的特色与风格。一个城市要想形成风格，需要构建一种氛围，而氛围的形成则需要一定数量的载体。那么，在郑州新区城市规划中，可适当增加具有传统风格的建筑街区、城市景观与城市雕塑等载体的数量，使其达到一定的规模，在视觉上构成冲击力，不至于使自身的特色淹没在现代化钢筋水泥形成的都市丛林中。

（二）主题传达不够直接和明确

郑州新区作为一个有高度聚集性的生存空间，城市规划既要满足群众经济方面的需求，也要满足他们精神、文化、情感方面的要求，使人们产生精神上的归属感与认同感，这就需要在城市景观的设计风格上体现和突出本土文化的特质、特色，这种特色应使普通市民和参观者容易识别。郑州新区的部分建筑虽然体现了中原文化元素，但是却以现代风格为主，主体过于抽象与难懂，如果不做解释，普通市民从外观上很难意识到，更不要说理解以及产生想象。设计的根本原则是直接与易懂的视觉传达，以最直观的方式让受众理解与接收设计的理念与信息。假如设计的载体承载信息过于抽象与复杂，传达的信息就不够明确与直观，这样会使受众产生混淆与迷惑，甚至根本想不到设计者的意图。郑州新区整体上是高度发达的工业化现代设计，设计者应该将中原文化要素融入新区建筑规划当中，并能直观地将这一特征呈现出来，更好地诠释中原城市厚重的文脉历程。

（三）体现中原文化的形式层次不够丰富

中原传统文化光辉灿烂，丰富而厚重，形成非常庞大的体系，在横向（种类上）与纵向（时间上）来看，都蕴含着丰富的内容与宝藏。几件代表性的出土文物仅是历史文化长河中的朵朵浪花，并不能涵盖中原传统文化的全貌。在郑州新区的城市规划当中，到目前为止只是运用了一些出土文物的元素作为建筑设计与规划的灵感与来源，如代表性建筑——河南省艺术中心是现代和传统的完美结合。以出土文物为文化代表打造中原文化品牌和树立城市特色，是高效的品牌推广策略。举个例子，安阳在塑造城市品牌策略上，注重以甲骨文、殷墟等为代表的文化符号宣传，树立起"殷商"古都与文化古城的概念。但是，河南具有丰富的文化遗产与厚重的文化底蕴，只在建筑风格上体现出历史遗迹与出土文物的抽象变形，在层次上仍略显单薄，并不能很好地涵盖中原文化的深度与广度。郑州新区通过中原文化要素构建与塑造城市形象，需要多角度、多层次、全方位地体现出河南的本土文化特征。

（四）城市景观过于单一和西化

郑州新区发展速度很快，很多广场、公园绿地、街道、艺术小品等城市景观建设基本成形。面对如此快的发展速度，城市设计者和规划者并没有研究好城市的文化传统、文化内涵、传统元素以及地域特色，认为只有移植发达国家城市的建筑风格和景观设计样式，才能够紧跟城市发展的趋势。这种城市建设的理念仅仅是注重了城市的外表，会导致内涵不足、精神缺失、千城一面的现象，使城市失去历史和特色。目前郑州市的城区建设中存在这种单一化的趋势，仅仅注重硬质的外部景观的建设，在材料的使用上追求极致，尤其是对现代的石料、花岗岩等硬质材料使用较多，而忽视了林荫、绿地、配套文化设施的建设，软性的文化色彩不足。另外，在道路、标志地段、商业区域等地的景观过于西化，植物配置中也存在西方化现象，在对称排列、树种选用中过于强调欧式的风格，忽视了传统的人与自然、人与人之间和谐的理念，使得刚性的、生硬的建筑完全取代了柔和的、自然的传统建筑风格，上述情况并没有体现出郑州的悠久文明和中原地区的地域文化特色。

四 郑州新区塑造中原文化特色的对策与建议

（一）运用城市雕塑体现城市的人文内涵

城市雕塑是指在城市公共环境中，如城市道路、广场、公共建筑、公共绿等地设置的室外雕塑。城市雕塑是现代的城市环境、城市景观中不可或缺的重要因素，是与城市的宏观环境、微观环境相统一的环境艺术，亦是精神文明建设的重要内容。郑州陆续建设了老城区的"青铜大鼎"，黄河旅游区的"大禹像"、"战马嘶鸣"，城南路的"青铜之光"，东大街的"鼎立之商"，文博广场的铸铁"十八罗汉"等，都是具有中原文化特色的城市雕塑，体现出中原文化和地方特色相融合的特征，极大地丰富和活跃了城市气氛，增强了城市文化品位。尽管这样，郑州市的城市雕塑无论从数量、规模上还是从环境、材质上都落后于国内同等城市，难以满足城市发展与人民生活水平提高的需要。应该尽快增建具有中原文化特色、反映地区特点的城市雕塑，以提升新区城市规划与建设的内涵品味。尤其是在重要的商业区域、路段加强城市雕塑建设，并融入中原文化的要素，让城市雕塑表达郑州城市之魂，凝聚城市的历史与文化，体现着整个城市的精神风貌与综合实力，并以其鲜明的文化特质为城市树立起与众不同的形象，构成美好的生活空间、投资环境与旅游环境。

（二）建设展现中原文化神韵的博物馆、美术馆等文化设施

对于一个城市综合文化水平的考量，博物馆、美术馆的建设水平与数量无疑是一项重要指标。例如博物馆不仅可以满足群众的休闲娱乐需求，而且也能满足群众的求知、咨询等高层次的需要，在城市公共设施中具有独特的一面，是其他城市设施无法取代的。博物馆建筑本身可以作为文化的表达载体，可以成为城市的一道风景线。例如巴黎的卢浮宫博物馆，是世界著名的标志性建筑，它代表着历史文化名城的深厚人文底蕴。在这些城市，博物馆建筑不仅具有较强的实用功能，也更为强调美观与个性。郑州新区的博物馆有省地质博物馆、省艺术中心美术馆，但是数量上难以和其他同类城市相比，甚至远远落后于其他同类城市。为此，必须提高新区博物馆、美术馆等设施的建设程度，突出品格与内涵，追求外观与藏品的统一。馆藏和展览是博物馆、美术馆的立馆之本，定位要以藏品资源特色作为依据，打造特色品牌是确立博物馆、美术馆形象的第一步和根基。藏品也很有讲究，需尽显民族特色、地域特色、时代特色、文化内涵特色、历史和艺术特色。郑州新区在建设博物馆、美术馆上具有得天独厚的优势，拥有中原文化这个全国和全世界都无法复制的历史与文化资源；只要郑州利用好这个资源，建设出独具中原文化神韵的博物馆、美术馆，

绝不是一件困难的事情。应利用中原文化中的重要元素推进博物馆、美术馆珍贵藏品的形象工程建设，使之作为博物馆、美术馆代表的身份走向社会，并将其内涵、特色应用于博物馆品牌建设上，增强大众的认知度，升华博物馆、美术馆的形象与感染力。

（三）针对性地挖掘、重塑和保护历史文物和遗址

郑州新区作为郑州都市区的一个重要部分，应和整个都市区一起有针对性地挖掘、重塑和保护具有重大历史文化价值的历史文物和遗址，和中心城区一起进行规划和设计，进行整体布局，共同构筑历史文化名城。历史文物和历史遗址是历史及其文化的直接载体，通过合理设计的历史文物和历史遗址，可以更直观更直接地展现历史文化和历史精神。根据郑州的历史文化遗产，应对一些重大的遗址进行认真的规划和设计，比如商代都城遗址、大河村遗址、西山古城遗址、裴李岗遗址，对这些具有重大历史题材和文化意义的遗址，可以量材建设遗址公园，深入、全面、具体地挖掘相关的传统文化价值，把这些塑造成为郑州都市区较大规模的历史素材工程。建设小型文化馆或者展示橱窗，把有价值的历史素材和文化内容以及它们体现的精神内涵恰当地展现出来，作为挖掘和重塑的重要准则。对于城隍庙、文庙、碧沙岗北伐战争将士祠、二七纪念堂这样的历史建筑，要加强保护和维修，对于李商隐、魏巍故里碑等这样具有历史亮点的地方，要进行合理的规划和建设，让这些作为历史的触点，融进整个都市区的建设和布局当中，这将非常有利于推进郑州历史文化名城的视觉形象展示系统的构建，既彰显郑州历史文化的深厚内涵，又能体现历史文化的丰富多彩。对于历史文物和历史遗址应挖掘和重塑一些非常鲜明的主题和文化去向。

（四）以传统文化与现代产业的融合发展构筑城市经济文化风貌

郑州新区作为郑州都市区的一个重要核心区，在产业规划上应该和整个都市区一起进行整体布局，联动发展，同时突出郑州新区的新风貌新格调。基于传统中原文化发展产业的思路至少有以下三条：一是有效发展演艺娱乐、艺术品、工艺美术、体育健身和艺术培训等传统产业。基于历史精髓和文化内涵的

产品和产业会更容易焕发出强大的生命力，更能够培植出难以估量的商业价值和知名品牌，会让国际客户源源不断地来到郑州。二是以基于传统文化的产业和产品来带动和促进相关的现代新兴产业的发展，比如带动和促进广播影视、新闻出版、文化创意、动漫游戏、文化会展等新兴产业的发展。有效地利用传统文化优势发展相关的新兴产业，才更有把握在当今的经济大棋局中确立自身的重要地位，城市品牌和城市繁荣才能更有保障。三是以历史遗产保护和文化资源开发并重的方式发展文化旅游产业。在这个方面，需要把郑州都市区以及周边地区的资源统一进行整合，依托黄河、古都、功夫、名胜古迹等资源，推进文化与旅游的融合，打造一批地域特色明显、展现中原风貌、具有国际影响的文化品牌和国际文化交流平台，打造全国乃至世界闻名的功夫文化和禅文化、中华人祖文化、民俗文化等特色文化基地。在发展文化旅游产业的过程中，注意把周边的旅游资源和旅游项目与郑州新区以及都市区的文化旅游开发公司、城市生活和经济中的传统文化元素进行有机的关联，以此推动都市区成为我国重要的旅游集散中心、重要旅游目的地城市和国际旅游名城。

（五）将传统文化融入郑州新区城市建筑

对于郑州新区的建筑特色而言，体现传统诉求，形成具有中原传统文化特色的建筑是最好的方法。历史传统文化的存在会对当代建筑产生不可忽视的影响，中原文化在建筑中的体现（比如传统的建筑观、环境观、空间观、审美观，以及某些设计手法与理论等），其中积极的以及能够超越时空至今仍然有生命力的东西依然能为我们提供新鲜的创作思维。中原传统文化不仅仅是一种"形式资源"，更是一种"思想库存"，这对郑州新区建筑特色的形成能够起到巨大的作用。我们在规划和设计的过程中，应该积极借鉴和吸收中原传统文化的精华，使其作用于现代城市建筑，创造出既具有中原文化特色、又符合时代精神的建筑作品。比如郑州会展宾馆把嵩岳寺塔的造型融入现代建筑的做法，就是一个很好的实例。此外，对于中原文化中的名家大师、传统故事、具有代表性的历史事件等要素，应该构建专门的建筑形式以充分展示丰富的有价值的历史，这都能使郑州新区城市空间展现出文化风采，在城市中显示历史长河中闪耀过的光辉，使城市环境和风貌更有情趣，城市形象更具魅力。

（六）运用丰富的文化要素打造郑州新区城市景观

城市景观是指城市建设中包含的自然要素、人工要素和人文要素反映出来的城市视觉形象。郑州城市的文化要素丰富，不仅具有社会生活、文化传统、风俗习惯等人文要素，而且地貌特征、气候气象、植被和水体等自然要素丰富，这些都是人们在长期的社会实践当中产生的历史文化积累与积淀。郑州新区目前阶段的规划缺乏传统意义上的城市景观，自然景观始终是东西方园林创作的借鉴素材，但是西方传统园林的规则认为自然不完美，需要经过人工的加工和设计才能够达到完美的境界，所以其强调园林中人工痕迹的表达。而我国传统景观思想追求的是"天人合一"的境界，寻求人与自然的和谐相处，植物和山石讲究自然状态或顺势的修饰。然而遗憾的是，只在CBD核心区域的部分景观运用了这些传统的设计理念，其他部分仍然采取西方的景观设计。此外，景观设计中植物的选取上应该增加竹、松、梅等传统植物，使景观具有更浓厚的人文特色和传统内涵。

B.15
以科技驱动郑州文化传承创新发展

刘晓慧[*]

摘　要：

　　随着文化产业发展模式的转变，郑州市要实现文化与科技的融合发展，就要从根本上转变思想观念，创新体制机制，寻求发展新途径。本研究总结了郑州文化与科技融合的基础与现状，提出了文化与科技融合的思路、任务与对策，切实推动文化产业发展方式转变，实现郑州市文化的传承创新发展。

关键词：

　　文化与科技　融合发展　科技驱动　创新引领

随着经济全球化、信息化和数字化的发展，科技成为推动文化发展的核心动力。文化与科技融合成为文化竞争力和科技竞争力共同提高的新形态和新趋势。党的十八大报告提出，要促进文化和科技融合，发展新型文化业态，提高文化产业规模化、集约化、专业化水平。文化与科技融合成为新时期我国文化产业发展的主导模式和攻坚方向。促进文化与科技的有机融合，实现科技与文化的协同创新，既是贯彻落实十八大精神的重要任务，也是新时期文化和科技工作共同面临的新机遇、新挑战。郑州历史悠久、文化灿烂，是华夏文明的重要发祥地之一。作为郑州主要文化组成的嵩山文化、黄河文化、黄帝文化、商都文化、少林文化、河洛文化，为华夏文明的创立与辉煌做出了突出的贡献。但郑州文化软实力与华夏历史文化传承创新核心区建设的要求仍有差距。走创新引领、科技驱动的文化与

---

[*] 刘晓慧，黄河科学学院讲师。

科技深度融合之路，是郑州加快提升文化软实力、打造华夏历史文化传承创新核心区的现实要求。

一 文化与科技融合的内涵与意义

（一）内涵

文化与科技相辅相成、相互作用，成为推动我国经济发展的重要力量。科技创新为文化发展提供技术支撑，文化发展对科学技术提出创新需求。文化与科技融合就是通过将各类文化元素、内容、形式和服务，与科学技术的原理、理论、方法和手段的有机结合，提升有关产品的价值与品质，形成新的内容、形式、功能与服务，更好地满足人民物质文化需求的创新过程。文化与科技的融合包含两层含义：一是利用现代科技，特别是高科技成果来提升传统文化产业；二是推动文化内容和科学技术的融合，创造新型文化业态，包括数字娱乐、网络文化、移动多媒体和动漫游戏等。当前，科技已交融渗透到文化产品创作、生产、表现、传播、消费的各个层面和关键环节，文化与科技融合的态势逐渐凸显，二者融于一体支撑我国经济社会发展的作用日益增大。

（二）意义

1. 是传承创新华夏历史文明的战略选择

2011年，国务院将建设华夏历史文明传承创新区作为中原经济区五大战略定位之一。郑州是中原经济区的核心增长极，在华夏历史文明传承创新区建设中将起到龙头作用。河南省政府提出，郑州市要打造华夏历史文明传承创新核心区。华夏历史文明传承创新核心区建设，贵在历史文化的传承，重在立足于传承基础上的创新。技术创新是华夏历史文明创新的关键。在历史文化资源开发、储存以及文化遗产保护中广泛融入动漫、3D、数字技术等现代高科技，能够使历史文化资源重新焕发时代光彩，创新历史文化传承载体与形式，增强中原文化的感染力、表现力、传播力、影响力、亲和力，塑造华夏历史文化品牌，构建华夏历史文明传承创新体系。华夏历史文明传承创新核心区建设对郑

州文化发展提出了更高要求。文化与科技融合是郑州文化发展最重要的切入点和突破口。

2. 是加快城市转型发展的现实需要

《国务院关于支持河南省加快建设中原经济区的指导意见》提出，要增强郑州综合服务功能，提升高端要素集聚、科技创新、文化引领能力，建设中部地区重要的区域性经济中心。《中原经济区郑州都市区建设纲要（2011～2020）》中提出，"把郑州建设成为最佳人居城市、中原经济区核心增长区、中部地区重要的中心城市，建成具有世界影响力的国际旅游城市和历史文化名城"。这都要求郑州要加快城市经济转型，提升城市文化软实力。文化与科技相互促进、相辅相成，共同形成城市的创新力、竞争力、凝聚力，为城市文化精神注入刚劲有力的生长力。加快文化与科技融合，有助于解决低密度蔓延的城市空间扩张问题，优化城市空间布局，创新城市形态，带动城市实现"精明增长"。

3. 是增强文化产业核心竞争力的重要途径

文化与科技融合在增强文化产业核心竞争力中发挥着重要作用。结构合理是文化产业核心竞争力的重要体现。郑州在出版发行和版权服务、广播、电影和电视服务、文化用品生产等传统文化产业领域具有优势，新兴文化业态刚刚崭露头角。科技创新是文化产业形态演进发展的催化剂。科技进步推动了对传统文化产业的改造升级，文化内容与信息技术、网络技术、数字技术的有效对接不断催生新兴文化业态。文化与科技融合将有效整合郑州科技资源和文化资源，提高文化企业装备水平和文化产品的科技含量，强化文化产品的艺术表现，占据文化产业链的研发、设计、服务品牌等重要环节，加快转变文化产业发展方式，增强文化产业核心竞争力。

二 郑州市文化与科技融合发展的现状分析

随着文化体制与科技管理体制改革的不断深入，郑州文化与科技融合发展取得了重大成就，科技生产力在文化领域的作用日益显著，新兴业态加快发展，政策环境有效改善，推动了文化与科技的发展繁荣。

（一）取得的成效

1. 园区载体不断壮大

第一，文化科技产业基地高标准建设。在郑州新区中牟产业园建设的郑州华强文化科技产业基地，是2012年河南省重点文化产业项目之一。该基地由深圳华强集团有限公司投资，主要建设两个大型文化科技体验区（动漫文化体验区和科幻文化体验区）、四个文化科技相关产业基地（创意基地、动漫基地、特种电影基地和游戏软件基地）以及旅游商业小镇、大型演艺中心、旅游配套酒店等商业配套设施，致力于打造成为一个拥有自主知识产权，具有国际影响力和竞争力，集创意、研究、生产、销售于一体的国际一流文化科技产业基地。第二，文化创意产业园区发展迅速。金水文化创意产业园是河南省首个文化创意产业园区，是我国中部地区第一个以时尚创意设计为主导的创意产业园区，也是全国十大创意产业最佳园之一。该园区建设了展演中心、艺术中心、创意SOHO、创意市集以及郑州市科技文化（创意）平台，汇集了省内外优秀的展演、设计、策划各路文化产业精英，入驻创意设计、动漫游戏、现代传媒等创意产业企业超过50家，培育了一批具有自主知识产权和较强创新能力的成长型文化创意企业，产业集聚效应已经初步显现。

2. 特色文化数字化亮点凸显

新郑市图书馆特色文化数字网是中原首家县（市）级特色文化数字图书馆，成为郑州基层图书馆建设的新亮点和公共文化服务体系创建的新窗口。新郑特色文化数字网依托当地特色文化资源，包括黄帝文化、裴李岗文化、郑韩文化、新郑历史名人、具茨山岩画、非物质文化遗产、旅游文化、大枣文化、古籍书目、地方文献和当代特色文化11个数据库，展现了新郑当代特色文化的魅力。这一数字网不仅全面系统记录了新郑悠久的历史文化，也为人们研究、开发、利用中华根亲文化提供了可靠的渠道。

3. 科技创新能力显著增强

近几年，郑州深入实施"科教兴郑"、"人才强市"和"可持续发展"战略，全面加快国家创新型城市建设，科技创新能力明显增强。目前，郑州拥有高等学府39所，科研开发机构190个，各类专业技术人才43.6万人，全市大专以上文化程度人数占全市总人口的8.27%。"十一五"以来，郑州共获得省级科技进步一等奖4项，二等奖65项，三等奖75项。2008年，被列为"中国城市综合创新实力50强"；2009年，郑州市荣获"国家知识产权示范城市"称号，进入国家科技进步示范城市行列；2010年被国家批准为"创新型示范试点城市"。构建了技术交易、大型科学仪器共享、科学数据资源共享、科技企业孵化等十大科技公共服务平台，建立了65家产学研合作基地，实施了110项重大科技成果转化项目。

4. 民营企业迅速壮大

郑州市顺应文化与科技日益紧密结合的时代潮流，涌现出了一批先进的民营文化科技企业。郑州民营文化科技企业优势突出，强势而充满活力，投资建设了重大文化科技项目。如河南小樱桃集团承建了国家动漫产业发展基地（河南基地），河南弘驰实业发展有限公司投资建设了郑州金水文化创意园，郑州华强文化科技产业有限公司建设了华强文化科技产业基地。河南小樱桃动漫集团，目前是河南产业链最完整、规模最大的动漫龙头企业，是国内首家跨地区、跨行业、跨媒体、跨所有制的动漫企业集团。

5. 政策环境有效改善

2007年，郑州被中央定为全国第二批文化体制改革综合试点地区。近几年，为根除文化发展在体制机制上的弊端，郑州加大了文化体制改革的推进力度，先后出台了《关于进一步深化文化体制改革，加快文化资源大市向文化强市跨越的实施意见》、《关于创新文化产业发展促进机制的意见》、《关于扶持动漫产业发展的若干意见》、《关于文化创意产业项目用地的实施意见》等配套政策，制定了《郑州市文化产业发展纲要规划（2012~2020）》、《郑州市"十二五"文化创意产业发展规划》、《郑州市"十二五"时期文化改革发展规划纲要》和《打造郑州市国家文化动漫创意中心实施方案》，搭建了文化产业领域与金融领域的创新型平台——郑州文化艺术品交易所。

（二）存在的主要问题

"十二五"时期，文化科技发展呈现新趋势，我国文化科技发展正处于大有作为的重要战略机遇期与跃升期。面对新的形势，必须清醒地认识到，郑州文化科技发展仍存在一些薄弱环节和深层次问题。

1. 重视程度不够，融合意识不到位

郑州对文化与科技融合的重要作用和巨大潜力认识不足，深度融合意识不到位，停留在概念阶段，"两张皮"的现象比较严重，未能抢占文化产业的制高点。而文化与科技融合已经成为深圳文化产业发展的主导模式。与先进城市相比，郑州大部分文化产品的科技含量不高，文化产业对高科技的运用明显不足，文化与科技融合起步晚、规模小、实力弱，与郑州作为中原经济区核心增长极的地位不相称。政府和企业要认识到科技在文化产业发展中的重要地位和作用，提高文化企业和文化产品的科技含量。

2. 增加值比例较低，发展规划相对滞后

2010年，郑州市文化产业核心层、外围层、相关层实现增加值之比为59.09∶14.51∶26.40，代表文化与科技相结合的新兴文化产业（外围层）增加值比例仅为14.5%。而2010年，长沙文化产业三个层次增加值之比为20.0∶41.6∶38.4，长沙外围层增加值比例超过了30%，深圳和上海外围层增加值比例更是超过了50%。科学规划是培育文化科技产业的有力保障。但郑州还缺少经过科学论证的文化与科技融合战略规划，产业布局不尽合理，盲目性和随意性较大。

3. 专业人才匮乏，体制机制不顺

郑州文化科技领域从业人员的数量、素质和结构不能满足发展需要，尤其缺乏既通晓高科技又熟谙文化的复合型人才、优秀的经营管理人才和高层次人才。专业人才匮乏导致郑州文化原创能力不强，科技成果与文化领域结合不够紧密，中原文化与高科技融合的文化精品不多，未能参与规则、标准的制定。郑州文化体制改革起步较晚，长期以来体制的束缚使得文化与科技行政界限和行业鸿沟依旧存在，没有建立科技与文化行业主管部门的会商协调机制，相关部门存在职能相互交叉、融合不足的问题。

4. 产业集中度不高，资源优势分散

郑州具有知名度、影响力、带动力的大型骨干文化科技企业缺乏，中小文化科技企业居多，市场竞争力和创新能力不强；国有文化科技企业综合实力不强，民营文化科技企业"小、散、弱"较为普遍，经营分散、集约化程度不

高。郑州文化科技企业数量、规模、效益、品牌和活力等与郑州都市区建设的要求仍有较大的差距，文化科技企业的质、量的双向提升迫在眉睫。

5. 融资渠道不畅，扶持投入偏少

融资渠道少、资金不足是制约郑州文化与科技融合发展的瓶颈。由于郑州文化科技企业以中小企业为主，缺乏可抵押资产、无形资产价值可信度不高，难以有效地通过信贷渠道从银行获得资金。受到企业规模、赢利状况的限制，郑州中小文化科技企业难以通过上市获得发展所需资金，也难以获得风险投资。郑州对文化与科技融合扶持投入力度不够，金融政策和资本市场方面的支持也较为乏力，导致文化企业科技创新动力不足，原创能力和关键共性技术研发能力不强。2010年，郑州市本级文化总投入同比增长8.5%，文化投入的增长不及经济增长的60%。今后，郑州要大力改善文化科技领域的信贷服务和融资环境。

6. 资源开发不合理，知名品牌较少

郑州是中国八大古都之一，文化资源独具特色，嵩山文化、黄河文化、黄帝文化、商都文化、武术文化等本土文化更是当今中华文化的重要组成部分。然而当前，郑州的这些本土文化资源没有得到充分的挖掘和利用，有的资源利用甚至出现弱化现象，缺乏系统超前、视角独特的产业开发。与郑州所拥有的资源优势相比，郑州文化产品知名品牌不够多，影响力不够大，集聚资源的能力不够强，这直接制约了文化产业竞争力的提高。

三 推动郑州文化与科技融合发展的目标与任务

以科学发展观为指导，以转变发展方式为主线，以改革创新和科技进步为动力，以满足人民群众文化需求为导向，以重大文化科技项目为抓手，以高素质文化科技人才队伍为保障，坚持政府规划、园区承载、平台支撑、集群发展，提升文化科技创新能力，攻关重点文化科技创新领域，构建公共服务平台和支撑体系，加快体制机制创新，实施重大项目带动战略和知名品牌带动战略，建设国家级文化与科技融合示范基地，形成文化科技园区、企业、平台联动发展的良好格局，使文化与科技融合成为郑州都市区文化软实力的硬支撑，打造在全国有重要影响的、地域特色鲜明的区域性文化科技融合中心。

（一）战略目标

到 2015 年，科技人员占文化产业从业人员的比例达到 10%，科技型文化项目占文化产业总项目比例达到 20%，科技对文化的贡献率达到 50% 以上；建成 6 个文化与科技融合示范园区，培育 60 个文化和科技融合示范企业，重点扶持 8 家骨干文化科技企业，实施 80 个重大文化科技创新项目，培养 2 万名以上文化科技人才；重点文化领域科技支撑水平显著提升，文化科技创新体系初步建立，实现郑州市"十二五"文化产业发展目标，文化产业增加值占 GDP 比重达 6% 以上，成为郑州市重要的战略性新兴产业和国民经济支柱性产业，文化与科技融合成为郑州市文化产业增量的主体部分，成为郑州市经济结构调整的重要引擎。

到 2020 年，文化产业增加值占 GDP 比重达 8% 以上，高素质文化科技人才队伍发展壮大，文化科技创新体系得到完善，文化科技创新能力显著提升，文化与科技融合示范基地建设取得明显成效，成为带动中原经济区转型升级的文化产业核心发展区和引领中部、示范全国的文化与科技融合示范高地，进一步提升文化产业在经济发展中的支柱产业地位，使文化与科技融合成为郑州作为华夏历史文明传承创新核心区的主导发展动力和核心竞争优势，推动郑州建设中部最具影响力、全国一流、国际知名的"文化之都"。

（二）重点任务

1. 文化与科技融合示范基地建设工程

按照"政府引导、市场运作、科学规划、合理布局"的原则，以文化科技资源为依托，以文化科技成果产业化为方向，重点依托华强文化科技产业基地、金水文化创意园区和国家动漫产业基地，大力发展文化创意、数字娱乐、数字出版、动漫游戏、移动多媒体等新兴产业，争创国家级文化与科技融合示范基地。发挥政府、园区管理者、中介咨询机构等各方力量，加快各类文化创新要素集聚融合，加快各类创新创业政策的先行先试。加快科技成果在文化领

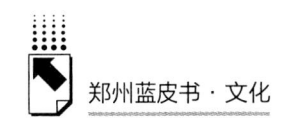

域的广泛应用，加强数字内容、创意设计、动漫、网络媒体等领域核心技术的研发，建立以文化科技企业为主体、市场为导向、产学研相结合的技术创新体系。把实施重大文化科技产业项目与建设文化科技产业集聚区结合起来，培育科技含量高、创新能力强的特色文化产业集群，形成集"创、研、产、销"于一体的文化科技产业链。

2. 文化与科技融合服务平台建设工程

宣传公共服务平台共建共享理念，采取"政府扶持、市场运作、企业支撑、社会参与、国际合作"的模式，积极搭建文化和科技融合公共服务平台，实现资源共享。第一，建立技术创新平台。培育以企业技术创新中心、产学研战略联盟、技术创新战略联盟为核心，以重点园区（基地）和龙头企业为依托，以科研院所和高校为重要支撑的文化科技创新体系。支持骨干企业建设重点实验室和工程（技术）研究中心，鼓励文化科技企业与高校、科研机构联合开展关键技术研发和创新平台建设，建立产学研一体化和利益共享、风险共担的运行机制及协作联盟。第二，建立展示交易平台。办好国际少林武术节、亚洲艺术节、黄帝故里拜祖大典、中原动漫嘉年华、郑州书博会和中国印刷包装产品博览会等大型文化活动、文化会展，打造郑州市文化会展品牌，为文化科技企业产品和技术的展示、推介、交易、贸易提供良好平台。发展壮大文化产权交易、高新技术产权交易，打造文化科技成果供需对接平台。第三，建设投融资平台。充分发挥郑州文化产业发展专项资金和郑州市科技型中小企业技术创新基金作用，带动社会资本、金融资本参与文化科技研发和产业化。第四，建设信息交流平台。重点建设文化科技信息网站和小微型企业网站，为中小文化科技企业提供创业、营销、知识产权保护等全方位咨询服务。

3. 文化科技企业培育工程

发展壮大中原报业传媒集团等国有文化科技企业，通过联合、兼并、重组和股份制改造等形式，组建跨地区、跨行业、跨所有制、跨媒体的大型文化科技企业集团，培育一批创新能力强、拥有核心技术和自主知识产权的骨干文化科技企业。建设动漫、网游等文化科技企业孵化器，革新科技创新与创业扶持的服务模式，大力扶持中小文化科技企业、小微文化科技企业和个体文化科技创业者，引导中小文化科技企业走"专、尖、特、新"的道路。加大招商引资力度，积极引进国内外知名的文化科技企业，使郑州的文化科技产业的创新理念、营销模式、管理手段与文化科技产业发达地区同步。认定中原报业传媒集团、河南小樱桃动漫集团公司、河南华豫兄弟动画影视集团、河南超凡影视制作公司、河南天乐动画影视发展公司、郑州华强文化科技产业有限公司、郑州小小说文化传媒有限公司、河南省瑞光印务股份有限公司等八家企业为郑州市首批文化与科技融合示范企业，充分发挥示范企业在技术创新和模式创新的带动作用，构建以示范企业为核心、大型文化科技企业集团与中小文化科技企业分工合作、优势互补、协调发展的创新型产业集群，加快形成完整的产业链。

4. 文化科技人才高地建设工程

树立文化科技人才是文化与科技融合发展第一资源的理念，制定文化科技人才专项规划，建立和完善人才培养、引进、交流、激励的长效机制，使郑州市文化科技人才能够"出得去、留得住、进得来"。一是完善人才培养机制。探索产学研合作的人才培养模式，支持郑州大学、河南省（郑州市）社会科学院等高等院校、职业院校、科研机构与产业园区联合建立文化科技人才培养基地，培养掌握现代科技、通晓传统文化的优秀专业人才以及懂经营善管理的复合型人才。二是创新人才引入机制。通过郑州大学等高校的博士后流动站大力引进动漫游戏、设计制作、新媒体应用、文化创意、网络服务等高等专业人才，采取咨询、讲学、聘用、签约、项目合作等方式面向国内外引进高层次人才、领军人才、跨界人才和创新创业团队，制定引进文化科技人才的优惠政策，建立文化科技人才进郑州"绿色通道"。三是建立人才交流机制。鼓励和组织文化科技人才到文化发达地区的知名高校、研究机构进修学习，参加文化产业高峰论坛，加强人才交流互动。四是建立人才激励机制。设立郑州市文化科技人才资助、奖励基金，重点奖励文化科技领军人才、海外人才、青年英才，加快建设中原文化科技人才高地。

5. 文化与科技融合产业创新工程

将增强自主创新能力作为文化科技发展的战略基点，建立以企业为主体、市场为导向、政产学研相结合的技术创新体系，大力推进原始创新、集成创新和引进消化吸收再创新。鼓励企业建立文化和科技融合技术研究中心、技术创新战略联盟及创新平台，在高等院校、科研院所整合支持一批文化和科技融合的国家重点实验室、国家工程（技术）研究中心，跟踪文化领域战略性前沿技术和核心技术，攻关文化内容创作、生产、管理、传播与消费等共性关键技术，增强文化领域共性技术支撑能力；研究文化遗产保护开发、知识产权保护、文化安全监管、文化诚信评价等文化管理共性技术。以数字技术、软件技术、新一代移动通信、下一代互联网、云计算等先进技术支撑文化装备、软件、系统研制和自主发展，加强对中华传统文化资源数字化保护和开发利用，促进影视制作、出版发行等传统文化产业与数字技术、信息技术和网络技术等高新技术加快融合发展，推进以数字内容为主的手机电视、网络电视、数字出版、网络出版、版权贸易服务、动漫游戏等新兴文化业态在郑州发展，提高动漫、网游、出版、传媒等领域文化企业的技术装备水平和文化产品的科技含量。突出产学研相结合和创新、研发、生产和销售一体化的互动机制，坚持科技手段创新和文化内容创新相结合，统筹内容优势和科技优势，创新商业运作模式。

6. 文化科技品牌建设工程

郑州要依托丰富的文化科技资源，实施文化科技品牌战略，全力打造一批具有较大影响力、带动力的知名文化科技品牌，将文化科技资源优势转化为文化科技品牌优势。充分利用广播、电视、网络、手机等多样化的文化传播媒体，积极参加高层次的文化论坛、文化节日、文博会，尤其是深圳文博会和北京文博会，推广郑州文化科技品牌整体形象，推介郑州典型文化科技产品品牌、企业品牌和园区品牌。通过举办黄帝故里拜祖大典、国际少林武术节、亚洲艺术节、中国印刷包装产品博览会、中原动漫嘉年华、郑州图书交易博览会等大型文化活动，对郑州文化科技品牌进行高品位策划、包装、推介，进一步提升"小樱桃"、"快乐星球"、"小小说"的影响力，着力打造地域特色鲜明的优势文化科技品牌。引导文化科技企业增强品牌意识，有计划地选定一批文化科技企业作为争创河南名牌的重点扶持对象，加快打造一批科技含量高、核心竞争力强的文化企业品牌、产品品牌和服务品牌，带动文化与科技深度融合发展。运用高科技手段创作具有时代感、现代思维的动漫精品，全力打造一批拥有自主知识产权的知名动漫品牌，形成集动漫、杂志、图书和衍生品开发于一体的完整的动漫文化产业链，抢占动漫文化产业高地。

7. 文化数字化建设工程

加强"数字郑州"建设，推进文化资源数字化，建设数字化公共文化服务网络，在全国率先建成无线城市，方便城乡居民文化生活。开展网络传播、新媒体集成管理、云服务等数字技术的集成应用研究，加快建设省数字图书馆、数字博物馆、数字美术馆、文化遗产数据库等公共文化数字化网络化服务平台，建设面向互联网和移动互联网的新型数字内容投送系统，扩大公共文化服务的影响力和覆盖面，推动公共文化服务走在中原经济区前列。大力发展数字影视、数字音乐、数字出版、数字印刷、数字发行，积极推动文化生产的数字化转型。认真做好农村文化大院、农家书屋、乡镇文化站数字化建设工作，开展农家书屋数字化阅读服务试点，推动农村电影数字化放映，开展网络等多形式的全民阅读活动，推进农民工电子阅览室建设，搭建全市公共文化服务信息集成发布平台。

8. 现代传媒体系建设工程

党的十八大报告提出，要构建和发展现代传媒体系，提高传播能力。科技与传媒历来紧密相连，现代传媒与科技进步相互依存、相互促进，谁占有先进科学技术，谁就占有传媒的制高点。要认真贯彻落实十八大精神，依托现代技术改造文化传媒的渠道、方式和手段，加快构筑传输快捷、双向互动的现代传媒体系，提升文化传播和输出能力。积极发展移动多媒体、网络广播影视、手机广播电视等新兴媒体，加快郑州报业数字化进程，培育《郑州大民生》、《今夜不寂寞》、《711快递》、《早餐可乐》等品牌栏目、品牌频道和品牌频率，切实提高广播电视领域的自主创新能力和技术装备水平，提高媒体的传播力和影响力，推动优秀文化产品数字化、网络化传播。加强郑州日报、郑州晚报、中原手机报、郑州电视台、郑州人民广播电台、郑州文化产业网和中原网等媒体资源整合，推进媒体互动和联合，实现报纸出版和新媒体出版的无缝对接，抢占现代传媒体系的制高点。要构建文化与科技融合媒体宣传平台，增强各界文化与科技融合意识，抓紧培养善于开拓文化新领域的拔尖创新人才、掌握现代传媒技术的专门人才、懂经营善管理的复合型人才。

B.16
全面深入推进文化体制改革 为文化繁荣发展创造良好体制机制条件

"全面深入推进文化体制改革 为文化繁荣发展创造良好体制机制条件"课题组

摘 要：

2012年郑州市全面深入推进文化体制改革，通过加强组织领导，克难攻坚，务实推进，文化体制改革取得了重大进展。2013年文化体制改革又面临着新形势、新任务，进入总结、完善、提高的新阶段，必须进一步改进文化体制改革的工作方式和方法，把握好文化体制改革的着力点，促进文化体制改革发展各项配套政策的落实和完善，以全面推进郑州市文化体制改革，促进文化繁荣发展再上新水平。

关键词：

郑州 文化体制改革 对策建议

2012年郑州文化改革工作全面深入推进，取得新的重大突破和进展。全市文化体制改革在党的十七届六中全会精神和十八大精神指引下，认真贯彻落实中央、省委省政府和市委市政府的改革部署和有关要求，基本完成了阶段性的改革工作任务、实现了改革工作目标，进一步促进了全市文化建设的发展。

一 克难攻坚，文化体制改革完成阶段性工作任务

郑州市文化体制改革从2005年开始安排部署，经过7年的大力推进，到2012年完成了中央和省委省政府要求的阶段性的改革任务，也就是在党的十八大召开前，基本完成国有经营性文化单位转企改制，基本完成文化市场综合

执法改革，基本完成有线电视网络整合，为进一步深化改革、推动文化大发展大繁荣奠定坚实的基础。完成中央明确的文化体制改革任务成为2012年全市文化改革发展工作最突出、最鲜明的特点，2012年10月全省召开文化体制改革工作表彰大会，郑州市1家单位荣获全国文化体制改革工作先进，1个县市、5家单位、6名同志被评为全省文化体制改革工作先进。

（一）加大了文化体制改革推进力度

2012年，市委常委会、市政府常务会议多次听取文化体制改革工作汇报，研究文化体制改革的议题，市委、市政府主要领导就改革工作做出明确指示，进一步明确了改革的路径和配套政策支持。按照中央和省文化体制改革和发展工作领导小组调整情况，将郑州市文化产业发展和文化体制改革工作领导小组更名为郑州市文化体制改革和发展工作领导小组，由市委副书记担任组长，常务副市长、宣传部长和主管文化的副市长担任副组长，并明确了郑州市文化体制改革和发展办公室的工作职责，进一步加强了对文化改革发展工作的组织领导。市委、市政府还专门成立了市文教卫体工作领导小组，市委、市人大、市政府、市政协分管领导分工负责，统筹协调文化建设各项工作。各县（市）区、市直各部门进一步加强了对文化改革发展的指导和管理，有4个县（区）成立文化产业发展办公室。为了更好地推进改革工作，市文改办组织人员先后到新乡、开封、杭州学习考察文化体制改革工作做法，同时学习借鉴了成都、太原、广州、嘉兴等市的做法和经验，确保改革少走弯路。

（二）完成了经营性文化单位转企改制

经营性文化单位转企改制是文化体制改革的难点、重点，郑州市影剧公司和影剧院1998年转制，郑州市新华书店和郑州市杂技团2009年转制，由于"老人老办法、新人新办法"的职工安置和社会统筹政策不具体，职工的社会统筹关系续接一直没有处理到位。为了完成国有文艺院团和非时政类报刊出版单位改革，郑州市结合实际，认真调研，学习外地做法，务实推进改革，落实具体配套政策，市委办公厅、市政府办公厅联合印发了《关于深化市属国有文艺院团和非时政类报刊出版单位改制的总体方案》，明确改革路径和人员安

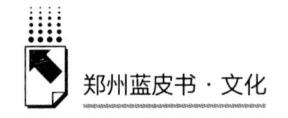

置、财政支持政策。特别是按照"老人老办法、新人新办法"的原则,解决好改制单位"老人"按事业标准退休和按企业标准退休的待遇差问题,改革得到了单位和职工的理解和支持。同时,市财政加大对改制单位的扶持,通过注入公司注册资本金、购买文化服务等方式加大财政对改制单位的支持,调动了单位改革的积极性,保证了改革平稳顺利推进到位。市属国有文艺院团采取一团一策的办法,郑州歌舞剧院、郑州市豫剧院、郑州市曲剧团等转企改制,分别成立了新的公司;新郑市、登封市、荥阳市、巩义市、新密市和中牟县所属的6家豫剧团撤销,分别组建豫剧艺术传承和研究单位。对百花园杂志社和郑州广播电视报社两家非时政类报刊出版单位实行了转企改制,分别成立了郑州小小说文化传媒有限公司、郑州广播电视报社有限公司。对新成立的郑州小樱桃杂志社进一步理顺了管理体制,理清了产权关系,增强了发展活力和市场竞争力。同时,按照这次改革"老人老办法、新人新办法"的人员安置和社会统筹关系续接政策,及时协调研究了郑州市新华书店改制后的人员安置问题,形成了一致意见,为进一步解决好以往改制单位的遗留问题积累了经验。

(三)完成了有线电视网络整合和电台电视台合并

一是关于有线电视网络整合。有线电视网络整合是国家信息化进程和三网融合的必然趋势,改革的难点在于整合方式。原郑州市经营管理的市区有线电视网络已于2009年出售给河南省有线电视网络公司,实现了郑州市区一城一网。这次整合是针对县域有线电视网络,郑州市共涉及6个县(市)和上街区。这次整合的方式是,省里成立河南省广播电视网络股份有限公司,各县(市)以其拥有的有线广播电视网络资产入股加入该公司,并成立分公司,各县(市)对本县有线广播电视网络资产拥有合法的所有权和处分权,但有线广播电视网络纳入全省统一规划、建设、管理和运营。这种整合方式确认了县(市)对本级政府投入的有线电视网络的所有权,得到了地方的认可。到2012年8月,郑州各县(市)、上街区与河南广播电视网络股份有限公司签署整合协议,清产核资、资产人员移交具体工作按程序推进。二是关于电台电视台合并。郑州现有的郑州人民广播电台、郑州电视台在2005年对原两家广播电台和三家电视台整合基础上成立的。这次电台电视台合并是河南省委、省政府安排的 2012 年年底前必须完成的硬性改革任务。郑州市结合实际，充分学习借鉴全国省会城市和省内其他省辖市电台电视台合并的做法，市委常委会专题研究郑州人民广播电台、郑州电视台合并工作，两台合并后成立郑州广播电视台，属郑州市委宣传部管理，呼号暂保持不变。

二 面向未来，文化体制改革迎来新的形势和新的任务

2013 年是全面贯彻落实党的十八大精神的开局之年，是实施"十二五"规划和郑州都市区建设"三年行动计划"的关键之年，也是文化体制改革完成阶段性工作任务后进一步深入推进的第一年。文化体制改革进入新的历史阶段，迎来了新时期的新任务。

（一）文化体制改革进入与全社会各领域改革共同推进的新阶段

就整体改革的形势来讲，从党的十六大到十八大召开前的 10 年，尽管各个领域也都在推进改革，但相比而言，文化体制改革力度更大、成效也更为突出，从文化宏观管理体制到微观运营机制，从政府文化职能转变到国有文化单位体制机制创新，从文化市场的管理到文化发展政策的制定出台，再到横向的和纵向的国有文化资源的整合等，文化体制改革全面深入推进，并取得了明显的突出成就，为郑州市文化大发展大繁荣催生内在的体制机制动力，一批国有文化市场主体相继建立，一大批民营文化企业加快发展，全市文化产业得到了前所未有的发展。

党的十八大提出了到 2020 年全面建成小康社会在经济建设、政治建设、文化建设、社会建设、生态文明建设上的目标，同时提出了到 2020 年经济体制、政治体制、文化体制、社会管理体制、生态文明制度建设的改革目标。这就表明，在科学发展观的指导下，文化体制改革将与其他领域的改革共同推进。文化体制改革的总体设计、总体规划的目标将更高、更全面，文化体制改革将更加注重科学性、协调性和针对性，文化体制改革的各项配套政策将更加有效得力，文化体制改革也必将全面、深入、加快推进，文化体制机制的全面创新也必将带来文化的创新、创造、创意进入新的历史时期。

（二）文化体制改革进入总结提高的新阶段

2013年全市文化体制改革总的来讲，要在总结过去改革经验和做法的前提下，提高改革的质量，增强改革的效果，把文化体制改革进一步引向深入，加快推进文化科学发展。党的十八大指出：要深化文化体制改革，解放和发展文化生产力，发扬学术民主、艺术民主，为人民提供广阔的文化舞台，让一切文化创造源泉充分涌流。2013年1月4日，中共中央政治局常委、中央书记处书记刘云山在全国宣传部长会议上指出："要在更高起点上深化文化体制改革，加强顶层设计、总体规划，提高改革措施的科学性协调性，推动文化实现科学发展。"落实这样的要求，就需要认真总结2005年以来郑州市文化体制改革的历程，认真总结过去改革的经验、做法，加强对改革的总体规划和指导，认真研究和明确新的工作任务，认真研究搞活国有文化事业单位的措施，认真研究加强和改善国有文化资产管理的实现形式，认真研究加强文化阵地建设和面向市场经营最佳方式，认真研究加强和改进文化市场管理的方法等，进一步提高改革的针对性、有效性，进一步提高改革的质量和效果，进一步发挥文化体制改革对文化大发展大繁荣的内在推动力。

（三）文化体制改革面临新的工作任务

党的十八大报告提出了我国到2020年全面建成小康社会和全面深化改革开放的目标，明确到2020年文化体制改革的目标任务是："加快完善文化管理体制和文化生产经营机制，基本建立现代文化市场体系，健全国有文化资产管理体制，形成有利于创新创造的文化发展环境。"2013年的文化体制改革要在认真总结前十年改革成果的基础上，为实现到2020年文化体制改革的目标任务打下良好基础。一要抓好改革工作的"回头看"，进一步完善已推进的改革工作任务。文艺院团、非时政类报刊等经营性文化单位转企改制要继续推进到位，电台电视台合并要认真研究新组建的郑州广播电视台的内设机构和人员编制规模，县级有线电视网络整合要认真细致地做好职工、财产的划转移交工作，尽快推进县级分公司的正常运转。二要促进已改制单位建立完善的现代企业制度。建立完善的现代企业制度，是经营性文化单位体制机制创新的工作目标。要加快理顺郑州市新华书店的管理体制，实现人、财、物的统一管理，同时完成职工人员身份转换；要加快推进郑州市杂技团、郑州市影剧公司、郑州小小说文化传媒有限公司、郑州广播电视报社有限公司等建立现代企业制度。三要进一步推进文化事业单位内部机制创新。要加快推进文化事业单位分类改革，明确文化事业单位的性质、功能、财政供给方式，建立文化事业单位法人治理结构，加快文化事业单位管理体制和内部机制创新。四要进一步转变政府文化管理职能。要强化政府文化管理的政策调节、市场监管、社会管理、公共服务职能，按照中央要求下放和取消文化行政审批事项，进一步推动文化管理的政事分开、政企分开，理顺政府和文化企事业单位及文化市场之间的关系，实现由办文化为主向管文化为主转变，由微观管理向宏观管理转变，切实提高文化行政管理效能。

三 务实推进，进一步把文化体制改革工作引向深入

面对新的形势、新的任务，深入推进文化体制改革要以全面贯彻落实党的十八大精神，以科学发展观为指导，以促进建设强市为目的，积极稳妥、突出重点、务实推进，激发文化强市建设活力，调动全市文化建设积极性，整合全市文化资源，进一步解放文化生产力，营造良好的文化强市建设发展环境。

（一）要进一步改进文化体制改革的工作方式和方法

全市文化体制改革已完成了阶段性的工作任务，深入贯彻落实党的十八大精神，就是要加强文化体制改革的顶层设计、总体规划，改进推进改革的工作方式和方法，提高文化体制改革的质量和效果，最大限度地发挥改革推动文化发展的力量。一要把深化文化体制改革与促进文化发展紧密结合起来。改革是手段，发展是目的。文化体制改革是要通过体制机制创新，解放和发展文化生产力，促进文化大发展大繁荣。在推进改革过程中，不可为改革而改革，为完成改革任务不顾客观条件强制推进改革。在目前文化体制改革的新阶段、新时期，要切实把完善和深化每一项文化体制改革与促进文化事业和文化产业快速发展结合起来，在发展中推进改革任务的完成，以改革促进单位发展，把体制

机制创新融入促进发展之中，切实以文化发展来检验文化体制改革成果。二要把改革的宏观指导和自主探索创新紧密结合起来。改革是自上而下的，在一定程度上具有强制性。前一轮文化体制改革在这方面表现明显，改革工作有详细具体的路线图、时间表、任务书，改革的强制性、时限性强。这对于减少改革阻力，限时完成改革任务非常必要。但目前改革进入了总结、完善、提高的新阶段，改革工作要把宏观指导和自主探索创新结合起来，更多地依靠单位自身来推进改革工作，发挥改制单位的积极性，增强改革的针对性和有效性。比如，在改革时机的把握上，要认真调研，充分尊重单位的意见，把握好改革的时机，成熟一个推进一个，避免强制推进，影响单位发展和社会稳定。再比如，推进改企单位公司制或股份制改造，加快企业的兼并重组和跨地区、跨所有制经营等，也要充分论证，以单位意见为主，不要过多干预。三要做到文化体制改革与其他方面的改革紧密结合起来。改革是利益格局的调整，关系宣传文化系统广大干部职工的切身利益，关系社会稳定大局，每一项改革工作都要准备充分，稳妥推进，做到与人事、编制、财政等方面的改革紧密结合，协同推进。比如，公益性文化事业单位改革，是文化体制改革的重要内容。图书馆、博物馆、群艺馆以及党台、党报等迫切需要创新内部机制，提高工作效率。但推进这项改革工作要与国家事业单位分类改革紧密结合，做好公益性文化事业单位的分类、定性，明确公益性文化事业单位的财政供给方式和管理体制。在此基础上，进一步推进单位内部管理制度创新，强化服务功能，增强发展活力。

（二）要进一步把握好文化体制改革的着力点

文化体制改革已推进十年，文化建设发展的宏观体制和微观运营机制都进行了一系列的创新，政府文化管理部门实现了整合，文化市场综合执法机构已经建立，经营性文化单位转企改制已经完成，新闻出版、广播电视等国有文化资产的整合已广泛推进。当前，文化体制改革的着力点就是总结、完善、提高，通过对以往改革工作的"回头看"，总结成功经验，查找不足和存在的问题，完善各方面的改革内容，进一步提高体制机制创新的质量，进一步释放文化体制改革的制度红利。一要在完善宏观管理体制上下功夫。完善文化宏观管理体制的目标是要实现党的十七届六中全会指出的:"建立健全党委领导、政府管理、行业自律、社会监督、企事业单位依法运营的文化管理体制。"改革工作中,要进一步理顺党委、政府、文化中介组织、文化企事业单位的关系,进一步转变政府文化管理职能,进一步完善和下放政府文化审批项目,进一步发挥市场和社会的作用。二要在完善经营机制上下功夫。在社会主义市场经济条件下,建立富有活力的文化产品生产经营机制,是文化体制改革的关键所在。经营性文化单位转企后,要在改制上努力,推动已转企的文化单位建立现代公司制度。郑州新华书店、郑州影剧公司、中原报业传媒集团、郑州小小说文化传媒有限公司、郑州广播电视报有限公司等,要加快公司制或股份制改造,完善法人治理结构,建立符合现代企业制度要求、体现文化企业特点的资产组织形式和经营管理模式。要培育一批竞争力强的文化市场主体,支持国有文化企业面向资本市场融资,壮大实力,在发展文化产业方面发挥主导作用。三要在完善国有文化资产管理上下功夫。国有文化资产是我国文化资产的主体,特别是新闻出版、广播电视等基本上都是国有资产,完善管人管事管资产管导向相结合的国有文化资产管理体制,是深化文化体制改革的新课题。目前,全国国有文化资产管理体制有中央模式、上海模式、深圳模式等,创新郑州市国有文化资产管理体制,要结合实际,稳妥务实推进。总体上,要做到理顺国有文化资产管理部门与文化职能部门的关系,推动主管主办制度与出资人制度有机衔接,落实管理责任,确保国有文化资产保值增值,确保文化企业正确经营方向。要探索制定有关国有文化资产管理的具体办法,使文化资产管理有章可循。

(三)要进一步促进文化改革发展各项配套政策的落实和完善

一要尽快落实文化单位改革的有关扶持政策。一方面,要落实国家已明确的对转企改制文化单位的税收扶持政策。《财政部、国家税务总局关于文化体制改革中经营性文化事业单位转制为企业的若干税收政策问题的通知》(财税〔2009〕34号)和《财政部、海关总署、国家税务总局关于支持文化企业发展若干税收政策问题的通知》(财税〔2009〕31号)都规定了文化单位转企改制后享受的税收优惠政策,郑州文化体制改革相对于全国来讲,经营性文化单位转企改制推进得比较晚，税收优惠政策没有完全落实到位，要按照中央和省委省政府的要求，尽快落实到位。另一方面，2012年在推进国有文艺院团和非时政类报刊改革中，政府给予单位职工安置和推进发展的扶持政策也要尽快到位。财政、人社等部门要按"老人老办法、新人新办法"，落实解决职工按事业标准和按企业标准领取退休金待遇差的财政支持政策；财政部门要落实政府对改制单位5年内购买文化服务的政策，安排并落实资金，推进改制单位平稳过渡，加快发展。二要制定并完善加快推进文化产业发展的配套政策。从根本上讲，文化体制改革就是要为文化繁荣发展创造良好的体制机制条件和社会政策环境。优惠的扶持政策能促进文化产业在短期内实现跨越式发展，韩国、美国、日本的文化产业发展可以说明这一点，郑州10年来文化产业发展的历程也可以充分证明这一点。比如，郑州市的动漫产业，2005年全市只有3~5家动漫企业，2008年市政府出台扶持动漫产业加快发展的意见后，全市动漫产业发展十分迅速。2009年新闻出版总署批复郑州市建设国家动漫产业基地（河南基地），目前全市动漫企业发展到90多家，形成了小樱桃、华豫兄弟、天乐等一批动漫品牌。再比如，影视产业，2007年以前郑州市影视企业很少，近年来在郑州市文化产业发展专项资金的扶持下，一批民营影视文化企业发展起来，一批民营小制作电影走入市场，《幸福的白天鹅》、《念书的孩子》等两部电影获美国圣地亚哥国际儿童电影节金奖。目前，文化产业和文化消费市场都在发生着巨大的变化，加快文化产业发展要尽快完善配套政策，在文化产业的投融资、招商引资、市场准入、人才培养引进等方面加大政策引导和扶持，促进文化产业发展再上新台阶。

B.17 加快推进郑州市文化产业转型发展研究

杨 华 刘 涛*

摘 要:

郑州正处于文化产业转型发展的关键期,必须加快文化产业转型发展,以推动产业结构调整,提升文化产业发展质量。本文在考察郑州文化产业转型发展的优势与制约因素基础上,分析了文化产业转型发展的方向、内容,提出了推动文化产业转型发展的保障措施,并对未来文化产业转型的趋势进行了预测。

关键词:

文化产业　转型发展　产业结构　文化品牌

随着城市之间竞争的加剧,文化产业因为具有污染小、回报高、可持续、带动效应强等特点,日益成为推动经济结构调整和转变发展方式的着力点。对处于经济转型发展期的郑州而言,"十二五"是文化产业发展的加速转型期,是经济发展方式的转变期。郑州市近年来高度重视文化产业的发展,文化产业的附加值不断提高、文化平台不断健全、文化产业集聚发展能力增强,文化产业发展取得了明显优势,在数量上文化产业的发展已经进入到了正常而快速的轨道。但是从另外一方面看,存在一些结构性的问题,制约着文化产业在品牌、质量和国际影响力等方面的提升。在郑州建设国际化大都市和推动华夏历史文明传承创新核心区建设的关键时期,加快推动文化产业转型发展,促进文化产业内容的质量提升已经迫在眉睫。

---

* 杨华,中原工学院副教授;刘涛,郑州市社会科学院文化所副所长,助理研究员。

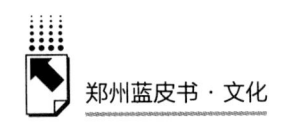

一 文化产业转型发展的内涵与意义

文化产业转型对处于成长期的地区来说具有多重内涵，转型发展对城市经济社会的全面发展有着重要的战略意义。

（一）文化产业转型发展的内涵

对正在向高水平转变的郑州而言，文化产业转型是指文化发展形态、文化产业布局、文化内容创造、文化产业形态等多层次、全方位的转型。在发展形态上，从分散、低水平的补贴性经营转向集约化、专业化的营利性经营。逐渐形成一批跨地区、跨行业的大型品牌化文化企业集团，规模化的文化产业园区得以建立，文化产业结构性布局日趋合理。在产业内容上，加工制造业为主的传统文化产业逐渐向文化创造转变，文化创新能力增强，文化产业的附加值提高，产业带动力和竞争力突出。在产业的业态上，网络电视、数字出版、手机电视、动漫游戏等文化新业态逐渐兴起，产业链条拉长，产业链高端化趋势明显。

（二）文化产业转型发展的意义

在文化大发展大繁荣和建设文化传承创新核心区的关键时期，推动文化产业转型发展，有重要的现实意义。

1. 有利于实现可持续发展

十八大报告提出要把生态文明建设放在突出地位，努力建设美丽中国，实现中华民族永续发展。对于资源型城市郑州而言，在资源、环境等方面的瓶颈因素日益突出，必须探索新的发展内容和思路，依托郑州市丰厚的历史文化资源积淀，加快资源转化，提升发展文化产业，推动环境污染小、附加值高的文化产业全面转型，是实现人与自然相协调、推动郑州经济可持续发展的重要途径。

2. 有利于优化经济结构

郑州市2011年三次产业比为2.7∶59.0∶38.3，仍然主要依靠第二产业带动经济增长，三次产业协同带动能力不足，特别是第三产业的比重较低。加快推动文化产业的转型升级，实现文化产业与旅游、建筑、创意、制造、会展等经济产业部门的融合发展，提升传统产业的内在价值、信息化和集约化水平，形成以文化内容为纽带的产业链，构筑文化产业的规模化集群，让经济利用文化力量实现创新发展、转型发展，让文化借助经济因素做大做强。以文化产业转型带动第三产业的发展，形成调整供给结构的突破口，进一步优化经济结构和产业结构。

3. 有利于推动文化产业成为国民经济支柱型产业

随着郑州市文化与经济相互渗透速度的加快，文化与经济不断融合，文化的产业化转化能力增强。而实施文化产业转型发展战略，依托新的产业模式推动内容转型，加快推动文化产业链由低端向高端转移、从制造向品牌转移，让文化产业实现"华丽转身"，将有利于把文化产业真正打造成为国民经济支柱性产业，进而对整个郑州经济起到有力的支撑、引擎和带动作用，推动郑州经济社会平稳较快发展。

4. 有利于推动文化大郑州的建设

在郑州积极建设华夏历史文明传承创新核心区、加快推进国家公共文化服务体系示范区以及国际文化旅游城市的总体背景下，文化引领成为城市发展的核心战略，文化建设已经成为郑州发展的重中之重。加快推动文化产业的转型，增强产业的发展水平和竞争力，有利于提升经济整体发展水平，增强其在国内外的影响力，形成文化大郑州的发展之势。

二　郑州市文化产业转型的基础优势

郑州是中华文明的轴心区域、华夏文化的会聚地，具有深厚的历史文化积淀和较好的区位条件，文化传承创新的优势突出。"十一五"期间，郑州市积极重视文化产业发展，通过政策、项目、品牌、园区等四大带动战略，推动了文化产业的提升发展，文化产业增加值从2006年的82.6亿元增加到2011年的113.72亿元，文化产业的发展已成为推进经济发展方式转变的重要力量。

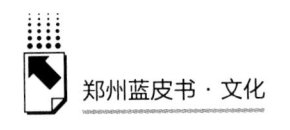

（一）健全文化产业发展政策，营造良好发展环境

市委、市政府高度重视文化产业发展，为有力推动资源大市向资源强市的转变，先后出台了《关于进一步深化文化体制改革，加快文化资源大市向文化强市跨越的实施意见》、《关于扶持动漫产业发展的若干意见》、《关于创新文化产业发展促进机制的意见》、《关于文化创意产业项目用地的实施意见》等文件，在国有文化资产管理、财政、税收、收入分配、工商管理、资产处置、土地处置等方面形成了完整的配套政策体系，全面引导文化产业的发展。郑州市为进一步推动文化产业发展，在市一级设立了专项财政资金，主要涉及文化产业发展、文化体制改革、动漫产业发展等领域，其中动漫产业专项资金每年都安排5千万。各县市区也都有一定的专项资金支持，其中高新区、惠济区郑州财政都安排3千万，用于动漫产业发展。政策、资金等的大力扶持，尤其是对创新产业等新型产业的支持，使文化产业转型发展具备了坚实的基础。

（二）实施项目带动战略，促进文化领域的投资和建设

郑州市高度重视项目带动战略，通过以项目为核心，全面带动文化产业的投资、人才引进、对外招商、技术创新等，不断提升文化产业的档次和水平。借助跨越式发展文化建设"三年行动计划"，安排重点文化产业项目28个，3年完成投资将达到130亿元。"十二五"文化产业专项规划制定了10多个大型文化产业项目，总投资将达300亿元以上。借助项目带动战略，郑州市《禅宗少林·音乐大典》一期、黄河碑林一期、康百万庄园、炎黄二帝巨型塑像、郑州日报社印务发行中心、杜甫故里等一批重大文化项目相继建成，一些重大项目正在规划建设中。通过项目带动，不仅推动了文化事业的发展，为群众提供了更为丰富的文化产品，而且促进了文化产业的发展，影视、演艺、动漫等产业发展迅速。其中，作为郑州市文化核心产业的动漫产业发展速度最快，企业总量占据全省的95%以上，作品也位居首位，2010年郑州市的全国原创电视动画片位居全国第9位。

（三）强力打造文化品牌，提升文化产品的竞争力和影响力

郑州市在演艺业、影视业、动漫业等方面陆续树立了全国性的文化品牌。依据少林文化、嵩山文化制作的《水月洛神》、《风中少林》、《禅宗少林·音乐大典》等演艺节目，成为国际性的文化品牌。《风中少林》作为代表之一，曾多次在国外演出，在新加坡、中国香港、澳大利亚、中国台湾等国家和地区产生了重点影响，连获多项全国文艺大奖，并得到世界的认可。《禅宗少林·音乐大典》由于其运用的独特的音乐、舞蹈，并配置了先进的声光技术，使得阐释禅宗文化和少林武术的演艺节目融入到旅游产业中，形成了一种新型文化产业模式，经验得到国家重视，并积极在全国推广。舞剧《水月洛神》也获得多次奖励，2011年摘得"荷花奖"金奖和5个单项奖，成为郑州市又一个重要的演艺品牌。在影视领域，郑州市的电视剧《快乐星球》、电影《幸福的白天鹅》等，相继获得大奖，《幸福的白天鹅》获得2011年圣地亚哥国际儿童电影节"最佳艺术片"奖项。随着动漫产业的发展，《少年司马光》、《少林海宝》、《小樱桃》等动漫产品产生了极大影响，成为全国重要的动漫品牌，形成了集杂志、图书、漫画、动画等产品开发和动漫产业基地建设于一体的产业链条。《小小说选刊》、《百花园》等传统文学艺术杂志影响力仍然存在。黄帝故里拜祖大典、国际少林武术节等文化节庆品牌的影响力提升，扩大了中原文化和华夏文明的辐射力和影响力。

三 文化产业转型发展的制约性因素

郑州市文化产业正处于中期发展阶段，处于转型发展的关键期，但是由于阶段性、结构性问题的制约，文化转型发展的能力不足。

（一）文化产业的附加值偏低

郑州市文化产业仍处于培育成长阶段，文化制造业占文化产业整体比重较大，内容产业所占的比重较低。反映在影视动漫方面，高质量的电视、电视剧极少，动漫受到播放限制，赢利性产品极少，多数企业依靠补贴。文化产业结

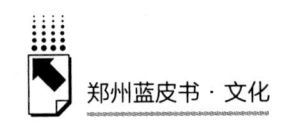

构中劳动密集型的文化制造业比重过高，附加值高的智力密集型文化服务业比重过低，导致文化产业数量较大，但是整体效益不好。由于文化产业制造业比重偏大，与现代文化产业中"内容为王"的发展理念不符合，以至于整体竞争力较低，也没有体现出高附加值的产业特征。

（二）传统文化的产业转化能力不足

郑州市作为国家历史文化名城，各类文物古迹达10315处，其中世界文化遗产1处，国家级重点文物保护单位38处43项，省级重点文物保护单位128处，文物古迹的总量、全国重点文物保护单位的数量居于全国前列，但是丰富的文化遗产仍然处于半封存状态，文化资源的产业转化能力不足。诸如郑州市名人文化、黄河文化、商都文化等都没有得到应有的开发。少林文化、黄帝文化、嵩山文化等虽然逐渐转化为产业，但是缺少创新和创意，整体影响力仍然不足。"天地之中"申报世界文化遗产后，其功能和作用没有得到充分发挥。

（三）文化产业内部结构不合理

良好的文化产业结构布局，应该是以内容和传媒为主导的。而自2008年以来，在制造业、内容产业和传媒平台产业三个部分的产业结构中，新闻、娱乐、设计等内容产业的增加值较少，玩具、印刷、数字娱乐设备、工艺美术品等制造业以及传媒和平台产业增加值占文化产业增加值的78%以上，这类企业获利最多。这主要是由于制作文化内容的大多数是中小企业，其竞争力较弱，平台和传媒多数是实力较强的大型企业，他们经营的媒介化内容、内容下载平台、交流和消费的终端平台挤占了中线企业内容产业的收入空间，这导致内容产业发展环境较差，发展能力不足。总体来看，在文化产业的内部布局方面，仍然存在着明显的结构性问题。

（四）优势文化品牌缺乏

优势文化品牌是文化产业高水平发展的体现，可以有力引领和带动产业发展，并能够不断推动文化产业向高端发展，始终使文化发展走在前端。目前，郑州市演艺、旅游等一些领域的文化产品已经在国内外产生了一定影响，在全国享有较高知名度，但文化产业基地、园区、企业等具有整体性、能够代表地区特色的文化品牌缺乏。这主要是由于文化产业园区、文化企业发展中，仅注重文化产业项目建设本身，并没有形成品牌意识，以至于忽视了文化品牌的挖掘与培育。一些文化企业忽视地域化文化资源的开发利用，创新能力不强，文化特色不突出，难以形成符合市场需要的特色文化品牌。一些文化企业的产品营销推介缺乏整体包装和策划，运用现代技术营销文化品牌的意识不强，导致优势文化品牌极为缺乏。

（五）文化跨界转化能力低

当文化产业发展到一定阶段后，必须更加注重文化产业与其他产业的融合，推动不同文化产业门类之间的渗透交叉，实现产业的文化化发展。目前郑州市文化旅游融合发展的趋势较好，而文化与制造业、服务业等融合程度低，文化内容产业的电影、动漫游戏、互联网，服务领域的会展、出版、广告等之间的融合转化能力不足，以至于文化产业发展缺少了完善的资源供给体系，同时也抑制了新兴文化产业形态的发展。

四　推动文化产业转型发展的内容分析

当今文化产业以数量取胜的单一模式已经不存在，产业之间的竞争日益表现为内容产业的竞争。郑州建设华夏历史文明传承创新核心区，必须高度重视文化内容创新的支撑与引领，努力实现六个方面的转型发展，以内容化主导文化产业转型，以平台建设支撑文化产业提升，把郑州打造成区域性文化产业发展的高地。

（一）文化产业的数字化转型

数字化是内容产业的核心，数字化内容产业正在成为主流产业。以数字创意的方式将文化资源与数字技术结合，塑造出新的产品形态，符合消费者的时代需求，成为带动消费、引领文化产业发展的新趋势。以数字技术等高新科技手段改造、提升传统产业的发展，实现演艺、旅游、节庆会展、休闲娱乐等行业的数字化转型。如利用投影技术、电子平台等，将静态的历史文化资源塑造为满足游客体验化、参与性多元化需求的动态文化产品。加快虚拟3D技术、数字视频技术、多维影像技术等在《风中少林》等传统舞台演出中的应用，提高舞台演出的科技含量；要大力推动广播、电影、电视、出版、设计、广告等目前影响最大的常态行业的数字化产业化升级，加快推动郑州市数字电影、数字电视、数字出版等升级形态和不断创新，支持奥斯卡影城、索克影视、新海岸出版公司等一批高新科技支撑的新业态的发展，让其成为文化创意产业增加值的主要贡献者，推动传统的常态的文化产业向创意高端变革。积极建设"国家数字媒体技术产业化基地"等一批重点产业创新基地，借助高端技术带动传统产业实现数字化更新换代，提升文化产业的效益。

（二）文化产业的休闲娱乐转型

文化休闲娱乐产业主要包括电视电影、动漫、新媒体、网络游戏、休闲场所、公共文化演艺活动等多种内容，文化娱乐休闲产业已经成为文化产业发达城市的重要支撑内容。加快推动文化娱乐业的综合性发展，积极培育集演艺、休闲、旅游、餐饮、购物、健身等于一体的综合性娱乐项目。加快建设黄河滨河公园、古玩城"夕阳楼文化传承夜市"、南水北调运河公园文化产业带等综合性文化项目。支持娱乐休闲企业的发展，大力扶持影视、动漫、歌舞娱乐、演艺剧场等行业的发展。如发展自助消费的量贩式歌舞娱乐场所，引导歌舞娱乐场所向商业区和旅游区发展。鼓励娱乐业走规模化、品牌化、连锁化发展之路，发展超市化、连锁化经营模式等。重点发展新兴的体验产业与体育休闲业，依托"天地之中"世界文化遗产，积极推介少林武术体验区、规划建设国际性的武术交流基地、组织国际登山活动等。以太乙拳、少林拳传习馆为依托，打造郑州都市健康养生品牌，并形成衍生产品与衍生服务，全面提升娱乐休闲的文化品位，提高高档消费的比重。积极扶持高雅文艺演出，大力支持开展群众性演出活动，拓展文化消费市场。鼓励经采用现代高新技术改进传统娱乐形式，配套文化、购物、休闲、娱乐、饮食、影视、会展、旅游等业态，打造中部地区规模最大、设施最全、现代化程度最高的文化娱乐休闲综合体。

（三）文化产业的跨界化转型

积极推动文化产业融入其他产业发展中，加快文化产业与其他产业间、文化产业内部的融合，推动文化产业跨界整合式发展。不断做大市场份额、搭建差异性的市场发展平台，推动文化产业内部的会展、娱乐、旅游、演艺等不同产业门类之间的联合，形成超门类业态，培育产业新生长点。推进产业之间的融合，积极发展农业观光、工业旅游，创造跨界性新生产业。推进各类企业进行跨区域、跨所有制、跨领域之间的强强联合，鼓励小微文化企业间的"抱团出击"，推动产业布局优化。注重文化产业跨界整合式发展的地域性特征，积极发掘嵩山文化、少林文化、黄帝文化、黄河文化、商都文化等特色性的文化资源，使之参与到产业跨界发展中，以特有的文化元素与内容赋予跨界新兴产业独特的竞争力。如少林文化与现代文化的融合，形成了影视、体育、培训等更为丰富的产业形态和产业经营模式。黄帝文化与现代文化的融合，使现代商业理念渗透到要素整合、产业升级等各方面。文化跨界发展形成了标志性的地域符号，进一步推动了文化产业跨界整合式发展，从而为城市经济的发展带来了强大的内生动力。

（四）文化产业的品牌化转型

文化产业品牌有强大的感召力、辐射力和渗透力，是推动经济社会发展的引擎和标志。国内外文化城市的发展都表明，文化品牌的培育和提升，可以给予郑州发展重要的拉动力量。对正处在发展转型期的郑州而言，实现产业结构的转型升级，必须梳理品牌意识，通过文化创意、创造，进行持续、有效的开发，形成新兴文化产业形态和具有竞争力的文化产品。要尽快制定覆盖全市优势文化行业和重点领域的品牌培育规划，以成熟度、知名度等影响因素为基点，确立重点培育的文化品牌和逐步打造的文化品牌，进行梯次培育，形成层级分明的品牌集群。突破郑州文化产业发展中以少林文化、嵩山文化为主的品牌单一性的局限，依托商都文化，重点培育休闲、观光、购物等为代表的商都文化品牌；努力打造黄河文化品牌，加强沿黄河历史文化资源的整体开发，形成集文化、生态、旅游休闲于一体的文化发展新区域，建设文化生态示范区，打造黄河文化品牌；加快建设创新型文化产业集聚区，依托集聚区创意能力较强的文化品牌群，提升文化资源的产业转化能力，使郑州的文化资源优势转化为具有较强影响力的国际文化品牌。加快登封"天地之中"旅游文化综合性产业集聚区建设，推动其成为国家级文化产业示范区，加快发展"武林风"、"风中少林"、少林武术节等成熟品牌，大力发展功夫、休闲养生、儒释道等文化产业，把"天地之中"的品牌做大、做活，加快研究生产品牌的衍生产品，形成最具代表性的品牌符号，提升郑州整个城市的文化软实力和核心竞争力。各县（市）区结合华夏历史文明核心区建设的总体要求，依据自身特色，明确区域性文化品牌建设的重点内容，制定品牌建设方案，培植发展更多的体现地域特色和文化内涵的品牌。

（五）文化产业的服务平台化转型

公共文化服务平台是指集聚社会各方面资源，通过政府、企业、园区等机构搭建的服务平台，为文化企业发展提供技术、信息、融资等各方面服务的体系，是产业发展提升阶段的必要内容。推动文化产业转型要加快服务平台建设，联合相关文化部门，尽快制定服务平台的建设规划，打造2~3个跨行业的综合性文化服务平台，建立起运转高效、功能完善的服务体系。重点支持信息服务、营销交易、技术支撑、投融资等四大类平台建设。通过建设"文化产业信息数据库"、"文化企业交易信息资源平台"等，提供产业网上信息公布、产品交易、在线咨询等全方位的信息服务内容。依托新区会展中心、古玩艺术市场、演艺基地等，形成良好的营销交易平台。依托国家动漫基地技术平台，进一步强化动漫游戏类技术的推广应用。加快建立文化类创意产业园的技术研发中心，形成集聚服务和技术、开放式的综合自主创新中心。依托政府扶持，搭建投融资服务平台，为企业投融资提供信息、挂牌、拍卖、产权交易等服务。支持企业、协会等参与组织成立担保协会，培育文化产权评估交易中心，为中心文化企业搭建担保平台。通过致力于搭建高效全面的公共服务平台，扩大服务领域、提高服务层次、增加服务效益，为文化产业转型升级助力。

（六）文化产业的高端化转型

郑州市文化产业的高端化转型，需要从价值链、技术链、产业链等三个方面入手，不断提高产品附加值，推动企业的高水平技术创新，形成完整的文化产业链。从低附加值向高附加值的转化。动漫游戏、工艺美术、广播影视等类型的文化企业的产品的生产要更加突出地域特色，更加依靠技术创新和文化创意，让郑州少林、嵩山、黄帝、黄河等特色文化的符号价值、文化理念、时代创意等渗透、融入到文化产品的研发、设计与品牌营销等环节，提升文化产品的附加值。文化产业转型要实现从初级技术、低端技术向高级技术、复杂技术的转化，促进印刷出版、广播影视、创意设计、工艺美术等文化类企业注重技术的原始创新、引进新技术消化再创新和组合创新、拥有行业的核心技术，以有力推动文化产业高端化的目标。在文化产业融合、跨界发展的过程中，不断拓展产业链条，形成上游创意设计—中游制作—下游衍生产品的完整产业链。如重点支持动漫产业的发展，使之由前端的原创动漫设计、中期制作向后端的衍生产品拓展，不断拉长产业链条。同时，建立集动漫创意、制作、动漫衍生品生产、教育人才培训等于一体的产业发展基地，从而推动动漫产业的快速发展。

五 2013年郑州文化产业转型发展趋势预测

自国际金融危机对我国经济持续冲击以来，文化产业的发展成为推动经济发展方式转型、化解危机影响、带动国民经济增长的关键，在十七届六中全会提出推动文化产业跨越式发展的战略背景下，文化产业大发展进入了一个新的转折期。2006年以来，郑州市文化产业增加值保持了年均15.8%（可比价）的增长速度。2011年，郑州市文化产业增加值113.72亿元，稳居河南省总量的25%以上。2012年郑州市生产总值达到5547亿元，位于地市级以上城市中第20位，文化产业在前几年较高增长速度发展的基础上，仍继续保持高速发展的势头，预期产业增加值将达到18%以上。郑州市文化产业正处于一个从初期发展阶段向高水平转型的阶段，这个阶段总体呈现出产业迅速发展、地域

特色突出、文化集聚能力增强、文化自主创新能力提升、文化带动力增强等特征，文化产业在全市经济社会发展中的作用日益重要。基于以上分析，对2013年郑州文化产业发展有以下几个方面的趋势预测。

（一）文化产业将进入一个高速发展期

自2005年《中共郑州市委郑州市人民政府关于加快发展文化产业的意见》实施以来，郑州文化产业已经连续7年高于GDP增长速度，"十一五"以来郑州文化产业平均增速达到20%，占全市生产总值的比重稳定在4%以上。在文化转型发展的战略举措下，在全市经济社会高水平增速发展的趋势下，可以初步预测，郑州文化产业会保持高速增长的态势。随着轩辕圣境文化产业园、新密古城旅游开发、郑州印刷产业园等的建设，将在2013年初步形成规模化的文化产业聚集区，进一步推动郑州文化产业发展。预计到2013年末，文化产业将保持在20%以上的增长速度，文化产业增加值占国民生产总值的比重将会超过5%。

（二）新兴文化业态将为文化产业的发展提供新方向

随着文化产业转型发展的战略性推进，劳动力密集、低成本竞争的小型企业将会退出，拥有自主知识产权、创意能力强的企业将成为市场主流，品牌化突出的企业将进一步走向集团化发展，一批服务型、高端型、创新型的文化业态将会迅速出现，传统产业向以跨领域、综合性发展、创新型等为特征的新兴文化业态方向发展。文化资源产业转化能力突出，大量的文化创意企业出现，文化逐渐渗透到其他产业领域，尤其是文化创意、数字出版、动漫游戏类企业成为主导，文化产业结构向创意产业、内容产业等新兴业态整体转型，这为郑州文化产业的发展提供了方向。

（三）"智慧城市"建设将加快郑州文化产业的转型速度

2012年"智慧郑州"城市发展模式的实施，让云计算、物联网等新一代信息技术运用到城市发展中，搭建了政务云门户、企业云门户和生活云门户，重点推进50项应用工程的建设。"智慧郑州"的提出标志着移动互联网时代来临，文化产业将进入一个业态创新和商业模式创新的时期。"智慧郑州"模式重建了一个城市新形象、新图景，有力地推动了文化与科技的融合。数字化的核心内涵为产业注入了新生动力，推动演艺娱乐、广播影视、出版印刷、报刊发行等产业向数字化转型，手机视频、手机电视、手机报纸等文化产品的消费需求增强，成为文化产业发展的新生动力。随着数字技术的完善和成熟，郑州文化产业转型速度将进一步加快。

（四）文化产业将在重点领域上取得明显突破

2013年，郑州市文化项目的相继建设，将会让文化产业在重点领域取得新突破。随着登封文化产业示范园区的建成，将形成华夏历史文明展示、国学传播、生态产业发展等一体化的国家级文化产业示范基地，带动新兴文化产业的发展。华强文化科技产业基地的建设，将推动文化与科技的融合，形成集创意、研究、生产、销售于一体的科技产业基地，2015年形成动画2万分钟、特种电影5部、数字电影后期制作2~3部的年产量。石佛艺术公社、商汤城文化产业创意园区的建设，将进一步推动艺术品创作、展示与交流，形成华夏历史文化传承创新的基地；郑州印刷产业园的发展，将成为中西部地区最具规模的印刷基地，推动包装装潢印刷和高附加值加工业的发展。

B.18
郑州市文化产业提升发展对策研究

宋艳琴 张璐*

摘 要：

本文通过分析郑州市文化产业当前的发展现状及问题，提出郑州市文化产业进一步创新提升的基本思路及发展战略，并有针对性地提出了对策与建议。

关键词：

文化产业 创新提升 产业集聚区

文化产业是传承创新文化的重要途径。通过发展文化产业可以有效地将保护、传承和利用历史文化资源统一起来，把文化资源优势转化为新的产业优势，从而培育经济发展新的增长极，推动产业结构深层次调整，实现文化价值和经济价值双赢的作用。因此，文化产业既是"软实力"，也是"硬实力"。郑州市作为中原经济区建设的核心带动城市，在华夏历史文明传承创新核心区建设中，要不断提升文化产业的发展水平，充分发挥文化产业在传承创新中原文化中的重要作用。

一 郑州市文化产业发展的基本现状及相关问题分析

近年来，郑州市文化产业呈现快速发展的势头，文化产业增加值占全市GDP比重逐年扩大，在全省文化产业总量中也占有较大比重。总的来看，郑州市规划建设了几大文化产业集聚区，发展不同的特色文化区块，文化产业集

---

* 宋艳琴，河南省社会科学院中原文化研究中心副研究员；张璐，郑州市社会科学院助理研究员。

聚发展初具规模，形成了良好的文化产业发展格局，为郑州市未来文化产业的创新提升奠定了坚实的基础。

（一）文化产业总体规模小，增加值占GDP的比重低于全国平均水平

从"十一五"开始，郑州市把文化产业作为重点培育产业，积极推进，文化产业发展较快，保持了年均20%的增长速度。但总体来讲，郑州市文化产业依然处于发展的初期阶段，产业规模偏小，市场影响力、竞争力不强，离成为支柱产业的要求还有很大差距。2010年郑州市法人单位文化产业增加值95.04亿元，占同期地区生产总值的比重为2.35%，比全国平均水平（2.75%）低0.4个百分点，与郑州市提出的占GDP7%的目标相距甚远；与省内城市相比，比第一位开封市（4.51%）低2.16个百分点，比第二位许昌市（4.40%）低2.05个百分点。与全国同类城市相比也存在一定差距。从表1看，2008年郑州市文化产业增加值总量位居11个城市的第7位，与西安不相上下，远低于上海和深圳，与同类城市（如武汉、沈阳）相比，差距也较远。2009年郑州市文化产业增加值在表1显示的11个城市中排名第8位，比上年增加了10亿元，增幅略高于哈尔滨和厦门，远低于其他城市，如沈阳、成都和西安。与西安相比，2008年郑州文化产业增加值略高于西安，2009年则低于西安12亿元，说明西安市曲江文化产业集团崛起对西安文化产业发展具有较大的贡献，而郑州则缺乏这样的大型骨干文化企业。

表1 2008~2009年全国部分重点城市文化产业增加值情况

单位：亿元，%

城 市	2008年 文化产业增加值	占GDP比重	2009年 文化产业增加值	占GDP比重
上 海	780.11	5.7	847.29	5.63
深 圳	537.87	7.0	531.30	6.47
郑 州	128.60	4.28	138.80	4.20
沈 阳	171.60	4.45	193.60	4.54
哈尔滨	92.80	3.24	111.80	3.52
武 汉	163.00	5.2	259.92	5.62
南 京	132.16	3.50	151.73	3.59

续表

城 市	2008 年		2009 年	
	文化产业增加值	占 GDP 比重	文化产业增加值	占 GDP 比重
成 都	116.19	3.00	136.30	3.03
西 安	127.44	5.50	151.02	5.54
宁 波	136.3	3.40	141.84	3.40
厦 门	102.76	6.59	111.86	6.44

数据来源：此表格根据《中国创意产业发展报告（2011）》中表 14-2、14-3 整理。

（二）文化产业结构亟须优化

在文化产业结构方面，以 2010 年为例，郑州市"核心层"、"外围层"和"相关层"的增加值之比为 59.09∶14.51∶26.40；从业人员之比为：56.82∶26.72∶16.46。"核心层"创造的增加值最高、吸收的就业人员最多。从分类别发展情况看：实现增加值位居前三位的分别是出版发行和版权服务，广播、电视、电影服务，文化用品、设备及相关文化产品的生产。2010 年，这三个行业的增加值分别为 28.5 亿元、22.9 亿元和 20.3 亿元，合计为 71.7 亿元，占文化产业增加值的 75.4%。代表文化与科技相结合的新兴文化产业（外围层），比例仅占 14.51%，尤以网络文化服务最不发达，增加值仅为 2916 万元，占 0.31%；从业人员 633 万人，占文化产业从业人员的比重为 0.73%（见表 2）。而在 2009 年，上海市文化产业三个层次增加值之比为 15.6∶49.2∶35.2，长沙为 26.2∶34.3∶39.5，武汉为 33∶31∶36，西安市为 43∶30∶27，外围层的增加值都超过了 30%。从表 3 可知，与西安相比，郑州市在文化艺术服务、网络文化服务、其他文化服务方面均远低于西安。数据表明郑州市应尽快出台相关政策推动新兴文化产业的发展。

表 2　2010 年郑州市文化产业法人单位主要指标

层 别	文化产业分类	增加值（亿元）	增加值比重（%）	从业人员（人）	从业人员比重（%）
核心层	一、新闻服务				
	二、出版发行和版权服务	28.46	29.94	30961	35.56
	三、广播、电视、电影服务	22.88	24.08	10067	11.56
	四、文化艺术服务	4.81	5.06	8415	9.66
	核心层小计	56.15	59.09	49473	56.82

续表

层别	文化产业分类	增加值（亿元）	增加值比重（%）	从业人员（人）	从业人员比重（%）
外围层	五、网络文化服务	0.29	0.31	633	0.73
	六、文化休闲娱乐服务	9.37	9.86	13212	15.17
	七、其他文化服务	4.12	4.34	9425	10.82
	外围层小计	13.79	14.51	23269	26.72
相关层	八、文化用品、设备及相关文化产品的生产	20.34	21.40	9757	11.20
	九、文化用品、设备及相关文化产品的销售	4.75	5.00	4577	5.26
	相关层小计	25.09	26.40	14334	16.46
	合　计	95.03	100	87077	100

表3　2009年郑州市与西安市文化产业发展情况比较

单位：亿元，%

层别	文化产业分类	西安增加值	郑州增加值	占西安文化产业增加值的比重	占郑州文化产业增加值的比重
核心层	新闻服务	0.16	0.2	—	—
	出版发行和版权服务	33.39	30.8	—	—
	广播电影电视服务	14.66	24.1	—	—
	文化艺术服务	15.36	4.7	—	—
	核心层小计	63.57	59.8	43	43
外围层	网络文化服务	3.11	0.3	—	—
	文化休闲娱乐服务	31.36	14.2	—	—
	其他文化服务	11.83	5.0	—	—
	外围层小计	46.30	19.5	30	14
相关层	文化用品、设备及相关文化产品的生产	17.73	39.6	—	—
	文化用品、设备及相关文化产品的销售	23.42	19.9	—	—
	相关层小计	41.15	59.5	27	43
	合　计	151.02	138.8	—	—

注：2010年郑州市按法人单位统计文化产业增加值为95.03亿元；西安市还按原来的统计指标，文化产业增加值为184.03亿元。所以，只能用2009年的数据进行比较。

（三）文化服务水平较低，文化产业市场消费不足与供给不足并存

与文化产业发展较好的城市相比，郑州文化场馆建设还比较薄弱。如表4所示，郑州目前仅有14个影剧院，有些区县连一个影剧院都没有（见表4）。

据郑州居民文化消费专题调查结果显示，现阶段居民文化消费的主要内容集中于"看电视"、"读书看报"等传统文化消费，城乡人民群众多样化的文化消费需求尚未得到有效满足。文化产业的内需市场规模狭小，没有有效启动，文化消费环境差，居民文化消费缺乏引导，缺少高端消费的机会。比如，郑州市只有金水区、中原区、二七区、巩义市、新密市和新郑市等少数区域有影剧院，多数区县尚没有剧院，也就是说，公众连进剧院看一场电影的机会都没有；更不用说我们引以为豪的《风中少林》、《云水洛神》等获全国大奖的作品，老百姓更是无缘得见。这和表3的数据非常吻合，说明郑州市的文化服务水平比较低，从而导致文化消费水平低。文化服务水平低导致消费需求不旺，这也许是在同样的经济水平下，我国文化产业消费远低于国际水平的一个重要原因。

表4　郑州市艺术表演场馆的基本情况

单位：个

区、县	影剧院	区、县	影剧院
中原区	2	中牟县	0
金水区	4	巩义市	1
二七区	4	荥阳市	0
管城区	1	新密市	1
惠济区	0	新郑市	1
上街区	0	登封市	0

文化场馆是文化产业发展的基础，也是文化产业的展示地和检验地。其他场馆如图书馆、艺术馆、音乐厅等不仅是满足群众文化消费需求的重要场所，更能不断提升民众的综合素质。如西安曲江建设了六大文化场馆，包括西安大剧院、曲江电影城、西安音乐厅、陕西艺术家展廊、陕西民间艺术馆、陕西文学馆。在曲江新区向主管部门提交的一份报告中显示，六大文化场馆将成为"西部文化艺术策源地，文化吸引、融合、发展的发祥地，特有文化、个性文化、时代文化衍生的展示地，最终引导形成融入国际文化产业链条的文化市场体系"。因此，郑州目前的文化场馆建设应满足不同层次人群的需要，不仅需

要建设一批高水平的文化场馆；同时更需要向下延伸，在区县建设一批满足普通群众需求的文化场馆，如电影院、小剧场等。

（四）文化产业各类人才资源比较缺乏，需进一步培养提升

与科技和经济领域一样，文化产业领域的竞争，其核心也是人才竞争。郑州文化产业发展目前最缺乏四类人才：一是文化创意产业人才。郑州乃至河南拥有丰富的历史文化资源，但是文化产业发展速度、质量、水平和效益均远远落后于文化资源比较薄弱的深圳，也落后于某些中部城市。究其原因是我们面对丰富的文化资源时却缺乏高超的策划创意人才。二是文化产业经营管理人才。《风中少林》是郑州地方文化元素和现代文化创意成功结合塑造的文化品牌，又经过管理人员的创意策划、包装推向了国际市场。可以说，《风中少林》的运作成功，经营管理人才发挥了关键作用。因此，要把郑州的文化产业做大做强，真正把郑州的特色和优势发挥出来，就必须把本地"文化人"的活力激发出来。三是缺乏新兴行业的专业人员。河南省和郑州市的情况更加严重，河南游戏研发人才匮乏，特别是中高级人才奇缺的情况，已成为严重制约网络游戏产业发展的主要"瓶颈"。四是文化产业相关的营销人才。从郑州文化产业的结构特点看，核心层（如新闻出版、广播影视等）也就是传统文化产业占优势，从业人员达到4.9万人。这些人员中有很多是在传统文化体制下长期从事文化事业的工作人员，大都没有经受市场竞争的磨炼，市场意识不强，营销能力较弱，亟须进一步培养提升。

（五）文化资本投入不足，多元投资机制尚未形成。

以动漫产业为例，动漫业依然举步维艰。一部动画片的运作一般都需要上千万元的资金投入，一般文化企业仅仅依靠自身的积累短期内决不能完成；加之动漫产业刚刚起步，省内没有投资动漫获得大量利润的先例，有实力的企业参股投入都有一定的顾虑；而且动漫企业本身除了品牌、版权、项目这些无形资产外，固定资产和货币资金都很有限，而无形资产又无法作为抵押到银行贷款，这就形成动漫企业的资金瓶颈。如果没有一个解决动漫发展资金的绿色通道，动漫产业的发展将非常艰难。电视台、出版社等与动漫有着紧密联系的机

构投资参与动漫产业的积极性不高，有资金实力的单位不想做动漫产业，有项目、有热情的单位缺乏足够的资金，这也直接制约着郑州动漫产业的深入发展。受资金限制，大多数企业实施"短、快"制作策略，极力降低制作成本，甚至有的作品用 Flash 软件制作，成本不过 500 元/分钟，高产量的背后存在着低水平的隐忧。而用于动漫奖励和补贴的资金都属于"后补助"，而且也存在一定的问题，如一些企业为套取政府补贴资金采取赠播的方式。另外，宏观经济政策还不能完全适应文化产业的发展。目前，郑州在金融、税收、信贷、投融资等方面对文化产业发展给予了倾斜和扶持的政策，但政策、法规的不完善和滞后极易导致在吸引大量闲散资金介入文化产业的同时，又造成总量失衡、重复投资、盲目建设的无序局面。

（六）文化体制改革相对滞后，制约文化产业快速发展的体制机制问题没有得到根本解决

客观地看，郑州乃至河南全省的文化体制改革还处在起步阶段，制约文化发展的体制性、根本性问题还没有解决，面临的主要问题依然是改革不够。传统文化体制的弊端（如文化事业高度意识形态化、所有制单一化、文化机构行政化、管理机制和运行机制僵化等）依然较为突出；文化产业的行业壁垒、地区壁垒较为严重，文化资源依然被新闻出版、广电、旅游等部门分割使用，没有有效整合；以往的改革重点放在"集团重组"等方面，却没有重视"理顺党委、政府、企业和市场的关系"，"催生民营企业"这些更为根本的问题，这些问题的直接后果是对文化产业的发展形成了极大的障碍，严重制约着郑州文化产业的发展；郑州多数民营文化企业发展举步维艰，缺乏相应的政策和资金支持机制，在项目的建设中需要同政府多个部门对接和协调，项目审批手续多、周期长，项目落地困难。

二 郑州市文化产业提升发展的对策与建议

郑州目前正处于建设中原经济区这一难得的历史机遇期，要以打造华夏历史文明传承创新核心区为目标，发挥特色文化资源优势，以根亲文化资源的开

发利用为突破点，以推进文化产业集聚发展为着力点，把郑州打造成具有较强影响力的文化强市。

（一）推动文化科技创新，增强文化产业核心竞争力

1. 强化科技项目带动

实施文化科技项目带动措施，就是要有效整合郑州现有科研资源，推动文化科技创新。主要依托国家高新技术园区、国家动漫产业基地等建立国家级文化和科技融合示范基地，把郑州市的重大文化科技项目纳入国家和省、市相关科技发展规划和计划。通过申报国家的"文化部科技创新项目"、"国家文化创新工程"项目和河南省的文化科技创新项目，让项目、工程成为具体抓手，以项目促进郑州市科技机构、科技人才等科技力量的整合；通过文化科技项目的设计、研发和实施，培养文化科技队伍和文化科研管理队伍。通过项目将资金、人才与科研设备等集中起来，进行重大文化科技项目和关键性文化科技技术研发。

2. 加强技术引进

以各种方式引进高新文化科技，既可以弥补文化科技自主创新的不足，又可以便捷有效地发挥文化科技对郑州文化发展的推动作用。首先，应通过财政、税收和用地等优惠措施，吸引文化高新科技企业落户郑州。这一方面能直接带来大量的科技人才，同时又能减少郑州文化科技创新投资的压力，还能为郑州文化产业的发展提供便利的技术支持，可谓一举三得。其次，针对亟须产业升级和产业扩展的文化企业所需要的技术，政府可以通过财政扶持、技术信贷等多种方式引进，以便郑州的文化产业能够赶上当前产业技术发展的整体水平。再次，建立文化科技评估机制，推动文化科技股份模式的形成，以促进郑州文化企业对重大关键技术的引进。

3. 搭建对接融合平台

完善高新科技创新与文化产业发展的对接平台，既可以提高科技对文化产业发展的贡献率、转化率，同时又可以根据文化产业发展需求和带来的科技创新契机反过来推动科技发展。首先，搭建公共文化技术服务平台，这样可以为一些中小文化企业提供先进的科技服务，降低运营成本，提升产品质量。目

前，郑州市乃至河南省只有郑州高新区动漫公共技术服务平台一家，显然这对于蓬勃发展的文化产业而言是远远不够的；推动高新文化科技公司的成立，既可以推动文化科技的自主创新，又可以通过科技服务更大程度地提升郑州文化产业的发展水平。其次，组建文化科技交流中心，及时更新文化所需技术服务信息和最新科技创新信息，担负起文化与科技融合的中介任务，既可以为文化企业寻求相应的技术支持服务，又可以为文化科技研发机构或企业提供技术转化服务。再次，打造科技与文化融合示范基地，通过高新文化科技产业集聚的方式吸引文化企业落户高新文化科技园区，并在基地内部提供文化科技孵化器服务，以鼓励文化科技融合的前期探索与试验。

4. 通过三网融合推动文化产业科技创新

郑州成为第二批三网融合的试点城市，根据国外和国内第一批三网融合试点城市的经验看，三网融合是促进文化产业升级的动力和机会。技术的创新与融合，导致了产业形态的创新，有利于广电、电信和网络形成完整的产业链，拉动行业整体投资规模。从目前情况看，最先受益的将是IPTV、手机电视、网络电视等业务。当前，科技创新应围绕文化娱乐、新闻出版、广播影视服务、软件网络及计算机服务、动漫、广告会展、艺术品流通和设计服务业来进行，不断提高出版、印刷、传媒、影视、演艺、网络、动漫等领域技术装备水平，增强文化产业核心竞争力。

（二）培育文化市场主体，推动文化产业主体多元化发展

1. 壮大龙头文化企业

龙头企业具有经济效益好、竞争力强和拉动力大等显著特征。现有的中原报业传媒集团、郑州市新华书店有限公司等国有及国有控股企业充分显现出对郑州文化产业发展的引领作用。但若与国内同类大型文化企业相比，还存在着较大的差距，有待从投资结构、融资渠道、产品开发和技术设备更新等方面实现进一步提升。同时，郑州骨干文化企业的数量有限，还需要通过文化体制机制改革，进一步培植那些管理科学、拥有核心文化科技、市场发展前景较好的大中型文化企业，早日成长为龙头企业，发挥更大的作用。

2. 发展民营文化企业

民营文化企业在现代管理制度的推动下，既能够迅速与文化科技创新相融合，又能与文化需求相对接，甚至能够瞄准国际市场。同时，民间资本与金融资本的介入，可以弥补财政投资不足的缺陷，更能够推动文化投资模式的多元化，从而依托文化市场自身的调节推动文化企业的良性发展。因此，要进一步降低文化市场主体门槛，通过税收优惠、财政补贴和用地等各种方式鼓励民营资本投资郑州文化产业，实现郑州文化产业主体培育的突破性发展。

3. 进一步加快经营性文化事业单位的转企改制

经营性文化事业单位由于行政管理体制和市场经营机制的矛盾，已经严重阻碍了它们所涉及的文化创作、艺术表演等行业的发展。通过体制改革、落实转企配套政策等推动经营性文化事业单位的转企改制，推向文化市场，不仅可以直接增加文化产业市场主体，而且可以推动经营性文化事业单位自身的发展，减轻政府财政负担，实现一举多赢。

（三）搭建文化产业发展平台，促进文化产业健康发展

1. 搭建信息平台

通过整合已有相关机构的网络资源，建成覆盖全市的文化产业网，搭建公共性的文化产业信息平台，逐步建立"郑州市文化产业数据库"，在文化企业与文化市场、文化产业研究专家和政府之间搭建起一个信息交流、激发创意与版权交易的平台。

2. 博览交易会平台

深圳"文博会"已经成为国内文化产业展示与交易的重要平台。深圳市曾提出要通过"文博会"实现"以会展培育文化品牌、以市场整合文化资源、以交易创造文化价值、以论坛汇聚文化信息、以科技推动文化创新"的目标，并提出了要把它办成"文化的盛典、百姓的节日和城市的名片"的要求。实践证明，"文博会"的确大大加快了深圳文化产业的发展。郑州地处中原，应发挥交通便捷的优势，利用好国际会展中心，精心组织和举办文博会，在展示郑州文化产业发展最新成果、了解全国乃至世界文化产业发展最新态势的同时，洽谈引进国内外重大产业项目。

3. 人才培养平台

要发挥省内大多重点高校都在郑州这一优势，积极培养文化人才，通过高校的博士后流动站大力引进文化高层人才，使郑州市的文化人才能"引进来、留得住"，为郑州市的文化产业注入新的活力。当前亟须培养一批懂经营、善管理的复合型人才，吸引金融、科技和财经等领域的优秀人才进入文化产业领域。推动形成文化产业人才聚集机制，吸引文化产业人才到郑创业，将引人、引项目和引企业相结合，加强与国内外文化产业人才的联系与合作。从市级层面鼓励和支持企事业单位采用高薪聘用、兼职等多种方式面向国内外有计划、有重点地引进文化产业高端人才。创办郑州文化产业专业发展论坛，使其成为文化产业人才聚集交流的平台。

（四）打造文化产业品牌，提升文化产业市场竞争力和美誉度

1. 打造历史文化品牌

充分发挥"天地之中"世界文化遗产和少林寺等文化品牌的影响力，对黄帝故里、黄帝宫、商城遗址、北宋皇陵、杜甫故里和杜甫墓、康百万庄园、二七工人纪念塔等历史文化遗迹进行全面整合和整体开发保护，突出郑州的城市文化特色，强化郑州古都和历史文化名城的形象，使文化资源优势与文化品牌有机地结合起来。

2. 打造精品旅游品牌

发挥"天地之中"和龙门石窟世界文化遗产知名度高的作用，在国内外进行广泛宣传和推介。着力打造"郑、汴、洛"三点一线黄金旅游线，搞好沿线文化旅游精品景区、景点的深度开发，进一步提升景点的品位和档次，拉长旅游链条，突出古都文化魅力，打造世界级品牌。同时以少林寺、商城遗址和始祖文化广场为主，将古都文化、宗教文化、武术文化、寻根文化等郑州优势文化通过高品位策划、包装和推介，通过促进旅游文化资源的整合，开发一批立足国内、面向国际的重点文化景区，打造文化旅游精品产业。

3. 打造人才品牌

大师是文化品牌形成的重要因素之一。如名导演制作的电影票房就比较高，国内知名导演张艺谋的作品输出海外相对就容易一些，还有他策划的

"印象"系列，都成为旅游产业的重点品牌，这实际上都是他个人品牌价值的重要体现。正像石佛艺术公社是由著名艺术家黄国瑞发起成立的一样，一个大师就能带动一个园区的发展，能够带动一个产业的发展。郑州乃至河南文化产业的发展最缺乏的就是名人品牌，我们缺乏一批有市场号召力的节目主持人、音乐人、演员和艺术大师等。因此，在注重培育产品品牌和企业品牌的同时，注重人才品牌的培育，对文化名人进行广泛的宣传和包装，形成郑州名人品牌效应，提高其在全国的知名度，从而提升郑州文化产业的市场竞争力。

（五）规划建设文化产业集聚区，推动文化产业集聚集群发展

1. 以产业集聚为导向，促进集聚区内文化产业价值链的构成

在建设文化产业园区并吸引企业进驻的时候，要注意集聚内文化产业价值链的构成。郑州市文化产业园区存在的普遍问题是信息和科技支撑不足，没有形成完整的产业链。此外，生产者多，售卖者少也是一个问题。因此，在集聚区内要促进垂直联系加强上下游企业的合作，加强企业间信息和技术的交流。郑州市未来对于新建文化产业集聚区的布局要坚持以分工协作、本地结网形成产业集聚来安排项目，努力形成大中小企业紧密配合、专业分工与协作完善的网络体系。

2. 强化孵化意识，突出孵化功能，在园区内设立多种产业发展基金

文化产业作为一个新兴产业，多数企业是新创企业，规模较小，生存能力相对脆弱，因此政府在政策设计与导向上应该强化孵化意识，突出产业集聚区的孵化功能，为企业、个人创业提供支持和服务，降低企业入园成本，降低创业企业的创业风险和创业成本，提高企业的成活率和成功率；通过为企业和创业者提供良好的创业环境和条件，为社会培养成功的企业和企业家。此外，由于文化产业注重创意和艺术性，艺术家的作品有时需要较长的周期才能卖出，艺术创作也需要较长的周期，而且即使是好的艺术品也不是都能赢利，所以艺术家往往需要得到各种形式的资助。因此，在文化产业园区设立多种产业发展基金十分必要。

3. 积极吸引外部跨国公司投资，将郑州文化创意产品推向国际市场

文化产业流通渠道的铺设非常重要，在经济全球化的条件下，跨国公司的

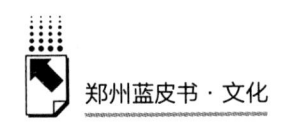

入驻将降低我国文化产业进入国际市场的壁垒，有利于我国文化产品走向国际市场；而且跨国公司所带来的技术知识和经验，也会促进中小文化企业的壮大。据研究显示，跨国公司投资一般选择在开发区，这无疑是看中了开发区的有利条件，同时也说明了开发区具有吸引跨国公司的优势。目前郑州市应充分发挥各个开发区的作用，在招商引资中积极推荐文化项目，吸引跨国公司来郑州发展文化产业，促进郑州文化产业水平的提升，将郑州文化创意产品推向国际市场。

（六）优化产业结构，加快发展文化产业的新兴行业

1. 提升文化旅游品牌和档次

充分利用郑州市丰富的文化旅游资源，如嵩山文化、黄河文化、黄帝文化、商都文化、武术文化等资源在全国乃至世界都有较高的知名度，要进一步提升嵩山少林、黄帝故里、黄河风景等文化旅游的经营水平，全力打造商都、武术、寻根、炎黄始祖祭拜等具有国际吸引力的文化旅游品牌。

2. 大力发展网络动漫文化

集中开发具有鲜明文化特色的网络动漫文化产品，全力打造一批卡通动漫品牌，形成品牌产业链，加快发展快乐星球影视城和小樱桃卡通城的建设，形成以动漫文化品牌为主，其他相关产品为辅的动漫文化产业链，占领网络动漫文化产业高地，创造和培育未来郑州城市文化的新形态。

3. 大力发展会展文化

抓住郑州交通便利这一优势，以郑州国际会展中心、中原国际博览中心、郑州贸易中心栈商品交易馆这三个专业展馆，省人民会堂广场、大厨房农副产品物流港、丰乐农庄农业示范园、中国元通纺织城等众多展览场地为依托，充分发挥自身优势和特色，大力发展会展文化，进一步提升郑州的影响力。

B.19 郑州市文化资源产业化问题研究

杜学霞*

摘　要：

积极推进郑州市文化资源产业转化，对城市文化和经济发展有重大的现实意义，是推动郑州城市持续发展的必然选择。本文系统总结了郑州市文化资源产业转化的现状，分析了制约文化资源产业转化的因素，提出了进一步推进文化资源产业转化的方向与路径。

关键词：

文化资源　产业转化　转化载体　有效途径

文化资源产业转化是推动经济发展方式转变，实现经济"绿色增长"的重要途径。郑州市文化资源积淀深厚，且具有鲜明的地域特色和巨大的经济开发价值，为文化产业发展提供了坚实的供给保障。在建设华夏历史文明传承创新区过程中，必须以深化改革为动力，创新文化资源产业化的路径，加快推进文化资源的产业转化，弘扬传承郑州优秀历史文化，做大做强文化产业，使文化资源潜力转化为文化产业竞争力，文化资源优势转变为新经济优势，加快实现郑州由文化资源大市向文化产业强市的战略性转变和历史性跨越。

一　推进郑州市文化资源产业转化的意义

（一）文化资源产业化是提高郑州城市竞争力优势的不竭动力

文化资源是文化产业的基础和源头，文化资源的开发程度反映了一个国

---

* 杜学霞，郑州师范学院教授。

家、地区的综合实力。文化资源作为一种新型经济要素，对区域经济发展有很大的支撑作用。郑州文化资源的产业化，可以变文化资源为文化生产力，提高郑州市的经济发展水平，促进郑州都市区经济总量的扩张。充分发挥郑州市文化资源丰富的优势，可优化郑州都市区产业结构，提高郑州都市区经济发展的质量；可以缓解郑州市经济发展资源紧张等客观条件的不足，保持郑州都市区的可持续发展能力和区域竞争力。

（二）文化资源产业化是打造区域文化核心区的支撑

郑州文化资源产业化，可以提升郑州都市区的文化软实力；文化资源的产业化可以使郑州对外展示自我文化价值，打造自身的城市文化形象，增加郑州市在国际上的知名度和国际影响力，提高郑州市的文化竞争力，发挥省会城市区位优势和文化优势，发挥郑州在河南省文化建设中挑大梁的龙头作用，从而带动其他城市文化的发展。

（三）文化资源产业化是保护郑州城市文化的有效途径

在保护好文化资源的基础上，进行合理地、有序地和理智地开发，使其创造一定的经济效益，这种生产性保护才是文化资源保护和文化资源产业化发展的方向。也只有通过文化资源产业化，使人们从中获得一定的经济效益，保护文化资源的积极性才会上升到一种有目的和有动力的方向。郑州市应以华夏文明传承创新核心区建设为契机，依托资源优势，把现有文化资源通过各种创新手段变成活的、有社会价值和经济价值的财富。在保护中开发利用，在开发利用中保护传承和创新，是保护郑州市文化资源的有效途径。

二 郑州市文化资源产业化的现状

近几年，郑州市委市政府高度重视文化的发展，郑州文化资源在产业化的道路上已经迈出了坚实的步伐，在不少方面取得了明显的成绩。

（一）文化资源向旅游业转化

郑州拥有包括历史遗迹、建筑、民族艺术和民俗、宗教等方面丰富的文化资源，加上地理位置优越，造就了郑州市旅游大市的地位。近年来，郑州的旅游产业得到了迅速发展。统计数字显示，从 2004 年起，年接待国内游客量及国内旅游收入等指标保持 26% 左右的速度增长。2009 年上半年，全市共接待国内游客 1963.78 万人次，旅游总收入达 185.51 亿元，同比分别增长 15.2%、14.2%。其中，以登封少林寺、新郑黄帝故里、黄河游览区等具有强烈文化主题特色景区最受旅游者的青睐。郑州文化资源旅游业转化中的最大问题是文化旅游产品不足。文化旅游作为一种专项旅游，需要文化要素的渗透来提升其在旅游产业布局中的作用和地位。郑州文化旅游市场发展过程中存在着资源开发上的价值观念问题，历史文化旅游始终没有提上郑州市文化旅游开发的日程；旅游市场推广方面，存在着始终没有形成名副其实的郑州市旅游形象标志和传播口号等问题，这在一定程度上制约了郑州文化资源向旅游业的转化。

（二）文化资源向演艺业艺术业转化

郑州文化艺术资源丰富，演艺业、艺术业等方面更有得天独厚的优势。演艺业是指将音乐、戏曲、舞蹈、曲艺、杂技等表演艺术门类运作于市场，通过观众消费实现赢利的事业。郑州表演业产业化有极好的基础，特别是经过这几年的文化体制改革，演艺业创作水平和经营水平不断得到提升，出现了舞剧《风中少林》、《云水洛神》和豫剧《苏武牧羊》、《常香玉》、《清风茶社》、《斗笠县令》等一批原创性文艺精品。这些艺术精品在为消费者提供文化娱乐的同时，也带来了可观的经济效益。但总的看来，郑州市演艺精品不多，能产生良好的经济效益、具有全国性影响的文化产品还相对较少，整体创作水平和运作水平都有待提高。郑州市丰富的文化资源为艺术业发展奠定了良好的基础。郑州的古玩开发、工艺美术中的郑商瓷和登封窑瓷开发、出土文物仿制品开发、书画精品复制品开发等都取得了良好的效益。但总体看其开发程度还远没有满足市场的需求，一些非常具有文化价值的项目还没有形成市场化运作方

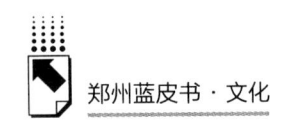

式，离产业化的道路仍有一定距离。郑州工艺美术开发仍有巨大的开发空间和广阔的前景。结合实际需求开发丰富多彩、特色鲜明的艺术品、工艺品仍是郑州艺术业发展的重要途径。

（三）文化资源向文化会展业转化

郑州有良好的区位优势和交通优势，是唯一一个展会面积超过112万平方米的中部城市，发展会展业有得天独厚的条件。借助上述优势，郑州文化会展业取得了突飞猛进的发展。仅2011年，全市就举办了展会141个，展览面积155.29万平方米，同比分别增长了38.2%和17.6%，文化会展业直接带动了旅游、餐饮、住宿、娱乐、交通等服务业发展，实现经济效益130亿左右。郑州市获得"2010年度十大品牌会展城市"称号，郑州国际会展中心获得"2010年度十大品牌会展场馆"称号。现在，全市有3万平方米以上的大型会展场馆11个，1万~3万平方米的中型会展场馆23个，1万平方米以下的小型会展场馆107个。2011年，郑州先后举办了2011年中国国际农业机械展览会、第66届全国药品交易会、第二十届国际五金博览会等高规格的、具有国际和全国影响的展会，知名度大大提高。目前，郑州市文化会展业运行指标良好，会展国际化程度显著提高，自主品牌展会成长迅速，新展会项目不断涌现，会展业正成为郑州一项重要的文化产业，并努力向"中部会展之都"的目标迈进。

（四）文化资源向文化创意转化

依托资源优势、政策优势等，郑州的文化创意产业正呈现迅猛发展的势头，出现了郑州天乐动画影视发展公司、小樱桃动漫集团、华豫兄弟动画制作有限公司、新海岸电脑彩色制印有限公司等一些骨干企业，打造出《禅宗少林·音乐大典》、《风中少林》、《小樱桃》等一批知名的文化品牌，郑州创意产业正朝着集聚方向、文化创意产业园区的方向发展。郑州文化创意园有国家动漫产业发展基地（河南基地）、郑州信息创意产业园、金水文化创意园、河南石佛艺术公社、登封文化产业示范园区、郑州华强科技文化园、郑州古玩城等。但总体看，郑州文化创意产业仍存在规模小、骨干企业和知名品牌少、产业集聚力不强、产业链条不完整、创意人才缺乏等问题,这使郑州的文化创意产业发展受到一定程度的制约。

(五)文化资源向根亲品牌和节会品牌产业转化

根亲文化是郑州一项很重要的文化资源,是郑州文化资源的优势之一。从20世纪80年代开始,海外和港澳台地区华人华侨不断寻根问祖,中原大地曾掀起了一次又一次的寻根热。郑州根亲文化的开发利用体现在始祖品牌、姓氏品牌、名人品牌、古国品牌等寻根文化品牌不断涌现,郑州的根亲文化品牌代表性的有黄帝拜祖大典、炎黄二帝公祭大典、郑氏寻根、潘氏寻根等知名寻根品牌。根亲文化资源产业化开发不仅树立了郑州良好的国际形象,而且带动了寻根经济的发展。目前看,郑州根亲文化资源远没有得到充分的开发利用,其产业化前景仍然十分广阔。节会也是郑州的重要文化资源,郑州有国际少林武术节、豫商文化节、新郑大枣节、中牟西瓜节等著名的节会品牌。这些节会带来了良好的社会影响和可观的经济效益,有很大开发潜力。

三 郑州文化资源产业转化的原则与方向

(一)基本原则

文化资源需要产业化,但不能盲目产业化,盲目的产业化只会导致对文化资源的破坏。郑州文化资源产业化应遵守以下基本原则。

1. 协调性原则

所谓协调性原则是指文化资源产业化不仅要与自然生态环境相协调,还要与郑州市经济社会发展水平相协调。要看到文化经济的一体化是现代经济社会发展的大趋势,经济发展为文化发展提供必要的物质基础,文化发展又为经济发展提供强大推动力量和新的发展空间。如果不考虑经济发展基础的实际情况,没有强大的经济建设作后盾,盲目进行文化资源的产业化开发将会导致文化资源的极大破坏和恶性消耗,不利于经济的可持续发展。

2. 创新性原则

创新是文化资源产业化的根本和核心，是文化资源产业化真正的生命。对文化资源要采取借鉴和改革创新相结合的态度，既要珍惜历史传承下来的文化遗产和文化资源，也要对其不断地创新，包括站在文化产业的角度对文化资源重新审视、解释，不断赋予新的内涵、新的理解、新的形式，借助现代化生产方式，使历史文化资源重新发出时代光彩。

3. 可持续性原则

文化资源同物质资源、自然资源一样，是重要的产业资源。文化资源的开发和传统产业发展一样，必须将可持续发展的观念运用于开发过程。有些文化资源如物质类文化资源一样具有不可再生性，无节制的开发只能导致对文化资源的极大破坏。因此，文化可持续发展原则是文化资源向文化产业转化所必须遵守的原则。郑州市的主要文化资源都分布在所辖市、县，有些地方经济发展相对落后但文化资源十分丰富，要防止一些人由于脱贫致富心切，无视文化资源可持续利用开发原则，为眼前利益而牺牲长远利益，对文化资源进行无节制的开发，最终造成文化资源枯竭的可怕后果。因此，郑州的文化资源产业化开发应融入可持续发展观念，使文化资源的保护性开发与经济建设均衡发展。

4. 整体性原则

郑州文化资源丰富，种类繁多。面对众多的文化资源，一个切合实际、具有前瞻性眼光和全局性的开发规划是非常必要的。在编制开发规划过程中，应首先对文化资源要素进行有效的评估和分析，以实现产业开发效益最大化。在宏观布局上，要立足郑州区域实际，充分考虑各市、县、区的文化现状差异，确定不同市、县、区的重点开发目标。郑州的文化资源产业化，还应打破狭隘的地方主义，主动与周边地区整合一些相关或者相同的文化资源，实现文化资源共享和利用。如新郑、新密共同拥有黄帝文化资源，巩义、中牟、荥阳、郑州市区共同拥有黄河文化资源。面对这些文化资源，各地方政府应从大局出发，建立和保持一种合作意识，有全局观念。

（二）文化资源产业化的方向

1. 推进文化资源向文化旅游产业转化

郑州市拥有丰富的历史文化资源、非物质文化资源和自然文化资源，应加快推进这些文化资源向文化旅游产业的转化。郑州市文化旅游市场开发的总体战略包括精品战略、市场战略、空间战略、多元战略、科技战略等。对郑州旅游形象的定位，可以以"古都郑州，魅力商城"为旅游形象口号。文化旅游的发展离不开旅游产品的打造和精品工程的创建，立足郑州市文化旅游资源实际，可以发展八大文化旅游精品：历史文化游、宗教文化游、黄河文化游、生态休闲游、名人文化游、寻根文化游、武术文化游、民俗文化游。就具体开发方式而言，既可以考虑横向开发，将不同行政区域的文化资源内部整合，如为了开发黄帝文化旅游资源，需要郑州市区、新郑、新密三地的地方政府协作；也可以考虑纵向开发的开发方式，如利用郑州古代文化遗址相对集中的特点，设计能反映体现五千年中华文化发展历史进程的旅游线路图，使游客在短短几天内就能体验到从旧石器时代到现当代中华文明（华夏文明）五千年的丰富的历史。针对文化资源相对集中和典型的区域，可考虑通过设立"文化生态保护区"、集中保护相关地区的物质和非物质文化遗产的方式来开发旅游产品。如联合嵩山周边所属地市，申请设立"天地之中"——环嵩山文化生态保护区，开发环嵩山文化旅游；还可以设立黄帝文化生态保护区，把新郑、新密、郑州市区的黄帝文化资源整合起来（包括民俗、民间文学、民间工艺、音乐、表演等资源）开发出以自然、人文、民俗等为主题的多种功能文化旅游产品。

2. 利用丰富的非物质文化遗产发展演艺业与艺术业

郑州的非物质文化遗产项目种类多、级别高，有较高的历史价值和文化价值，也包含着极大的经济价值。对一些重要的非物质文化遗产项目进行产业化，是郑州文化资源产业化的重要工作。郑州非物质文化遗产中民俗类、表演类、体育竞技类、工艺美术类等类别里蕴含的经济价值最大，产业基础好，产业化程度最高。郑州表演类艺术中有全国最大的地方剧种——豫剧，有上千年历史的传统音乐——超化吹歌，有传统舞蹈——小相狮舞等，这些都是国家级非物质文化遗产项目，产业化程度还比较低，极具开发潜力，如何把这些蕴含着极大艺术价值和经济价值的文化资源开发利用进而产业化是亟待解决的问题。武术文化是郑州具有国际性影响的文化事项。少林功夫、苌家拳都是国家级非物质文化遗产，它们虽属于体育竞技类项目，也极具表演价值。把它们运作于市场，通过表演演出可以实现这些非物质文化遗产项目的产业化。郑州民俗类非遗项目著名的有黄帝拜祖大典、中岳庙会、摸摸会等。目前，黄帝拜祖大典已为新郑市树立了良好的社会形象，带来了可观的经济效益。比较而言，登封的中岳庙、摸摸会的文化价值和经济价值还没有被充分认识和开发。大力开展民俗展示和民俗节庆活动，将这些民俗资源充分利用起来，也是郑州文化资源产业化的一项重要工作。此外，郑州非遗项目中工艺美术类里还有澄泥砚制作、登封窑瓷器制作、剪纸、泥塑等本身运作就带有市场化因素，如何利用郑州的区位优势交通优势，把郑州工艺美术类产业做大做强，值得研究。

3. 大力发展节庆活动文化品牌和会展业

利用郑州文化底蕴丰厚优势和区位优势大力发展文化节庆活动，打造节庆文化品牌，是郑州文化资源产业化的重要途径之一。郑州现已形成一些知名节庆活动文化品牌。国际少林武术节、黄帝故里拜祖大典、豫商文化节等，这些都是有全国性乃至世界性影响的文化品牌。郑州本地节庆品牌影响较大的有中牟西瓜节、新郑大枣节、郑州城隍庙庙会等。上述节庆品牌依托历史文化、民俗信仰、自然风景、特色物产等，通过节庆活动的开展，传承了优秀文化、改善了城市形象，总体上提升了郑州的文化软实力，还推动了旅游、酒店、交通等行业的发展，给地方政府带来了实实在在的经济效益，应该继续发展壮大。由于区位优势交通优势明显，郑州的文化会展业发展迅猛，知名度不断提高，应抓住这一机遇，大力发展文化会展业，争取尽快把郑州打造成"中部会展之都"。

4. 大力发展文化创意产业

文化创意是文化资源产业化的核心。利用现有文化资源，对文化资源进行现代化转换，打造出适合现代人口味、现代消费方式的文化精品，体现了文化资源产业化的核心力量。挖掘郑州文化资源，用创意打造郑州文化产业品牌，将文化资源转化为与当代社会消费需求相适应的文化产品。目前，郑州已经走出了以文化创新带动文化产业发展的路子。大型实景演出《禅宗少林·音乐大典》、舞剧《风中少林》、《云水洛神》、动漫产品《小樱桃》、儿童电视剧《快乐星球》等就是郑州在文化创意方面的成功实例。这些具有原创性的作品，不仅为投资方带来了良好的经济效益，也大大提升了郑州的文化形象。应借助这些产品的优势，进一步完善产业生产链条，提升郑州文化产业的集聚力，引导创意产业向产业集聚区发展。

四 郑州市文化资源产业转化的路径

（一）依托文化资源优势，发展主导核心文化产业

应统筹规划全市文化产业，选择优势文化资源，确立文化资源产业化开发的优先次序和主导结构。针对郑州市文化产业发展现状，选择具有优势资源、产业基础扎实、市场前景看好的重点行业和区域，集中力量有限发展，增加文化资源产业化开发的深度。郑州市现有文化旅游业、现代传媒业、文化会展业、文化娱乐业、数字动漫业等主导文化产业，应加大这几类文化资源产业化的开发。嵩山文化、功夫文化、黄帝文化、黄河文化等文化资源是郑州的优势文化资源，依托这些文化资源已经形成一些核心产业如旅游业、节会业，并形成了一系列郑州的知名文化品牌如少林寺旅游品牌、少林功夫品牌、黄帝拜祖大典品牌、嵩山文化品牌等。对这些文化产业进一步挖掘，在政策、资金等方面提供优惠或者扶植，不但可以加强这些产业和品牌的优势，还可以收到以优秀项目带动一般项目，把同一地区的文化资源整合到同一个项目中，突出重点、带动一般的效果。

（二）加快文化资源整合，建设一批文化产业集聚区

郑州市文化资源产业化中，文化旅游、寻根问祖文化、武术教育表演产业、表演艺术、工艺美术、文化创意产业等产业的发展具有优势。应借助政府的组织协调力量，创新思路，继续打造独具特色的文化品牌，不断壮大产业规模，推动这些文化产业产业结构的优化升级，提高它们的集群竞争力，引导它

们向产业集聚方向发展，并建设相关文化产业集聚区。郑州原有的文化产业园区主要集中在文化创意方面，寻根问祖文化、黄帝文化、表演艺术等还没有自己的文化产业园区，以后应根据这些文化产业发展趋势，在提高原有文化产业园区管理水平和经营水平基础上，建设一批新的文化产业园区，使上述文化产业发展产生集聚效应。

（三）投资主体多元化，多种所有制共同发展

在郑州文化资源产业化过程中，文化产业发展要遵守市场自身规律。投资主体应该以企业为主，走自主经营、独立发展的路子。前几年，郑州市政府发挥了引领、扶持作用，利用文化资源的优势，规划了一批市场前景好、投资回报高的重大文化产业项目，通过市场化运作，吸引各种类型的投资主体，促进产业化的升级和换代。下一步，政府要继续合理布局，加快实施重大文化项目带动战略，加快建设区域性特色文化园区和基地，力争不断通过充分开发和利用郑州市的文化资源，形成产业化规模经营。同时，还要借政府的力量，搭建文化建设融资平台，加大招商引资的力度。特别是要加大对文化创意好的中小型文化公司扶持力度，在融资、投资政策、税收政策等方面给予优惠，鼓励更多的民营资本参与到文化产品的开发和经营中来。

（四）依据区域文化资源，大力发展特色文化产业

郑州主要文化资源分布在所属市、县，各地可分别考虑当地的文化资源实际情况发展自己的文化产业。登封的文化产业化应该注重文武兼修，在重视"武"文化的同时打造出一批"文"文化的品牌，使嵩山文化资源产业化呈现出规模效应。新郑市的文化亮点是黄帝文化，依托黄帝拜祖大典形成的黄帝文化产业已经成为新郑的知名文化品牌。新郑在黄帝文化方面走集团化发展道路除了继续重视黄帝拜祖大典的品牌效应外，可以开发与黄帝文化有关的其他项目。如利用黄帝传说、嫘祖文化，打造民俗节日旅游，利用《黄帝内经》等发展与之相关的医药文化品牌；也可以把黄帝拜祖大典与其他节日民俗以及考古学、历史、文学等结合起来，申请"黄帝文化空间"，形成对黄帝文化的立体开发态势。还可以将新郑的郑韩文化、诗经文化郑风等文化资源调动起来，

使新郑文化资源产业化从单一走向丰富，从平面走向立体化。巩义的文化亮点是河洛文化、伏羲文化（八卦文化）、杜甫文化、豫商文化、宋代文化、石窟文化等，其中具有全国性影响的是北宋皇陵。对于这样宝贵的文化资源，提炼出一些文化符号，进行文化创新，用文化创意打造成有价值的文化品牌，是首选。荥阳的特色文化是姓氏文化、名人文化、象棋文化、战争文化。利用汉代文化和战争文化，拍一个楚汉争霸的历史剧、再现历史场景，可大大提高荥阳的文化知名度。有关黄帝的传说和黄帝遗址是新密的文化亮点。新密对黄帝文化的开发应与新郑联手进行。中牟可在三国文化、潘岳文化、西瓜文化、黄河文化等方面开发自己的文化资源。

B.20 郑州特色历史文化资源的时代价值与创新利用

张 郁 刘建军[*]

摘 要:
特色历史文化资源是郑州都市区建设的突出优势,保护和开发利用郑州特色历史文化资源是郑州文化发展、提升城市文化品位的重要依托。本文梳理了郑州现有的特色历史文化资源,对特色历史文化资源的传承价值、创新发展等问题进行了研究,提出了城市建设中创新利用特色历史文化资源的对策。

关键词:
历史文化资源 文化遗产 区域文化 传承创新

弘扬时代主旋律,发展文化产业,既要引进和创新发展富于时代气息的现代文化形态,也要积极挖掘历史文化资源中的优秀成分。郑州地区是中国早期文明的重要发祥地,不少优秀的历史文化资源流传至今,是当代文化建设的重要资源依托,如何挖掘郑州丰富的历史文化资源,提炼文化资源的价值,创新利用模式,成为郑州都市区文化建设的重要课题。

一 历史文化资源的类型与价值分析

(一)文化资源的类型

文化资源是构成一定时期某种文化形态的各种现实素材,是人们进行文化

---

[*] 张郁,河南牧业经济学院讲师。刘建军,中共郑州市委政策研究室科员、博士。

生活和从事文化生产必需的基本元素。它包括四种类型：自然地理景观和人文遗迹等各种器物性物质要素，宗教信仰、艺术、风俗习惯、科学技能等精神要素，法律、制度、道德等社会规范体系，语言、姿势、表情、动作、声音、图形、标识等语言和象征符号性元素。从时间维度上看，文化资源可以分为即时生产、即时消费的文化资源和消费具有时间延续性的历史文化资源两大类型，后者是前者时间积淀的类型定格和形式丰富。"特色历史文化资源"的概念突出了文化资源的历史性、人文性、地域性和独特性，可以说郑州市特色历史文化资源的概念是郑州地区独具的自然文化资源以外的各类物质文化遗产和各种形式的非物质文化遗产的总称，具体体现为历史文化名城、名街区、名村镇历史上的重要实物、文献、手稿等文物和各种文艺形式。

（二）郑州特色历史文化资源创新利用的价值分析

历史文化资源是城市文化建设的基本依托，其有益成分对当代文化建设和社会发展具有利用价值。在经济发展和文化溯源方面，郑州做好特色历史文化资源的传承创新具有浓厚的时代价值。

1. 释解"古都之惑"

由中国古都学会 2004 年 11 月通过，并经国内史学家承认的"八大古都"包括西安、洛阳、南京、北京、开封、杭州、安阳、郑州。郑州历史文化资源具有历史悠久、种类繁多、英才辈出、区位优越、空间分散等特点。距今约 10 万年前，郑州已出现众多早期人类活动的足迹。新石器时代，从 1 万年前的李家沟遗址到 8000 年前的裴李岗遗址，从六七千年前的大河村遗址到 4000 年前的古城寨城址，历史从未在这里中断。黄帝时期建都于今郑州之新郑。郑州在夏朝初年为都，即今郑州之登封、新密。在商朝时为早、中期的都邑，称为亳都、隞都。不计黄帝时期，郑州作为都城共计 381 年，这些因素都让郑州入选中国八大古都。然而，与北京、西安、南京等其他大古都相比，全社会（包括郑州民众）对郑州作为大古都的认知度还不高。提到北京，我们都会想到明清故宫、颐和园、天坛；提到西安，我们都会想到"蓝田人"、秦始皇陵兵马俑、大雁塔、小雁塔的汉唐遗风。今天提到郑州这座历史古城，包括郑州当地人在内的全国人民很难想到还有什么实

物去证明这座古都，我们很少能够感到其历史厚重在哪里，而大都会不约而同地把她当做是伴随新中国成长的一座年轻的新兴城市，都很难说出其"古老"之处。2011年9月，《国务院关于支持河南省加快中原经济区建设的指导意见》明确提出把河南建设成为"华夏历史文明传承创新区"作为中原经济区的四大战略定位之一，这为郑州历史文化资源的保护开发提供了历史契机。河南省委提出华夏历史文明传承创新核心区的文化建设目标，得到了国家的认可和支持。郑州可待开发的丰富历史文化资源是未来发展的重要依托，挖掘历史文化资源中的优秀成分，正是华夏历史文明传承创新核心区建设的重要一环。

2. 提升区域竞争力

文化影响力是城市综合实力的重要构成部分。从文化对区域全局的关联作用来看，文化建设是实现郑州发展转型的重要依托。经过改革开放后20多年的粗放型快速发展，土地危机、环境污染严重、能源枯竭已经成为制约郑州发展的"瓶颈"。文化产业是现代服务业乃至现代经济的重要组成部分，依托城市具有比较优势的特色历史文化资源，集中城市自然资源和人文创造精华，着力打造区域文化品牌，能够将散落的历史遗迹和文化素材转化成具有商业附加值的商品（服务），从而延伸带动一个地区的发展。在郑州经济社会建设中，充分挖掘优秀的历史文化资源，古为今用，不仅可以在传承中创新发展灿烂的历史文化，还可以产生显著的经济价值。文化产业具有较强的渗透力、影响力和辐射力，把历史文化资源开发和文化建设纳入全市经济社会发展总体布局，可以带动经济增长、产业升级、科技创新、人才培育。2006年，郑州市开始把文化旅游产业作为重点培育的支柱性产业；2009年，又明确把文化创意旅游产业作为四大战略支撑产业之一。依托黄帝文化、嵩山文化，带动演艺业、影视业、动漫产业、文学艺术以及包括教育文化、旅游文化、科技文化、社区文化、文化节会等在内的文化形式发展。2006年以来，全市文化产业增加值保持年均15.8%的增长速度，在全省文化产业增加值的比重稳定在20%以上，成为地区经济发展的重要支撑、人才培育的重要途径。充分挖掘利用历史文化资源，可以带动相关文化产业的发展，同时也可以促进郑州对外开放交流，改变郑州的对外形象，从而提升区域竞争力。

3. 塑造中华民族的精神家园

区域文化资源的丰富程度和质量高低体现了当地社会民众的智慧与才识。历史文化资源是先民们创造和遗留下来的完整的或者残碎的实物和习俗，通过现代人的修复和利用可以在社会经济建设中产生积极意义。从文化的社会价值来看，历史文化资源是价值观念教育和人文精神传承的有效载体。郑州丰富的历史文化遗产是先民们留给当代郑州人民的宝贵财富，是城市物质文明、政治文明和精神文明建设的载体，也是构建和谐社会、实现中原崛起的催化剂，更是建设中原经济区的重要支撑。加强郑州历史文化遗产的传承创新，是建设社会主义先进文化、贯彻落实科学发展观和构建社会主义和谐社会的必然要求。同时也通过传统文化用中华民族共有的精神家园联结，将散布在世界各个角落的炎黄子孙所在的区域文化冲突销蚀，以共同的精神纽带维系中华文化的根脉，从而建设起中华民族的精神家园。

二 郑州推进特色历史文化资源创新利用的基本情况

郑州市近年来尤其注重文化资源的保护利用，在遗产保护、文化设施建设、文化资源产业等方面成效突出。

（一）大文化遗产保护机制不断健全

近年来，郑州市对文物保护工作给予了更多的关注和支持，文化和文物事业认真贯彻"保护为主、抢救第一、合理利用、加强管理"的方针，严格执行文物保护法律法规，文物保护、管理、展示和利用水平全面提升。一是在管理体制上，在市、县两级政府组建了新的市文化广电新闻出版局，同时，针对郑州市文物保护和管理的工作任务重，设立郑州市文物局，组建了市、县两级的文化市场行政执法大队。初步形成了财政、税收、国有文化资产管理、资产处置、土地处置、人员分流和社会保障、收入分配、工商管理等方面的配套政策体系。二是积极开展文物行政执法，狠抓文物安全工作。建立了联合防范和打击文物犯罪工作机制，严厉打击各类文物犯罪活动，侦破了一批文物犯罪案件。以田野文物、馆藏文物、古建筑、文物库房、考古发掘工地、项目施工工

地等为检查重点,实现连续多年"文物安全年"。三是积极推进《郑州市嵩山历史建筑群保护管理条例》、郑州市《大遗址保护管理条例》制订工作,启动了《郑州商代遗址保护管理规定》修订工作。四是文物普查等基础性工作扎实有效,文物勘探和考古发掘科学有序。大批新文物点的发现,极大地丰富了郑州市的文物资源,文保单位申报和管理成绩突出。2010年8月,圆满完成登封"天地之中"历史建筑群"申遗"任务和中国文化遗产日郑州主场城市活动,2012年世界遗产监测中心揭牌。特别是随着登封"天地之中"历史建筑群"申遗"成功,郑州的文物保护更是受到世界的关注。

(二)不断加强文化资源展示载体建设

一是以国有博物馆为主体、非国有博物馆为补充的博物馆网络体系初步形成。目前,文化部门归口管理的11家国有博物馆,已备案纳入管理的行业博物馆1家、民办博物馆3家。7家必须免费开放的国有博物馆、纪念馆,除1家不具备开放条件外,其他6家已对社会实行免费开放;2家遗址类博物馆均已免费开放。二是博物馆公共服务功能有效发挥。全市各级博物馆、纪念馆坚持"贴近实际、贴近生活、贴近群众"原则,不断提升社会服务功能,认真做好免费开放工作。郑州市市属文博开放单位免费开放以来,接待观众数千万人次,取得了良好的社会效益。郑州市文博部门积极组织开展特色展览进社区、进学校活动,使人民群众共享文博事业发展成果,有效地发挥了公共服务和社会教育功能。

(三)文化遗产保护维修工作持续推进

一是科学编制文物资源保护展示规划,完成了《郑州商代都城遗址保护规划》等一批保护规划的制订工作,启动了郑州市中心城区周边区域文物保护专项规划编制工作,与市城乡规划局共同完成了郑州市近现代优秀建筑的保护规划工作。二是积极做好文物保护单位的保护范围和建设控制地带划定、上报工作,联合制定城市紫线规划并予以公示,很大程度上避免了因城市建设规划不到位可能带来的对文物的破坏。三是加强文物本体的保护维修。加大商城遗址、郑韩故城、北宋皇陵、新密古城寨遗址、荥阳故城等文物保护单位的保护维修力度，积极组织古荥城隍庙、新密县衙、新密城隍庙、康百万庄园、张祜庄园、刘镇华庄园、杜甫故里景区、刘碑寺、崇福宫、南岳庙等多项本体维护及环境整治工作，使大遗址和周边县（市）文保单位得到科学有效保护。四是积极开展考古发掘和对外学术交流工作，文博研究工作取得丰硕成果。在国家级重大科研攻关项目"中华文明探源工程"9个项目中，郑州市独自承担或参与承担的占5个。2007~2011年，郑州连续5年获得"全国十大考古新发现"称号，这在全国是独一无二的。积极开展郑州中华之源与嵩山文明研究，出版了《嵩山行》、《郑州历史地理研究》等系列丛书。

（四）历史文化资源的产业化运营成效显著

郑州市注重特色历史文化资源的开发，加快与旅游、会展等业态的结合，将文物景点资源转化为旅游发展资源，将文化资源优势转变为社会经济发展优势，促进文化经济发展。以登封市待仙沟景区的《禅宗少林·音乐大典》实景演出为起点，带动开发地产、酒店、商业、餐饮、讲学等系列产品，推广独特的"禅武休闲旅游"新理念，形成"禅宗文化产业+武术产业"的新模式，走出了演艺业与旅游业共生共赢发展的新模式，其经验得到中央肯定并在全国推广。全市各文物景点、景区不断完善基础设施、提升服务水平，巩义、登封、新郑等地不少文物景点、景区已成为当地旅游经济发展的重要支撑。在文化演艺方面，打造了《禅宗音乐大典》、《风中少林》、《黄帝故里拜祖大典》、《云水洛神》和豫剧《苏武牧羊》、《常香玉》、《清风茶社》、《斗笠县令》等一大批原创性文艺精品。《风中少林》连获多项全国文艺大奖，得到市场广泛认可并成功走向国外。全新打造的大型舞剧《水月洛神》2011年连获殊荣，并摘得"荷花奖"金奖和5个单项奖，成为继舞剧《风中少林》之后郑州市又一个重要的演艺品牌。

三 特色历史文化资源创新利用中存在的问题

（一）经济建设与历史文化资源保护冲突

在现代化城市建设的过程中，国内不少城市一方面花巨资复建古城，另一方面，城市基础设施扩建也造成了历史文化资源的破坏，不少古城遗迹在为城市建设让路中湮没绝迹了。一些历史遗迹需要抢救、保护，在保护中继承和发展，否则这些历史文化资源将面临消失的危险。加上每年的文物保护资金较少，造成日常维护经费、安全设施经费、文物征集经费、规划经费投入上欠账较多。而且随着工业化、城镇化建设和旧城改造的推进，仅存不多的历史文化资源也因过度开发或者保护不力正在消失，不少物质性文化遗产及其生存环境受到严重威胁，加强文化遗产保护迫在眉睫。这亟须落实《郑州市城市紫线规划控制导则》，强化执法力度，探索一条旧城区改造与历史文化名城、历史文化街区保护，新型城镇化和新农村建设与名城名镇名村保护相和谐的发展之路，实现新型城镇化建设与历史文化名城保护相互促进，共同发展。

（二）历史文化资源产业化运作的水平有待提高

市区内拥有的文化资源展示的载体缺乏，国际性大都市中，伦敦拥有近200家博物馆，是世界上拥有博物馆数量最多的城市。在巴黎，每个社区都分布有博物馆，文化气氛十分浓厚。在国内，北京拥有151家博物馆，成为世界上拥有博物馆数量仅次于伦敦的城市，上海、西安拥有博物馆的数量也有百余家。郑州各级文物部门登记注册的国有及民营博物馆仅10家。而且文化资源经过发掘、修复、加工整理后就往往被束之高阁，与结合新型业态进行产业化运作脱节。例如，景点开发模式雷同，开发方式相对简单。满足于初步的参观旅游需求，未结合资源的文化内涵进行深度挖掘，缺乏历史悠久的文化所带来的厚重感。另外，缺乏民间资本的注入和充分的恢复保护，没有拓展延伸拉长消费链条，与文物相关的文化旅游产品开发尚未形成产业化、规模化，其经济效益并未凸显出来。因而，多数历史文化产品规模偏小、知名度不高。

（三）历史文化资源开发重点不够突出

郑州市作为具有3600多年历史、历经数个朝代的历史文化名城，形成了黄河文化、黄帝文化、嵩山文化、少林文化、商都文化、河洛文化、姓氏文化、客家文化等纷繁众多的文化类型。但是历史文化资源的保护开发，呈现"全面撒网"的局面，有限的公共开发资源和区际竞争的形式对这一模式提出了挑战，特色历史文化资源开发利用不足，导致竞争优势缺乏。独具特色并具有显著优势的嵩山文化、以豫剧为核心的戏剧文化、以商城遗址和豫商故里为核心的商都文化等开发不足。总体来看，郑州市的历史文化名城建设特色还不突出，精品工程不多，文化品牌数量偏少、知名度和影响力不高，难以充分体现郑州文化精髓和佐证古都风韵。

（四）专业人才短缺，队伍结构不合理

文艺创作是具有一定知识结构和创新能力的人才对既有文化资源进行挖掘、创新、生产的过程。文化生产和物质生产存在很大差异，文化产品更多地是个体劳动、个体生产，而非必须大规模投资的规模化、流水线式的工业制造。因而，人才是文艺创造和特色历史文化资源开发的关键。然而，相对于丰富的历史文化资源数量和庞大的保护工作量而言，郑州市文化人才特别是从事特色历史文化资源保护和开发的人才还十分稀缺。从管理机构来看，现有的文博管理人员和专业人才队伍明显不足，文物局25名行政编制（含15名局领导），不从局属单位大量借调工作人员。而下属管理机构少，编制更少，市局的抽调又造成基层文保工作难以开展。从文博专业人才来看，郑州文物系统历史、文博专业人员共59人，第一学历为历史、文博专业的人员仅有35人，专业人才队伍远远不能满足实际工作的需要。文物保护机构中真正精通文物修复、规划设计和保存的人才严重不足。全系统缺少在全国、全省有影响的专家，许多基层单位都需要具有话语权的、年龄在45周岁左右的、具有长期实践能力和高水平研究能力的研究人员。从民间艺术生产、传播的支持和对民间艺人的生活补助与培养来看，政府支持还远远不足。不少民间艺人只是靠着个人爱好从事文艺创作，没有考虑文化遗产的传承创新和接续力量的培育，也没能形成社团组织进行团体创作。

四 郑州特色历史文化资源创新利用的对策建议

郑州市特色历史文化资源传承创新需要坚持突出特色和重点、搞活运营体

制机制的原则,对内通过实施大项目带动战略,做好分散破碎的历史文化资源的系统整理和延伸性创新,对外通过学术交流和广泛宣传,提升郑州特色历史文化的知名度和区域影响力。

(一)做好历史文化资源保护的系统性规划和建设管理

1. 将历史文化名城保护纳入城市建设规划

大规模经济建设的快速推进,对历史文化名城遗址风貌的破坏是空前的。所以,我国的22个历史文化名城中,北京、南京、西安等14个直辖市和省会城市都已制订历史文化名城保护条例,不是历史文化名城的太原市也制订了历史文化名城保护办法。郑州市也需城镇化建设与历史文化名城保护并举,加紧启动《郑州历史文化名城保护条例》、《郑州历史文化名城保护规划》等城市文化遗产规划的制订、修订工作,并与人口规划、产业规划、空间规划、土地利用规划实现"五规合一"。在有效保护历史文化风貌的同时,促进城市功能完善和空间布局优化,实现郑州经济建设与文物保护工作的协调发展。

2. 建立部门协作联动机制

逐步完善县区级文物保护单位的管理机构。积极与横向相关部门沟通、协调、解决文物管理中的职责交叉重叠问题,建立定期议事协调、目标管理、绩效考核、督办问责等制度,搭建各相关职能部门的紧密协作机制;深化与规划部门合作,将文物保护与公共绿地、水利、道路等市政建设密切结合,使文物保护与城市建设相互促进、相得益彰;加强与旅游部门的合作,打造旅游线路、产品,提升旅游的文化内涵,也将丰富的历史文化资源尽快更好地转化为经济效益;密切与宣传部门的合作,提高文化资源大市的宣传推介力度。

3. 增强历史文化资源产业化运作的活力

郑州虽然拥有丰厚的历史文化资源,但在保护和开发方面还存在地区分割和投资机制僵化等束缚历史文化建设的突出障碍,需要我们在理顺部门体制的同时,做好区域协调,并引导民营资本进入历史文化资源开发利用领域。由河南省兆腾投资有限公司、北京天人文化传播有限公司、广西维尼纶集团、中国嵩山少林寺联合组建的郑州市天人文化旅游有限公司完成的《禅宗少林·音乐大典》项目，是非公有资本跨地区联合经营的成功典范，也是今后郑州市文化建设项目所亟须提倡和推广的运作模式。

（二）突出特色和重点，抓好历史文化资源的保护

1. 挖掘修复重点历史文化资源

做好考古发掘工作，配合全市重大建设项目，对一些重要大遗址提前做好沟通，做好基本建设中的考古发掘和文物保护工作，为经济项目建设争取时间。及时将考古新发现的遗址确定保护级别，纳入文物保护单位体系。建立郑州市非物质文化遗产名录体系和专项博物馆或展示中心。依托管城区商城遗址周边区域，落实郑州商城遗址保护规划，规划建设好商都遗址博物院和商城遗址周边5.6平方公里历史文化核心区域，将郑州商都遗址国家考古公园建成华夏历史文明传承创新区核心工程。通过重建子产祠、夕阳楼，恢复书院街传统街区等，采用雕塑、景观、建筑等多种形式，建成一批特色鲜明、文化底蕴深厚的文化景观，对古都郑州进行整体性、系统性的展示，营造古都特色城市形象。

2. 全面提升郑州市文物保护展示利用水平

认真落实《郑州市文物事业"十二五"发展规划纲要》，以实施"25101"工程为抓手，积极打造华夏历史文明传承创新核心区。一是提升文博事业公共文化服务功能。加快国有博物馆建设，规划并推进郑州商都遗址博物院、西山遗址博物馆、郑州博物馆新馆、郑州世界客属文化中心博物馆、郑州纺织工业遗址博物馆、郑州北伐战争纪念馆、郑州铁路博物馆、古荥汉代冶铁遗址博物馆、郑国车马坑博物馆、中国天文博物院等10座国有博物馆建设步伐。鼓励、支持、引导民营博物馆发展建设，积极探索有效管理、服务民营博物馆的工作机制，逐步形成独具中原文化特色的非国有博物馆体系。将图书馆、博物馆、文化馆等公益性文化单位纳入国民教育体系，坚持向社会免费开放，提高陈列展览物品的档次和系统性，形成集博物展示、科普教育、观赏旅游等功能于一体，不断提升服务质量。二是建立文物地理信息系统，对国家级、省级和重要的市级文物保护单位树立保护标志、划定并公布保护范围和监控地带、建立"四有"档案，全面提升文化遗产保护管理水平。

（三）扩展历史文化资源的现实存在形态

文化作为一种沿袭历史而来、熔铸在人类精神深处的无形的软性因素，只有通过各种载体体现在人们社会生活的方方面面，才能让人们时刻感知到其存在。所以，要坚持立足居民需求、富于时代价值和历史意义的历史文化资源甄别和传承创新的原则，通过产业化生产、多渠道传播，扩大历史文化资源的现实存在空间。

1. 让文化走出殿堂，面向社会大众生活

文化从本质上说是社会群体的认知习惯和行为模式。所以，文化不仅存在于博物馆、艺术馆和舞台等高雅的艺术殿堂中，文化更现实地存在于农村田野、厂矿生产和基层群众鲜活的生活场景里。文化需要融入社会、贴近群众、贴近生活、贴近实际，雅俗共赏，而不能仅仅是"高雅人士"的 VIP 用品。一是把郑州特色历史文化资源和历史文化名城保护与中小学教育相结合，将黄帝故事、商都历史、"二七大罢工"、北伐战争等内容编入郑州市中小学校教材，成为学生阅读的重要内容。二是将传统特色历史文化资源的弘扬纳入社区公共文化服务体系。提升广场文化、公园文化等群众性文娱活动中具有郑州特色的非物质文化遗产形式，将广场、公园等设施打造成为市民的公共文化空间和非物质文化遗产传播的大舞台。三是依托"二七"百年商业历史文化和康百万庄园，挖掘"百年德化商业步行街"文化内涵和豫商精神，促进传统商业文化与现代商业元素有机融合。

2. 在城市开发建设中融入文化内涵

一是在历史文化名城名镇名村及历史街区保护等城市形象塑造中广泛使用传统特色历史文化元素，培育特色文化品牌。组织文化部门开展郑州历史文化名城视觉形象系统展示方案设计，用现代手法设计出可以展示、传递历史文化信息的符号、标识，并在市区内公共设施上加以布设，展示郑州市丰富的历史文化资源，彰显文化名城魅力，增强城市的文化氛围和底蕴，增加市民的古都认知感、对家园的热度和传承文明的责任感。二是突出重点文化类型进行深度艺术加工，开发历史文化遗产的非物质存在形态。运用多种先进科技手段将物质性文化遗产转换成舞台艺术、音乐艺术、绘画、武术表演等艺术表现形式，将非物质文化遗产融入时尚元素进行现代解读、商业包装、物质化生产和跨地区传播。三是培育和规范复、仿制品市场。将独具地方艺术特色的出土文物、书画精品等物质性文化遗产进行复制形成仿制品，将非物质文化遗产转换为音乐、图片和器物等形式，生产应用到民众生活物品、城市形象设施建设上，进行广泛推广，让熔铸郑州特色历史文化资源的桌椅茶具、壁画地板等器物成为百姓家庭生活中的艺术点缀，使民众时刻身处器物营造的历史文化氛围之中。

3. 走出区域本位，面向全国发展

郑州丰富的文物资源不仅成为郑州走向全国、走向世界的一张亮丽名片，而且正在成为郑州文化产业、旅游产业发展的基础力量。要以重大文化产业项目建设为抓手，突出特色，实施精品工程。一是走出文化本体，走向延伸性产业化运作。文化具有广泛的兼容性，可以与多种业态融合，实现互利共赢发展。可以将同一文化题材（依托同一历史文化资源）用不同的文化艺术形式进行表达和传播。例如，同是一个窦娥冤的故事，就形成了民间传说、图书、电影、电视剧、黄梅戏、京剧、昆曲等众多形式，从不同的途径创造价值，赢得利润。对以豫剧为代表的地方传统戏剧进行市场化运作，并借用现代科技手段进行技术升华，将人文资源转化为经济效益。二是突出特色，持续举办郑州国际少林武术节、世界传统武术节、世界客属恳亲大会、郑氏文化节、象棋文化节和每年的黄帝故里拜祖大典等，扩大中原文化的辐射力和影响力。通过炎、黄二帝巨型塑像等物质形式和拜祖大典等非物质形式，丰富黄帝文化；通过少林寺及其相关文化艺术作品，着力开发少林禅武文化，打造"世界功夫之都"。重点做好黄帝文化、嵩山文化、商都文化等区域特色文化的产业化发展。

（四）强化历史文化的学术研究和对外宣传

1. 建设综合性文化研究机构

着眼于传承和保护利用好珍贵文物资源，建设全国一流、具有领先技术的郑州市文物考古研究院。利用郑州拥有反映现代人类起源的旧石器时代、新石器时代的遗址年代序列完整、数量众多、分布集中的特点，做好郑州地区人类起源、农业早期文明、夏代都城、商代都城、嵩山文化等课题研究，阐释郑州

地区作为古代文明发祥地的历史成因和人类文明的演进历程。开展一批重要古城址、大型中心聚落遗址考古发掘工作，寻找商王陵、甲骨坑、早期人类活动遗迹，丰富郑州作为中国大古都的内涵和事实证据支撑。

2. 创新对外宣传方式

一是加强与国内外文物保护、科研机构的合作，积极组织、举办、承办、协办考古及博物馆类全国性或国际性学术会议，进一步拓展文物对外展览的渠道和区域，适时推出具有郑州地方特色的精品展览到国内外巡展。通过特色文化产品贸易、巡演等方式"走出去"，提升黄河文化、黄帝文化、商都文化对中华文化形成发展和华夏文明的贡献度。二是郑州作为历史文化名城主要依托的是商城遗址。就商都文化而言，要着力和商丘、安阳等周边城市进行系统整合，并加强与国内其他七大古都的联系。三是充分发挥各级主流媒体的宣传作用，争取社会的参与。文物保护、展示、利用等工作是一项系统工程，同样需要全社会的参与和共同努力。

B.21 郑州市文化遗产保护利用问题研究

胡继忠 任伟*

摘　要：

郑州文化遗产丰富、文化类型众多，加强文化遗产的保护利用研究意义重大。本报告系统总结了郑州市文化遗产的特点、地位，对文化遗产保护利用的现状进行了系统评估，并提出了加强文化遗产保护利用的对策建议。

关键词：

文化遗产　保护利用　现状评估　文化核心区

文化遗产是人类了解自身发展的重要线索和物证，是我们今天可以触摸的记忆、可以交流的历史，是人类社会可持续发展的文化基础和巨大财富。作为中华文明的发祥地和起源地，郑州拥有丰富的文化遗产资源，这些文化遗产是郑州城市记忆的延续，也是文化产业发展的重要支撑，保护利用好这些遗产是郑州市实现现代化的必要内容，也是可持续发展的必由之路。如何做好保护利用和传承创新工作，真正发挥独有的资源优势，使其在郑州都市区乃至中原经济区建设的大潮中得以传承和创新，是一个值得认真思考和研究的问题。下面从郑州市文化遗产概况、特点、保护利用现状、存在的困难和问题、传承创新的措施和方法等方面加以研究。

一　郑州市文化遗产资源概述

（一）优势突出的文化遗产资源

郑州位居中华民族腹心重地，处"天地之中"。在中国传统的宇宙观中，

---

* 胡继忠，郑州市文物局文化遗产保护处。任伟，郑州市文物局副局长。

中国是位居"天地中央"之国，而天地之中心则在中原，中原的核心则在郑州登封，因而郑州地区成为华夏文明发祥的核心地区，成为国家文明诞生之地和文化荟萃的中心，中国几大主流文明——儒、释、道都在这里建立了弘扬传播本流派文化的核心基地，这里也成为人们测天量地的中心，这一历史背景使得郑州地区汇聚和留存了大量珍贵的文化遗产。目前，郑州各类文物古迹达10315处，其中世界文化遗产1处，国家级重点文物保护单位38处43项，省级重点文物保护单位128处，市级文物保护单位269处，无论是文物古迹的总量，还是全国重点文物保护单位的数量，不仅在河南远远排在第一，而且在全国也位居前列，与西安比肩。在全国"中华文明探源工程"首批9个项目中，郑州占了5个；全国"十一五"期间重点保护的150处大遗址中，郑州占了6处，为国家文物局重点支持的全国六大片区之一。中国最早的新石器遗址在此，中国最早的城池在此，中国最早的都城在此，中国历史最悠久的城市在此。因此，郑州被确立为国家级历史文化名城、"八大古都"之一。

（二）特点突出的文化遗产资源

郑州地处中原腹地，独特的地理区位和自然环境条件，使得人类发展和文明进程中的一些重要环节都集中在今郑州区域内，因此郑州市文物资源所呈现的自身特点，也恰恰能够反映中国乃至东亚地区人类发展与文明进程中的重要环节。

经过对郑州市各类遗址的整体分析，我们认为郑州文化遗产资源有如下四个突出特点：

第一，与现代人类起源相关以及反映旧、新石器时代交替、农业起源等重大学术课题的遗址年代序列完整、数量多、分布集中，是研究现代人类起源和发展的关键地区。

第二，郑州地区早期城址年代涵盖范围大、分布集中、种类丰富。既有中国最早的夯土城址——西山城址，也有中原地区最大的龙山时期双重城垣——登封王城岗城址，是探讨社会复杂化与文明演进过程的主要地区。

第三，进入国家阶段后，郑州地区的城址在当时是最为密集的，种类也是最为丰富的。郑州地区不但有同时期世界最大的王都——郑州商城，也有诸如管、虢、郐、郑、韩等多个诸侯国都城，还有多座军事城堡与采邑性城址。据不完全统计，从商代至汉代，郑州地区的古代城址数量多达20余座，是探讨城市起源与中国传统城市趋于成型的重要地区。

第四，郑州地区保存了为数众多的历史时期地上建筑与石窟寺、石刻等不可移动文物。以中岳汉三阙、巩县石窟、嵩山建筑群等为代表的不可移动文物，不但丰富了郑州地区的遗产构成内容，也使得郑州的文化遗产资源在多样性方面，居全国大遗址片区前列。

除上述突出的遗产特点外，郑州拥有的可移动文物资源与文物展示资源，也十分丰富。具体表现在如下几个方面：

第一，与现代人类起源相关以及反映旧新石器时代交替、农业起源阶段的可移动文物种类丰富，数量众多。如登封西施旧石器石叶石器加工厂遗址出土的石叶石器，为旧石器时代末期石器加工工业生产细节提供了重要的证据。新郑赵庄遗址发现有可以反映早期人类祭祀性行为的象头。新密李家沟遗址发现的陶器是中原地区最早的制陶器标本。

第二，在文明起源与早期国家形成阶段，郑州大遗址片区拥有各类能反映社会复杂化阶段的可移动文物资源。二七区牛砦遗址、登封王城岗、新密新砦相继发现了中原地区最早的铜器残片，反映了郑州地区在龙山时代晚期手工业生产的高度。巩义花地嘴发现的玉璋、朱砂彩绘陶瓷等礼仪用品，反映了当时社会的分化程度。这些高等级手工业产品的生产与分配，在当时为贵族所控制。这些可移动文物的发现，真实反映了郑州大遗址片区当时的社会复杂化程度之高。

第三，在早期王朝阶段，郑州地区拥有全国数量最多、种类最为丰富的商代早期铜器、玉器；拥有目前规模最大、数量最多的商代早期铜器铸造遗物；两周战国时期，管、虢、郐、郑、韩等先后建都郑州，逐鹿天下，留下了许多在中国考古学史上占有重要地位的遗迹遗物。

第四，秦汉以降，郑州地区的可移动文物种类丰富，数量众多。郑州地区的汉代空心画像砖，具有重要的历史价值，艺术价值也极高；郑州地区发现多处汉代冶铁遗迹，古荥遗址发现的积铁块有重达20余吨者，巩县铁生沟遗址发现的煤饼则将我国用煤炭作为燃料进行工业生产的历史上推至汉代，而发现

的球墨铸铁、炒钢遗物，则为中国冶铁技术的演进提供了不可替代的实物标本；郑州地区的唐宋时期瓷窑在北方瓷业发展史中占有独特的地位，三彩、青花、汝窑、钧窑、珍珠地划花等各瓷器品种丰富了瓷器王国的内涵；郑州地区的宋代墓葬，位于宋代东京、西京之间，是研究宋代墓葬重要的参考资料；宋代壁画墓所反映的宋代社会生活、丧葬习俗对于认识唐宋变革具有重要意义。

二 文化遗产保护利用现状评估与问题分析

近年来，郑州市文物事业发展较快，文物保护、利用、管理水平全面提升，大批珍贵文化遗产得到科学保护和有效传承，历史文物资源成为郑州走向全国、走向世界的一张亮丽名片。文物保护事业已经成为郑州市经济社会发展的重要组成部分，发挥着越来越重要的作用。但是，我们必须清醒地认识到，郑州市文物事业的发展与经济社会发展水平相比、与文明古都应有的地位相比、与全社会对文物工作的新期待相比，还不完全适应，在文物保护、管理、研究、利用等诸多方面还存在着不足。

（一）保护现状评估与问题分析

作为文物大市，郑州市一直以来重视文物资源的保护，特别是大遗址的重点保护工作。但目前仍存在保护情况不平衡、资源整合还不够、保护力度还有待加强等问题。

1. 保护力度不够

全国第三次文物普查及近年考古新发现的许多重要遗址尚未确定保护级别，没有纳入文物保护单位体系，其保护缺乏法律依据；随着现代经济发展，大量基础设施、城乡发展建设项目的开展，部分已定级的文物保护单位受到影响，而这些文保单位却没有给予特别重视，甚至部分已定级的文物保护单位已受一定程度破坏，亟须加强保护。

2. 不同类型的遗址面临不同的保护问题

古遗址保护现状主要问题：文物保护范围内破坏遗址、墓葬地形地貌的建设行为；遗址外围地区开发为建设用地，与遗址风貌不协调；已有自然村落内违章搭建、生活污染、生产破坏等；部分地表遗址受人为取土和自然因素影响。古墓葬保护现状主要问题：文物保护范围内破坏遗址、墓葬地形地貌的建设行为；遗址外围地区开发为建设用地，与遗址风貌不协调；部分实施迁建保护；墓葬内部自然因素破坏；出土物品与墓葬本体分离保护。古建（构）筑保护现状主要问题：建筑本体与环境未整体保护；修缮的"不改变原状"原则不统一，存在刻意曲解现象；增加新设施、新建筑等有损整体环境的项目；复建成风气，缺乏专业力量指导，设计和施工与文物本体关系不大。石刻类保护现状主要问题：分散保存现象严重，部分保护单位没有保护资质和条件；自然风化和人为拓印破坏没能有效控制。

3. 缺乏整体性、区域性的认识

尚未打破单个文物点的束缚，没有足够重视各遗址之间的关系，特别是对于文物点外部地貌环境的联系关注不够，相应的保护和控制措施未能跟上。

4. 遗址保护与当地居民生活以及社会发展关系不协调

根据郑州市城市发展总体规划，郑州市域将主要发展"一心四城两轴"，中心城区将主要发展"两轴八片多中心"，城市工业和服务业主要沿东西交通和东南方向展开，北部设沿黄生态文化旅游产业带，西南部重点发展文化旅游产业。这样的发展布局必然给文物保护工作带来机遇与挑战，但现阶段的文物保护工作仍没有较好地与此类上位规划对接，致使许多遗址特别是大遗址受到城市发展建设的威胁，因此急需从全局考虑的角度，战略性制定总体保护规划格局，与城市发展总体规划等上位规划对接，寻找文物保护和城市发展的平衡点。

5. 保护技术和方法相对落后

大部分遗址以日常巡视、义务保护人员监察的人防形式为主，仅有少数遗址利用围栏、视频监控的技防方式，整体上保护设施基础薄弱，仍需要加大投入、提高水平。

（二）管理现状评估与问题分析

郑州市文物保护工作的基础较为薄弱，主要表现在组织机构、人员、资金及法律法规等方面。

1. 机构及人员不足

郑州市文化遗产是近30年才逐步发现而被认识的，而文物保护机构也基本上是20世纪80年代设立的，30年格局没有大的改变，这就造成现有文物保护管理机构、编制人数与郑州市文物在全国所处的地位、所承担的职能严重不匹配的状况，这种不匹配已成为严重影响和制约郑州市文化遗产保护和文物事业发展的"瓶颈"。

2. 保护管理经费不足

虽然郑州市近年来设立了文物保护专项资金，但相对郑州大遗址片区遗址数量、遗址规模、价值含量、保护管理难度，目前资金投入仍显不足，特别是在基础研究、保护设施方面的资金缺口仍比较大。目前尚未完全按照"五纳入"的要求，纳入各级政府的财政预算。

3. 法律法规不健全

在文物法律法规建设方面，除《中华人民共和国文物保护法》等几部国内通行大法外，缺少符合本地实际需要的法律法规如郑州市历史文化名城保护条例、大遗址保护条例等，严重制约了文物保护工作的开展。

4. 管理机制体制需要进一步创新、改革

目前缺乏有效的机制使得与遗址保护、管理有关的各个方面的利益相关者真正参与到遗址的保护、管理中，需要重视社会力量的参与，加大推进"坚持依靠群众 推进工作落实"长效机制的建立。

（三）研究现状评估与问题分析

1. 研究组织机构有待统一协调

现有国家、省、市、县区级多家研究组织机构长期直接或间接从事郑州市文化遗产的研究工作，各机构都在各自擅长的领域为郑州文化遗产的发现、保护、维修、利用方面作出了不可磨灭的贡献。但是，各研究组织机构也存在统属不同、难以有效整合研究资源的现象。由于未来的研究必然是以课题为召集形式、以学术发展为导向、以多学科联合攻关为手段、以多单位人员共同参与为组织方式进行的，因此郑州市要在遗产研究领域走在全国的前列，这一根本问题需要各级行政机构从组织体制角度予以协调。

2. 研究方式不够全面

郑州市文化遗产的研究目前从方式角度看，存在的问题主要有如下几种：第一，资料获取仍以配合基建获取为主，主动获取为辅，对旧有材料的整理公布不够；第二，研究课题的设置被旧有材料与新发现所引导，主动寻找资料寻找课题较少；第三，研究时段集中在文明起源阶段与商周时期，对历史时期遗存的研究不够；第四，个人研究与单位研究较多，缺乏打破行政单位组织架构的多单位、多学科联合攻关；第五，除现代人起源课题的研究外，能引导中国考古学、历史学、人类学向前发展的前瞻式课题较为缺乏。

3. 多学科研究有待深入

近年来，郑州市开展了一系列多学科综合研究的有益尝试，但研究水平还处在较为初级的阶段，自然科学手段多是作为检测手段，而非将自然科学的研究作为研究目的与过程，进行了联合攻关，通过定量与定型分析，复原古代社会。在很大程度上，自然科学检测分析与考古发掘研究各自为政，没有充分融合。

（四）展示利用现状评估与问题分析

与郑州市丰富的文化遗产资源及其深厚的文化底蕴相比，展示利用文物受制于文化遗产自身特点的制约。目前，郑州市展示利用工作存在较大的不足，其宝贵的价值和意义难以得到有效的体现，主要表现在以下几个方面。

1. 宣传工作不到位，社会认知度差

自2004年加入"中国八大古都"以来，郑州市围绕宣传历史文化、弘扬古都精神做了一系列的工作，但效果不是十分明显。目前，郑州"大古都"的地位并不被社会一致认同，不仅是对于国内其他城市的人们，对于郑州市民而言，也是如此。全社会对古都郑州的认知度还不高。

2. 保护、展示、利用手段较为单一

充分利用现代科技，采取形式多样的保护、展示手段来进行文物保护、展示和利用是当今国内外的一大趋势，但就郑州市而言，目前还存在不足。就地回填、建立博物馆和陈列展览等常用方法还是目前郑州市文物保护、展示、利用工作的主要手段，不仅科技含量不足，观赏性和参与性也较差，与人民群众

日益增长的精神文化需求存在较大的差距。

3. 社会参与度不够

民众没有真正参与到利用和发展中，遗址资源的利用没有与当地居民的产业模式转型、生活方式转型真正结合。

三 加强郑州市文化遗产保护利用的对策

郑州市作为中原经济区的核心城市，有责任、有义务在打造华夏历史文明传承创新区的实践中想在前面、走在前列，起到引领作用。这就对新时期郑州市的文化遗产保护、研究、展示、利用等工作提出了新的更高的要求。为切实做好文化遗产资源的保护利用，实现华夏历史文明的传承创新，需要做好以下几个方面的工作。

（一）文化遗产保护利用的原则

1. 坚持规划先行

既要做好城乡规划的编制工作，科学编制紫线规划，协调处理好城乡建设与文物保护的关系，又要做好各级文物保护单位文物保护专项规划的编制工作，为具体的保护、维修、展示、利用工作奠定基础。

2. 坚持成果共享

要推动文物事业日益融入经济社会发展大局，拓展文物传承利用途径，促进具有市场前景的文物资源在与产业和市场的结合中实现传承发展，使文物保护利用成为促进经济社会发展、优化城乡面貌、彰显地域魅力、改善生态环境、提高人民生活质量的重要内容。要把重大文物保护工程与城乡建设、与改善人民生活结合起来，打造民生工程与惠民工程，实现文化遗产保护成果的全社会共享。

3. 坚持政府主导

文化遗产保护是一项投入较大、收益周期较长、公益性极强的事业，单靠市场来推动是比较困难的，需要政府从财力、物力、政策上给予大力支持。政府继续加大投入力度，拓展社会大众参与大遗址保护的渠道，充分发挥社会组织的作用。特别是在项目实施的前期，需要拿出引导性的资金，进行基础设施等公益性建设，创造、改善社会资金赖以生根发芽的条件，吸引社会资金的广泛参与，用最少的资金发挥最大的价值。

4. 坚持文化遗产保护工作为经济社会发展服务

要坚持紧紧围绕市委、市政府经济社会发展总体部署，深入贯彻落实科学发展观，为经济社会发展重大战略服务的原则，牢牢把握文物事业历史性发展机遇，以创新的精神推进文物事业科学发展，提升全市文物保护、利用、管理水平，打造知名历史文化景观，提升"古都郑州"的影响力，形成经济社会发展方面的生力军，在实现文化遗产保护成果全社会共享的同时，积极为经济建设提供优质服务，促进经济社会的全面、科学、均衡发展。

（二）文化遗产保护利用的战略

1. 大遗址保护战略

以编制大遗址保护规划为突破，加快推进大遗址保护展示园区建设步伐，争取国家文物局将郑州市列为国家"十二五"期间大遗址保护重点支持片区，为郑州市大遗址保护工作争取国家政策、资金和业务支持，充分发挥大遗址保护在促进中原经济区建设中的重要作用。

2. 项目带动战略

将文物保护与城市市政建设、园林建设、水利建设等密切结合，突出抓重点项目建设，建成一批特色鲜明、文化底蕴深厚的文化景观，把文物遗迹打造成郑州市文化亮点，进一步改善郑州市人文环境，使郑州成为既有古老风貌又有现代气息的历史文化名城，促进旅游和文化产业的发展。

3. 依法提升文物保护效能战略

针对法律的盲点或规定的缺陷，加快地方立法进度，完善法律法规体系，使文物执法和监管做到有法可依。同时，完善文博单位安防、技防设施，强化文物保护执法手段，有效震慑文物破坏和犯罪，确保文物安全，进一步依法提升文物保护效能。

4. 大宣传战略

把加大文物宣传力度作为动员和组织全社会重视、关心、支持、参与文物保护工作的重要手段，进一步创新宣传手段、拓宽宣传渠道，采取不拘一格、形式多种多样的宣传方式，宣传文物资源在先进文化和经济建设中的重大作用，培养和激发人们对历史文化遗产的认识和感情，提高广大人民群众的文化遗产保护意识，营造全社会主动自觉保护文化遗产的良好氛围。

（三）加强文化遗产保护利用的重点任务

1. 全力做好保护工作

一是集中力量做好文物本体维修工作。文物本体维修工作对象的重点是各级、各类古建筑、古城墙、古石刻及重要近现代建筑，是文物遗存中的精华部分。郑州地区除登封市外，地面建筑保存状况较差，要利用3~5年时间，在编制科学的维修方案的基础上，完成各级、各类文物建筑的本体维修工作。二是大力做好环境整治工作。与文物古迹价值相关联的自然和人文景观，是文物资源的重要组成部分，应当一体保护。要注重做好文物保护规划的编制工作，委托国内外知名规划编制单位编制各级、各类文物保护规划，并将其作为环境整治工作的基础，逐年、分批实施环境整治工程，改善文物周边环境，实现良性循环。三是认真开展安全防护和行政执法工作。开展安全防护和行政执法工作是消除安全隐患、制止破坏行为的两项重要手段。在安全防护方面，要坚持技防和人防相结合；在行政执法方面，要坚持立法与执法并重，确保文物安全。

2. 深入开展研究工作

一是要统一协调各科研机构，发挥合力。要利用省会城市的地理优势，加强区域内国家、省、市、县四级科研机构的协调和合作，充分发挥郑州大学、省社科院、省考古所、省古建所等省级科研部门的作用，积极与国际、国内知名高校及科研院所进行合作，借势而行。二是要坚持课题意识，扩大科研范围。要利用文物普查资料，加大旧石器以及旧石器到新石器过渡阶段文化遗存的发掘、研究；围绕中华文明起源和国家诞生这两个基本点，积极开展学术研究工作。三是要积极开展多学科研究。要注重自然科学技术和方法的利用，充分发挥现代科技的重要作用，多学科联动。

3. 认真做好宣传工作

要实施大宣传战略，增强全社会对历史文化名城、对古都的认同感，增强热爱郑州、热爱古都、铭记历史、传承文明的光荣感和责任感。一是通过立法提升宣传，把文物保护宣传常态化。二是充分发挥各级主流媒体如广播、电视、报刊及网络的宣传作用。三是把历史文化名城保护纳入城市建设规划，使文物保护宣传首先成为机关各部门的共识和自觉行动。四是通过教科书认定，相关部门编写乡土教材纳入郑州市中学生、小学生阅读内容等形式，积极推进历史文化名城、古都郑州进学校、进课堂。五是策划、设计、制作一批精品书籍、图册、贺卡、挂历、扑克、书签、光盘等特色对外宣传品，打造文物外宣"精品工程"。

4. 扎实做好展示及利用工作

一是要围绕城市文化符号，开发特色文化产品。城市文化符号明确后，应组织相关专家开发、设计具体的表现形式，并在城市市政建设及公共建筑上进行体现，凸显城市文化特色。同时，组织开发相关特色文化产品，大力发展文化产业。二是要拍摄城市文化形象宣传片，推出特色文化影视作品。应高标准制作宣传片，并在各级媒体进行反复投放，将能极大地提升和改善城市形象。此外，郑州市历史悠久，众多脍炙人口的故事和传说等发生在此，并留下了丰富的文物遗存，所以，应充分地发挥这一先天优势，依托黄帝故里、汉霸二王城等遗址拍摄制作影视作品。三是要充分运用现代科技手段，提高趣味性和参与度。在现有的文化遗产展示、利用方式上，实物展出和陈列展览是常用的手段。以 3D、4D 和激光电子等技术来模拟、复原原始场景，以提高各种活动的趣味性和参与度，从而实现预定的目标，发挥其应有的价值。

5. 促进资源整合与产业发展

一是要加强资源整合。必须打破行政区划的分割，将这些分散的文物资源进行有规划的科学整合，统筹安排，分步实施，依据各自特色和地理位置划分成若干区域，组建多条线路，可"并联"，也可"串联"，构建整体旅游框架。同时，还要加强与国内其他古都的联系，强强联合，推出能够体现华夏 5000 年文明的旅游线路。二是要加大博物馆建设与相关产业的培育。加大博物馆的建设力度，鼓励、支持其他行业博物馆和民营博物馆的建设。要充分发挥郑州市丰富文物资源中的鲜明地域性和时代标志性突出等特点，大力培育复、仿制品市场，在推动文化产业发展的同时，使博物馆更加融入社会，更加贴近群众、贴近生活、贴近实际。三是充分发挥历史文化遗产对旅游的支撑作用。统一认识、统筹规划、多部门联动、系统整合历史文化遗产旅游资源，下大力气做好保护维修工作，在此基础上运用多种手段和方式，最大限度地发挥历史文化遗产的价值。

6. 实施大遗址带动战略

近年来，国家文物局高度重视大遗址保护工作，并将郑州市列为"十二五"期间重点支持的全国六大片区之一。要紧抓这一机遇，以编制大遗址保护规划为突破，加快推进大遗址保护展示园区建设步伐，集中力量做好郑州商代都城考古遗址公园、大河村考古遗址公园及大运河郑州段荥阳故城考古遗址公园建设，因地制宜地打造一批保护工作扎实、展示手段多样、独具郑州历史文化特点的城市公共文化空间，使郑州市的大遗址成为展现我国早期文明完整发展链条的魅力遗址公园群。同时，将文物保护与城市市政建设、公共绿地建设、水利建设等密切结合，突出抓重点项目建设，建成一批特色鲜明、文化底蕴深厚的文化景观，把文物遗迹打造成郑州市文化亮点，进一步改善城市人文环境，提高遗产地周边居民的生活质量，带动遗址周边地价的升值，实现大遗址保护投入与产出的良性循环和可持续发展。

B.22
郑州城市文化品牌建设问题研究

连建功 贾玉巧 马 东*

摘 要：

郑州市历史悠久，文化资源丰富，但文化产业和文化竞争力相对滞后，中原经济区华夏历史文明传承创新区建设为郑州文化产业的发展提供契机。依托当地特色文化，打造一批具有郑州特色、郑州精神和郑州气派的城市文化品牌势在必行。本文基于对郑州城市文化品牌的资源和开发现状、存在问题的分析，提出郑州市城市文化品牌建设的目标、重点、途径和保障措施。

关键词：

城市文化品牌 郑州特色 品牌体系

文化是城市的灵魂，富有时代气息、独具特色的城市文化，是城市的魅力所在。能否拥有一批特色鲜明、内涵丰富的城市文化品牌，对城市经济、社会和文化建设极为重要。作为河南省省会、政治中心、经济中心、文化中心，国家级历史文化名城和中原经济区核心城市，郑州市具有悠久的历史和丰富的文化资源，但城市文化品牌的匮乏严重制约了郑州文化产业的发展和城市个性的展现，创建一批具有郑州特色、郑州气派和郑州精神的强势文化品牌，成为华夏历史文明传承创新核心区建设的关键。

---

* 连建功，河南牧业经济学院讲师；贾玉巧，郑州市社会科学院经济所助理研究员；马东，郑州市社会科学院研究实习员。

一 城市文化品牌建设及其重要意义

品牌是给拥有者带来溢价、产生增值的一种无形资产，它的载体是用以和其他竞争者产品或劳务相区分的名称、术语、象征、记号或者设计及其组合。作为城市文化标记，文化品牌的建设不仅能为城市经济的发展带来增值，还是城市综合实力、城市竞争力和文化软实力的重要体现。当前区域文化竞争已进入品牌竞争时代，区域文化产业要赢得市场，参与国内外文化资本的竞争，必须走品牌化建设之路，打造具有强大竞争力的城市文化品牌。我国城市文化品牌建设多从城市整体形象出发，在此基础上提出"浪漫之都"、"休闲之都"、"牡丹之城"、"博爱之城"的发展目标，其所具有的凝聚力、吸引力和辐射力集结起来会大大增强城市的竞争力。实际上，城市整体文化品牌的建设必须建立在单体文化品牌的基础之上，比如青岛依托国产电影交易会、北京电影学院创意媒体学院、影视演艺中心、青岛（国家）电影交易中心、国际儿童电影节等项目和活动支撑起青岛"影视之城"的城市文化品牌定位。城市文化品牌建设必须从单体文化品牌的打造开始，依托城市的特色文化资源精心打造一批文化项目和精品，通过一定形式的宣传推广，让民众感知城市的文化氛围，从而达到城市文化品牌整体塑造和传播的目的。

华夏历史文明传承创新区是中原经济区建设五大定位之一，郑州作为中原经济区的核心城市，必须肩负起打造华夏历史文明传承创新核心区的责任，依托其特有的品牌文化资源打造具有郑州特色、郑州气派和郑州精神的城市文化系列品牌，从而产生强大的辐射力和影响力，使其真正发挥华夏历史文明传承创新的价值。郑州市具有丰富的历史资源和文化资源，文化品牌的建设是文化资源优势转化成产业优势的主要途径，是充分展示郑州文化资源内涵和价值的主要方式和手段，也是郑州市打造"世界历史文化名城"的重要支撑。《中共郑州市委关于贯彻落实党的十七届六中全会精神加快推进社会主义文化大发展大繁荣的实施意见》就明确提出要培育形成一批全国知名的文化品牌和文化团队，发挥对中原经济区乃至中西部地区的龙头、重心和示范作用。

二 郑州市城市文化品牌建设概况及存在问题

近年来，郑州市委、市政府认真贯彻落实中央和省委、省政府关于深化文化体制改革，推进文化大发展、大繁荣的决策部署和工作要求，在建设郑州大都市区、打造中原经济区核心增长极的进程中，依托丰富的文化资源，大力推进文化改革发展，着力构建公共文化服务体系，加快发展文化产业，打造城市文化品牌，取得显著成效。

（一）郑州城市文化品牌建设现状

1. 推进文化体制改革，为城市文化品牌建设提供动力

近年来，郑州市先后制定了《关于进一步深化文化体制改革，加快文化资源大市向文化强市跨越的实施意见》、《关于创新文化产业发展促进机制的意见》等政策文件，每年安排超亿元的专项基金，保障文化产业和文化品牌建设。对市、县两级政府文化管理职能部门进行了合并和调整，整合市文化局、市新闻出版局、市广播电视局，组建文化广电新闻出版局，成立了文物局和文化体制改革和发展办公室，加强文物保护力度和对文化改革发展的组织协调。积极推进经营性文化事业单位改革，在原郑州日报社基础上组建中原报业传媒集团公司，辖"三报一网一杂志社六公司"。政策出台和体制改革创新为郑州市城市文化品牌的加速发展提供了支撑。

2. 大力发展文化产业，着力培育城市特色文化品牌

首先，依托项目建设，带动文化产业投资，扩大文化招商，引进技术和人才，提升文化产业档次和水平。先后安排重点项目68个，郑州日报社印务发行中心、《禅宗少林·音乐大典》、炎黄二帝巨型塑像、黄河碑林、方特欢乐世界、康百万庄园、杜甫故里保护与开发等一大批项目先后建成，海洋馆二期、《禅宗少林·音乐大典》二期等一批项目正在推进。其次，涌现出《禅宗少林·音乐大典》、黄帝故里拜祖大典、《小樱桃》系列动画等在国内具有一定影响力的城市文化品牌（见表1），为郑州华夏历史文明传承创新核心区的建设奠定了基础。最后，坚持园区带动，项目引领，大力推进登封文化产业示

范区、国家动漫产业基地、华强文化科技产业基地、金水文化创意园区、石佛艺术公社等园区建设，打造强势城市文化品牌。

表1 郑州市城市文化品牌一览（部分）

品牌类别	品牌单体
文化旅游类	少林寺、嵩山、黄帝故里、黄河游览区、康百万庄园
节事演艺类	黄帝故里拜祖大典、郑汴国际马拉松、世界旅游城市市长论坛、《禅宗少林·音乐大典》、《风中少林》、《水月洛神》
影视动漫类	《快乐星球》、《梨园春》、《武林风》、《小樱桃》动画
出版传媒类	《小小说选刊》、《漫画月刊》、《销售与市场》、《大河报》
建筑街区类	二七纪念塔、"天地之中"历史建筑群、郑东新区、郑州古玩城、德化街、中原福塔
工艺美术类	郑商瓷、黄河澄泥砚、登封窑瓷

3. 加强文化基础设施建设，为城市文化品牌的培育奠定基础

近年来，郑州市各级财政不断加大文化基础设施建设的投入力度，郑州国际会展中心、郑州广播电视中心、世界客属文化中心、郑州图书馆新馆、郑州歌舞剧院、郑州市群艺馆新馆等文化设施相继建成，为公共文化服务体系构建和提升打下坚实基础。11个县（市）区的图书馆、文化馆建成并投入使用，其中市内五区两馆建设全部达到国家二级馆标准。此外，郑州市文物考古研究院、商都博物院也完成了立项和方案设计。这些文化场馆和基础设施的建设为郑州城市文化品牌的打造奠定了坚实的基础。

（二）郑州市城市文化品牌建设存在问题

1. 品牌意识淡薄，缺乏长远规划

近年来，郑州市出台了系列政策文件扶持文化产业发展，但对城市文化品牌的定位和建设还比较模糊，品牌开发和培育带有一定盲目性。大多是从促销的层面认识品牌，只看重短期直接的营销效果，很少能够从"品牌经营"的高度认识文化品牌建设的战略意义，致使郑州市真正意义的城市文化品牌寥寥无几。另外，品牌保护意识薄弱，无论政府还是企业，往往只重视建设品牌，而忽视保护品牌，造成品牌资产的流失。少林、少林寺、黄帝故里等多个郑州标志性文化元素被国内外商家所利用，甚至商标被抢注。少林国际武术节、中国诗歌文化节等品牌在规模、质量和影响力上发展滞后,非常不利于郑州城市化品牌的打造。

2. 缺乏知名文化品牌,市场竞争力不强

近年来,郑州陆续出现了儿童电视剧《快乐星球》、实景演出《禅宗少林·音乐大典》、《小樱桃》系列动画、演艺作品《风中少林》、豫剧《程婴救孤》、黄帝故里拜祖大典等国内具有一定影响力的文化品牌。但和郑州所拥有的文化资源数量、质量,及其创建"世界历史文化名城"的战略目标相比,这些文化品牌的数量偏少,知名度和影响力也显然偏低,不能够全面深刻地体现郑州市的城市文化精髓,缺乏足够的文化竞争力。不像迪士尼乐园带动了整个奥兰多市的繁荣,《大长今》在中国形成的"韩流",湖南"超女"的影响力不仅辐射全国,甚至吸引了世界的眼球等。

3. 文化消费总量偏低,限制文化品牌的发展

相关调查显示,郑州市城镇居民整体文化消费水平偏低,2011年郑州市城市居民家庭人均消费性支出为14605.48元,其中教育文化娱乐服务支出1471.22元,虽然比2010年同期增长了18.3%,但在整个居民家庭消费中的比重刚刚突破10%,和北京、上海、广州等发达地区差距甚远,甚至和同为中部城市的长沙相比,也有一定的差距。且郑州民众的文化类消费主要集中在家庭教育消费,旅游娱乐、艺术展会、创意休闲等文化类消费明显不足,增长乏力,严重制约了郑州市城市文化品牌的市场开拓和发展。

4. 产业链短缺,阻碍城市文化品牌的壮大

衍生产品开发是文化品牌产业链延伸的重要环节,一个文化创意应该有不同的载体形式进行表现,满足消费者不同的内容需求,实现其价值最大化。以电影业为例,一部电影的成功往往除了有好的票房,还包括放映后的一系列相关产品及服务的开发与销售,如DVD销售、游戏开发、旅游开发等。从产业链角度讲,郑州城市文化品牌发展还较为单一,产业附加值低,许多文化品牌没有形成产业链经营的格局。《快乐星球》、《小樱桃》动画、《漫画月刊》等在国内具有一定影响力的文化品牌衍生产品的开发明显滞后,一家企业独揽产业链全线开发经营,降低了资源利用效率和有效的创意。

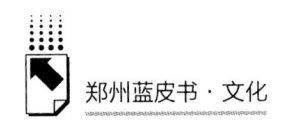

5. 缺乏国际化运营的理念

真正的文化品牌是民族的，也是国际的，国际化品牌的多少和品牌国际化程度的高低是检验城市文化软实力和文化产业竞争力的重要标志。从《花木兰》到《功夫熊猫》，再到《木乃伊3：龙帝之墓》等，这些融合了中国元素的大片不仅在全球掀起阵阵中国风，更让美国赚得盆满钵满。相比之下，郑州市所拥有的少林文化、黄帝文化备受海外人士的青睐，《风中少林》的风靡海外验证了基于传统文化的现代艺术表达具有广泛的国际市场。今后郑州市需要进一步加大将中原传统文化和现代要素相结合推向市场、推向国际的力度，展现华夏历史文明的现代魅力。

三 郑州城市文化资源和品牌文化的选择与评价

（一）郑州文化资源禀赋

郑州市历史悠久、文化灿烂，早在3600年前就是商王朝的重要都邑，是中华民族的主要发祥地之一，孕育了灿烂的中华文化。全市已探明的古建筑、古遗址和纪念地等各类文物古迹10135处，其中"天地之中"历史建筑群已列为世界文化遗产，商城遗址、大河村遗址等国家级重点文物保护单位38处（43项）。有城隍庙、文庙等省级重点文化保护单位128处，还有子产墓、惠济桥等市级文物保护单位269处。同时还拥有少林功夫、拜祖大典、超化吹歌、小相狮舞、中岳庙会等100多项国家、省、市级别的非物质文化遗产。此外，作为黄河文明的摇篮，郑州积淀形成了寻根文化、黄帝文化、黄河文化、商都文化、嵩山文化、武术文化、宗教文化、象棋文化、河洛文化、名人文化、戏曲文化、美食文化、民俗文化、唐宋文化等众多文化资源类型，尤其是寻根文化、黄帝文化、商都文化、嵩山文化、武术文化等在国内外具有相当的影响力。

（二）郑州市城市品牌文化的选择与评价

1. 文化资源的独有性

品牌就要与其竞争对手的产品和服务区别开来，城市文化品牌亦是如此，必须具有垄断性的文化资源,这是城市文化品牌特色和个性的基础。特色不仅是城市文化品牌的生命,也是一个城市最有价值的"名片",特色一旦形成,就会造成一种牢固的"特色占有",成为最稳定的知识产权。郑州市的少林文化、商都文化等文化内涵在全国都是独一无二的,具有较强的垄断性,以此开发的《风中少林》、《禅宗少林·音乐大典》、《郑商瓷》等文化品牌才具有非凡的魅力。

2. 深厚的文化积淀

城市文化特色不是空穴来风,而是历史的延续、生活的反映、文化的积淀,城市文化品牌是在传统文化与现代文明的交织互动中培养出来的。青岛的海洋文化、承德的皇家文化、南宁的民歌文化等无不具有悠久的历史和深厚的文化积淀,从而成为铸就城市文化品牌的重要构成要素。中华文化根在河南,源在嵩洛,核心概念就是"中",登封之所以被誉为"天地之中",就是源于嵩山地区是华夏历史文明的核心区,具有深厚的文化积淀。此区域所形成的嵩山、少林寺、"天地之中"古建筑群已名扬中外。

3. 具有市场的联动效应

城市文化品牌要确保其生命力和竞争力,前提是能够进行市场化运作,使城市文化品牌真正成为城市绵延、经济发展的动力。少林文化之所以能够走出中国,走向世界,除了其本身具有非凡的艺术魅力外,还和其围绕少林文化所开发的旅游餐饮、教育出版、文化交流、食品医药、演艺节事等衍生产品密切相关。郑州城市文化品牌的打造,必须依托其本身固有的特色文化培育城市文化品牌的生命力和竞争力,借助一整套名称、标识、象征和口号,千方百计扩大知名度,整合各种资源,持续不断地加以经营和推广,把文化品牌真正做大做强。同时通过建立、完善诸多项目来支撑城市文化品牌的建设,项目与项目之间要环环相扣,按照艺术链条的规律步步为营,形成文化产业的集群化、链条化,加快文化的产业化进程。

4. 具有市民参与的价值

城市文化品牌离不开特色、积淀、市场化运作,更离不开市民的参与、呵护与涵养。民众是塑造城市文化品牌的主体,是城市文化品牌长盛不衰的动力。文化品牌的确立,必须强调市民和城市的互动,让市民认同自己的文化品牌,为自己的城市文化品牌感到荣耀,并身体力行成为城市文化品牌的推销员。例如,具有"冰城"美誉之称的哈尔滨从1985年开始就举办冰雪节,每次活动都推出针对市民和旅游者的丰富多彩的娱乐性和参与性项目，让民众在参与过程中体验当地文化内涵，并使游客自觉不自觉地成为城市文化品牌的代言人和传播载体。从资源特性、历史积淀、市场效应和民众参与的角度构建郑州市文化资源发展潜力综合评价系统，具体资源特性从垄断性、知名度、美誉度、资源规模、资源保护等级等角度评价，历史积淀从年代、文化价值、传承创新的角度评价，民众参与从其文化内涵是否亲民，所开发产品是否具有欣赏性和民众参与性方面进行评价，产业联动从其经济价值、产业关联、产品开发潜力、传承创新能力等角度评价（见图1）。评价方法按照5分制计分，4.5分以上表示文化资源具有非常好的开发价值和开发潜力，可对资源进行深入挖掘、整合，打造国际城市文化品牌；4~4.5分表示文化资源具有显著特色和较好开发前景，适时对路的开发方式，可打造国家级城市文化品牌；3~4分表示文化资源具有一定特色和区域开发价值，可作为省级城市文化品牌进行打造；3分以下表示文化资源特色不突出，但可以依托其文化内涵，开发适合当地民众休闲娱乐的市县级文化品牌。评价人员从郑州市具有历史、地理、文化、经济、旅游等背景的专业人士和和普通市民中选取，选择郑州市具有一定影响力的16种文化类型进行评价（见图2），结果显示：以少林功夫为核心的少林文化，以"天地之中"历史建筑群为核心的嵩山文化，以黄帝故里、拜祖大典等为核心的皇帝文化、根亲文化得分都在4.5分以上，具有深厚的历史积淀、市场效应和民众基础，并且在国际上业具有一定的知名度，可深入挖掘其文化内涵，整合文化要素，打造世界级城市文化品牌。

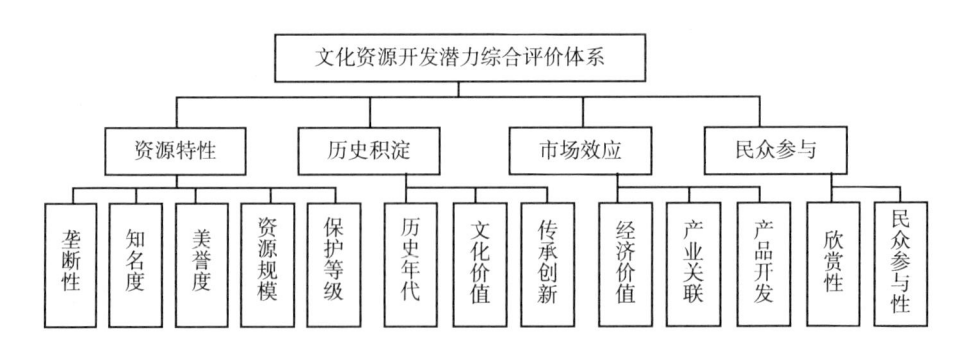

图1 文化资源开发潜力综合评价体系

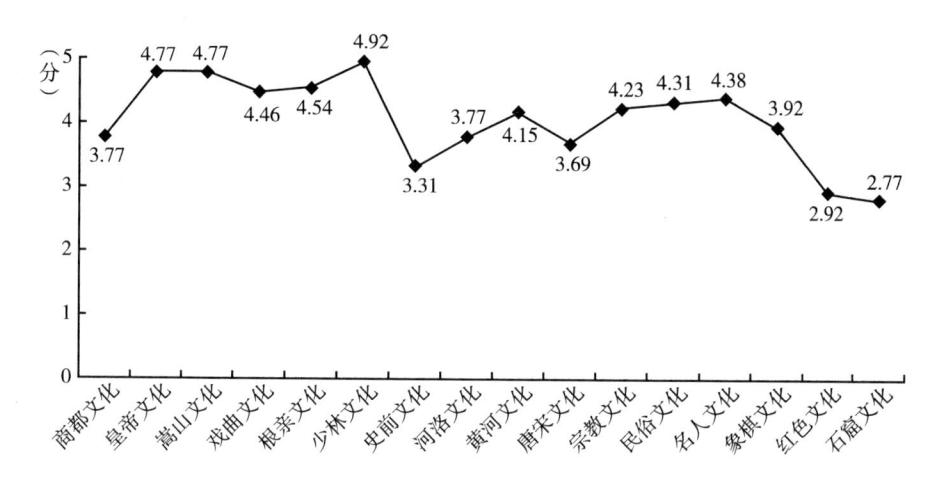

图 2 郑州市文化资源类型发展潜力综合评价

其实，武术文化、根亲文化一直是郑州近年来着力打造的文化品牌，通过一系列的项目和活动着力渲染郑州"武术之都"、"根亲圣地"的品牌定位，并已初见成效。郑州嵩山地区为全国地理位置之中、古天文之中、人文之中、古生态之中和政治之中，"天地之中"是华夏文化认同的基础，2010年登封"天地之中"历史建筑群被列为世界文化遗产，"天地之中"中文化的挖掘和品牌打造将是今后郑州市城市文化品牌建设的重点。此外，郑州市戏曲文化、宗教文化、名人文化、黄河文化、民俗文化等亦在国内具有一定的影响力，特别是名人文化，郑州拥有黄帝、许由、列子、杜甫、白居易等古代名人故里，还有豫剧大家常香玉、体育名将邓亚萍、航天英雄刘洋等当代名人，应该深入挖掘其文化内涵，打造精品，建设国家级区域性城市文化品牌。

郑州的城市文化一直体现着古老和现代的不断交融，城市文化品牌的打造可对不同文化内涵进行资源整合，打造文化精品，综合展示中原文化的博大精深。《禅宗少林·音乐大典》的成功就得益于其是少林文化、嵩山文化、武术文化、宗教文化、民俗文化的完美融合。如今，郑州市应该紧紧围绕少林、嵩山、皇帝、豫剧大做文章，培育郑州特色城市文化品牌。

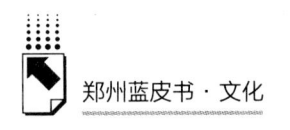

四 郑州市城市文化品牌建设目标、内容与措施

（一）城市文化品牌的建设目标

围绕华夏历史文明传承创新核心区的建设目标，挖掘城市文化内涵，打造文化精品，全面实施品牌战略。2020年初步建立城市文化品牌建设的良性运行系统，形成一套较为完善的城市文化品牌评审、选择及运作体系；郑州"根亲文化圣地"、"武术文化之都"城市文化品牌凸显，文化产业创新能力和品牌培育能力显著增强，建设2~3个拥有广泛民众基础、自主创新能力、国际上具有较强影响力和竞争力的城市文化品牌。培育5~10个代表郑州城市精神、在全国具有较高声望和影响力、符合郑州城市发展战略的国家级城市文化品牌。使"文化郑州"的形象深入人心，成为全国重要的文化产业基地和具有中原特色的世界历史文化名城。

（二）郑州市城市文化品牌建设重点和措施

依托郑州建设华夏历史文明传承创新区和"世界历史文化名城"的战略目标，充分挖掘郑州市相关文化内涵，整合各类文化资源，围绕少林文化、根亲文化、嵩山文化、黄帝文化等文化类型，重点打造文化旅游、节事会展、演艺娱乐、影视动漫、名人故里、新闻出版等城市文化品牌。

1. 文化旅游品牌

依据郑州"国际商务旅游目的地、世界功夫旅游目的地、东方文化旅游目的地、中部休闲娱乐旅游目的地"的发展定位，以文化创意为核心，以完善旅游要素和增加旅游收入为中心，抓住郑州特色人文资源和民俗、特色餐饮和技艺、特色工艺品和纪念品、特色演艺和精品剧目、特色民居宾馆和乡村旅社五大文化亮点，着力打造郑州特色文化旅游品牌。

（1）已有品牌。少林寺、黄帝故里、黄河游览区等成熟文化旅游品牌必须进一步完善功能设施与服务，深度挖掘旅游文化内涵，加大推介力度、创新宣传方式，增加文化活动和游客体验参与拓展，延伸产品链，增加吸引力。建议郑州少林国际武术节举办常态化、规范化、规模化，充分利用一切媒介资源，提升其影响力。进一步挖掘少林文化精髓，不仅发扬其武术文化，还应该从医学、艺术、历史、民俗、建筑等文化特色着手，将相应的文化要素融入少林寺旅游、《禅宗少林·音乐大典》演艺活动。依托少林文化、宗教文化、嵩山文化的少林寺可打造世界级文化旅游品牌。建议依托黄帝文化、黄河文化、中原历史文化、民俗文化等文化特色在郑州黄河游览区策划以古代军事战争为主题的大型演艺活动，以黄帝为起源，以黄河为主线，贯穿中原历史，演艺"逐鹿中原"的雄浑气魄，展示郑州黄河文化精髓的博大精深，提升郑州黄河文化旅游的质量和档次。

（2）潜在品牌。中岳文化苑、商都文化遗址公园、中国天文博物院、汉霸二王城、郑韩故城、杜甫故里景区、宋陵遗址公园等新建景区规划要以专项旅游为重点，深入挖掘当地特色文化内涵，设计合理旅游线路，策划参与体验性文化旅游活动，创新文化旅游推介方式，大力拓展文化旅游市场，走差异化发展道路，打造文化精品和国家级文化旅游品牌。2010 年"天地之中"登封历史建筑群被列为世界文化遗产，这是继龙门石窟、殷墟之后河南省的第三处世界文化遗产，也是郑州市唯一的一处世界文化遗产。作为郑州最重要的潜在文化旅游品牌，"天地之中"历史建筑群和少林寺、嵩山所具有的文化内涵有所重复，但从"天地之中"建筑文化的角度出发其所拥有的文化精髓和少林寺、嵩山截然不同。因此，对其的开发首先必须是严格保护，建议设立登封古建筑保护机构和专项维护基金，形成动态远程监控和修缮保护机制。其次，和国内外相关建筑类义化遗产加强交流和联系，开展文化交流活动，传播"天地之中"历史建筑群的文化魅力。再次，实施"走出去，请进来"战略，赴长三角、珠三角、京津等国内主要客源市场和韩、日等国外市场宣传，邀请主要客源市场旅行社、航空公司、主要媒介等到嵩山地区考察旅游线路。同时还需要深入挖掘这些建筑所具有的时代、建筑、艺术、民俗等文化内涵，以"天地之中"为核心，依托少林寺、嵩阳书院、嵩山、中岳庙等景区载体，将其通过一定的创新形式进行展现，力求观赏性、知识性、娱乐性、体验形式的文化内涵传播（嵩洛文化论坛、中华文化圣山·封禅大典）。发动当地民众参与其中，策划参与体验性强的文化旅游项目，让旅游者沉浸其中，感知"天

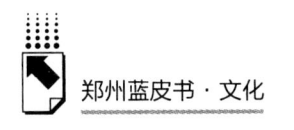

地之中"深厚文化内涵，塑造"天地之中"历史建筑群的整体形象，凸显郑州作为"天地之中"城市文化品牌的新定位。

2. 节事会展品牌

近年来，随着郑州国际会展中心、河南省艺术中心、河南省体育中心等场馆的投入使用，郑州市的节会产业获得广泛发展，其未来发展应充分发挥郑州市的区位优势，进一步建设完善相关设施，不断扩大节会活动数量、规模，提升管理，形成郑州节会产业在华中地区的绝对优势，努力把郑州发展成为中部节会产业的龙头城市。

（1）已有品牌。黄帝故里拜祖大典、中国豫剧节、郑汴马拉松赛、世界旅游城市市长论坛、河南家禽交易会、中国郑州汽车后市场博览会等在全国具有一定知名度的节会品牌，属于郑州相对成熟的节会品牌，这类品牌今后应该注重品牌形象推介，针对市场和民众策划创新活动，加强活动管理和现场控制，引进市场机制，延伸活动产业链，培育活动新的市场开拓空间。建议把黄帝故里拜祖大典作为世界级文化品牌重点打造，每年确定一个主题，弘扬黄帝文化、中原文化，增强中华民族的凝聚力、向心力和亲和力；活动举办期间构建立体文化宣传平台，继续多层次、多角度、多形式对拜祖大典进行全方位的宣传报道，力邀高层群贤，筑好大舞台，引来大人物，产生大反响；同时注重活动的市场化运作，充分发挥基金会和咨询机构作用，拓宽资金渠道，出金点子，献经典策，拿好方案。

（2）潜在品牌。郑州市区位优越、历史悠久，文化资源丰富，经济市场开阔，具有发展节会产业的优越条件。然而当前发展成熟的节会品牌很少，在国内外具有一定影响力的仅有黄帝故里拜祖大典、中国汽车后市场博览会、世界旅游城市市长论坛等少数活动。其实郑州市可以依托地方产业特色、文化特色举办具有发展潜力的节会活动，除了郑州少林国际武术节、杜甫故里诗歌文化节、中国豫剧文化节、金麻雀小小说节要常态化、规范化外，还可以举办中原文化国际旅游节、中国郑州文化产业博览会、中国郑州文物藏品交易会、嵩洛文化论坛等富有特色的节会活动，打造一批在全国具有一定影响力的节会文化品牌。建议依托郑州的区位、经济、政治和文化优势，充分利用郑州历史文化、寻根文化、宗教文化、黄河文化、民俗文化、商都文化、武术文化等文化内涵举办"中原文化国际旅游节",针对不同的参与市场,采取会议、展览、演出、巡游、赛事等参与体验性强的系列活动和文学、摄影、音乐、绘画、新闻等各种方式展现中原文化的精髓,整合郑州节会产业市场,培育强势节会品牌。

3. 演艺娱乐品牌

近年来,郑州市着眼于舞台演艺市场的定位,在优势文化资源项目的策划、定位、设计和建设等方面,聘请全国一流的专家,做到高起点、高标准推出系列精品文化项目。打造了《风中少林》、《禅宗少林·音乐大典》、《水月落神》、《程婴救孤》等多个演艺舞台文化品牌,同时重点打造了世纪欢乐园、鸵鸟园、黄河谷马拉湾、方特欢乐世界等娱乐性质的主题公园,大力推动了郑州市文化产业的发展。特别是《禅宗少林·音乐大典》,以演绎和谐中原文化为主题,以深度挖掘禅宗和少林武功的优势文化资源为切入点,成为全国知名的城市文化品牌。

(1) 已有品牌。需要继续完善和提升《禅宗少林·音乐大典》演艺品牌,配合少林寺世界级旅游品牌打造;实施"走出去"战略,向国内外推介《风中少林》、《程婴救孤》、《水月洛神》、《村官李天成》等郑州经典舞台演艺品牌。同时加强演艺品牌衍生产品的开发,剧院从单一演出功能逐渐向综合性的娱乐中心转化,形成以餐饮、购物、地产、旅游商品等为外延的产业链,与旅游、会展、互联网等行业跨界合作将成为演艺市场推广和规避风险的有效路径。重点建设《禅宗少林·音乐大典》二、三期拓展,依靠"游嵩山看少林观大典住禅居听禅乐吃素斋结禅缘"的发展思路,积极发挥机制活力,狠抓产品、品牌、营销三大块,努力打造出"吃住行游购娱"的新型禅文化产业链条,增强品牌竞争力。继续做好实景演出的前提下,还加大了独具禅宗风韵的特色乐器、旅游纪念品、素食产品、高端收藏品等产品的研发力度,将禅文化变成游客看得见、听得到、摸得着、带得走、记得住、想得起的产品,同时重点推出禅文化主题酒店《禅宗少林·照见山居》和新型室内禅乐项目《禅宗少林·禅乐颂》两大力作。由此,《禅宗少林·音乐大典》就形成了实景观禅、山居参禅、佛堂听禅的多样化禅文化体验格局,给游客创造出了全方位、深层次、系列化的禅文化体验方式,开创郑州演艺业发展新思路。

(2）潜在品牌。郑州演艺娱乐业未来发展的重点方向为创造出独具特色的中原文化展示方式，融武术文化、宗教文化、民俗文化、戏剧文化和现代歌舞、曲艺文化为一体，打造具有中原文化特色的演艺精品，努力将郑州塑造成为"文化娱乐之城"；加快产业聚合过程，稳步发展旅游演艺业；深化演艺娱乐业同餐饮、零售、旅游等行业的链接程度，拓展产业链条，加快产业聚合进程，提升整体竞争能力。将高水准的高雅艺术团体列为非营利性演出机构，实行经济补助、政策促进，对高雅艺术给以经济扶持。实行与管理分级相配套的税收征管分级。深化经营企业的体制改革，鼓励支持非公有资本进入政策许可的演艺业。坚持依法管理演艺娱乐市场，不断健全和完善演艺娱乐市场管理机制。除大力发展和重点推介《禅宗少林·音乐大典》、《风中少林》等成熟品牌外，还应该深入挖掘郑州市文化内涵，依托嵩山文化打造《中华文化圣山·封禅大典》大型实景演艺项目，依托黄河文化打造《新黄河大合唱》实景演出，用不同的艺术形式，展示中华民族不同历史时期黄河流域的点点滴滴。演绎作品必须利用舞台形式创新展示，把郑州传统文化和现代动画元素相结合，针对市场需求，特别是年轻人推出新的舞台剧目，打造新的演艺文化品牌。

4. 影视动漫品牌

郑州影视动漫业属于新兴文化产业类型，但发展迅速，成绩斐然。由河南超凡影视公司和郑州电视台联合制作的《快乐星球》，填补了我国大型科幻少儿电视剧的空白；儿童电影《幸福的白天鹅》，2011年获得了圣地亚哥国际儿童电影节"最佳艺术片"大奖；河南卫视的《梨园春》、《武林风》、《你最有才》栏目在国内形成了一定的影响力；《小樱桃》、《少林海宝》、《少年司马光》等动画产品形成了较强的品牌影响力，带动了相关衍生产业的显著发展。

（1）已有品牌。对于《快乐星球》、《小樱桃》动画等成熟影视动漫文化品牌应该加大对其图书、漫画、杂志、玩具、服装、食品、游戏等衍生产品的的开发，延伸产业链，同时依托《快乐星球》拍摄基地、国家动漫产业园区、郑州动漫产业园区、郑州华强文化科技基地等建设开发文化娱乐主题公园，开展丰富多彩的文化娱乐活动，配套提升影视和动漫品牌的知名度和影响力。

（2）潜在品牌。在延伸原有影视和动漫品牌的同时，注重新的影视和动漫产品的开发，从郑州文化精髓中寻找影视和动漫作品的创作灵感，创新郑州文化传承创新的方式。反映少林文化的电视剧《少林寺传奇》三部曲在国内已有一定的影响力；反映豫商文化的电视剧《康百万》已经杀青，有望最近在中央电视台播出。郑州市相关部门要充分利用这次机会，推介康百万，宣扬豫商文化；反映黄帝文化的电影《轩辕黄帝》即将开机，预示着民众对黄帝文化的追寻必将掀起新一轮高潮，同样，一定要抓住这个千载难逢的机会大力推介黄帝故里；此外，列子、韩非子、韩愈等郑州市十大历史名人，大禹治水、潘岳轶事、达摩面壁等郑州市十大历史故事都可以用影视形式予以展现。当前与现代高科技联姻的魔幻作品（《白蛇传说》、《西游·降魔篇》等）极盛一时，但需要投入大量的资本，在前期融资困难的情况下可关注当年热点和民众关注的现实题材（《裸婚时代》、《失恋33天》）展开，演绎当代都市青年的真实生活。电视品牌主要精心打造贴近民众的，特别是年轻的文化娱乐类栏目（比如街舞、太极等），不仅仅是仿制作品（《何乐不为》、《你最有才》），而是基于当地文化的和市场需求的策划，同时聘请高知名度的主持人担纲。动漫文化品牌的创造关键是针对市场需求研发民众喜爱的动画形象，不仅针对儿童，还可以针对成人、老年市场开发动漫形象，郑州动漫形象的开发仍然需要从中原传统文化中寻找灵感，比如泥泥狗、猴加官等可以动画展示（天津《兔侠传奇》等），整合不同文化要素为一体，突出时代精神，创作文化性、娱乐性、知识性、教育性为一体的动漫形象。同时进一步加强对动漫产业发展的政策扶持，建立更好的动漫投融资环境，促进动漫产业链的开发与完善，使郑州发展成为中西部乃全全国的动漫高地。

5. 名人故里文化品牌

一位历史名人就是一部篆刻优秀传统文化的史书，就是一个地方特有的文化资源。传承和弘扬地方特有的历史文化，既是对历史名人的尊重和保护，也是培育地方文化品牌的现实需要。郑州市历史悠久，名人荟萃，有人文始祖黄帝、上古贤人许由、春秋郑国名相子产、战国道家名师列子、法家集大成者韩非子、秦代农民领袖陈胜、唐代诗圣杜甫、艺苑大家郑虔、人民诗人白居易和北宋建筑宗师李诫、西晋文学大家潘岳等，名人故里文化品牌的开发势在必行。

（1）已有品牌。郑州历史名人荟萃，其中黄帝故里开发已初具规模和影响力，其占地面积100余亩，分为中华姓氏广场、轩辕故里祠前区、轩辕故里祠、拜祖广场、轩辕丘与黄帝纪念馆区五个区域，是海内外炎黄子孙寻根拜祖的圣地，被评为国家4A级景区。2000年被公布为河南省重点文物保护单位、郑州市十大旅游景点之一。对黄帝故里的进一步开发，应以郑州华夏历史文明传承创新核心区建设为契机，按照"政府引导、市场运作、科学规划、分步实施"的原则对具茨山、黄帝故里祠堂等丰富多彩、优势独特的黄帝文化资源进行策划和规划。把黄帝故里——新郑打造成亿万炎黄子孙寻根拜祖的民族圣地、中国历史文化名城、世界级城市文化品牌。

（2）潜在品牌。当前除了黄帝外，郑州其他名人故里的开发都刚刚开始。具体名人故里文化品牌的开发可遵照"十位一体"的模式进行，即紧紧围绕构建名人故里文化品牌为目标，出台一个总体规划，成立一个研究机构，编纂一套名人相关书籍，定期举办一个学术研讨会，举办一个节庆活动，制作一台演艺或影视作品，建一个名人纪念馆，建设一个景区，制作一个推介网站，注册一批名人相关商标。当然并不是每一个名人故里都按照十个方面进行品牌打造，具体可以根据名人故里的保护开发现状、载体规模、名人精神价值不同采取不同的开发方式。针对郑州而言，近期可着力于开发杜甫故里（巩义）、许由故里（登封）、白居易故里（新郑）、潘岳故里（中牟）等名人故居，到2020年着力于打造3~5个国家级名人故居文化品牌，提升"文化郑州"品牌形象的价值。

6. 出版传媒品牌

出版传媒品牌主要包括报业、出版社、杂志、图书、网络、广播等文化品牌。近年来，郑州市着力于出版传媒品牌的发展，涌现出《小小说选刊》、《百花园》、《销售与市场》等期刊品牌，《早餐可乐》、《今夜不寂寞》广播品牌，《大河报》、《郑州晚报》等都市报业品牌，商都网、大河网等网络媒介品牌，其影响力也在逐步增强。其中《大河报》连续9年入选"中国500最具价值品牌"，2012年品牌价值高达28.63亿，《小小说选刊》是目前全国文学类期刊发行量最大的杂志，使郑州成为全国小小说的中心。

（1）已有品牌。对于《百花园》、《小小说选刊》、《大河报》等发展相对成熟的出版传媒品牌，其发展必须根植于郑州当地文化特色和民众心理，针对不同类型的市场需求发展特色媒介栏目，把中原传统文化元素和现代传媒展示方式进行有机结合，把握时代脉搏，树立"亲民"形象，继续扩大传媒的知名度和影响力。以《小小说选刊》为例，今后百花园杂志社应该抓住历史文明传承创新区建设的机遇，调整思路，利用充裕的作者资源、作品资源和成熟的文化市场网络资源，进行优化选择和主体开发，进行科学合理的扩张性资源配置，集团化发展，寻求国际、国内的合作伙伴，建立境外营运、跨国销售的机制，进行深度而广泛的小小说图书编辑出版、手机阅读、动漫、节事、影视小品制作及对外出版等相关产品的精深加工，拓展新的更大的文化市场空间，逐步将"小小说事业"平台置换为"小小说文化产业"平台，早日建成以精短文学品种为主、以大众文化为特色、有较强影响力的小型高效的城市文化品牌。

（2）潜在品牌。中原传媒集团的成立和运行证明了出版传媒品牌的发展必须实施大集团带动战略，通过改革、改制、重组，进一步壮大郑州出版传媒品牌。做强郑州报业品牌，推动《大河报》、《郑州日报》、《郑州晚报》、《河南商报》、《东方今报》等不断扩大规模实力，提升《销售与市场》、《漫画月刊》、《新闻爱好者》、《中州学刊》、《中学生数理化》等报刊品牌效益。做强郑州出版品牌，通过资本运作实现兼并重组，促进河南人民出版社、郑州大学出版社、大象出版社、河南文艺出版社、河南美术出版社、海燕出版社等出版集团跨越式发展，进一步打造以"中原文化"为代表的豫版图书品牌；积极培育民营出版印刷品牌，扶持郑州印刷包装工业园项目建设，支持郑州印刷包装产品博览会发展壮大；做大郑州广播影视品牌，推动广播电视体制改革，加快全市有线电视网络整合和电影院线建设，促进河南影视集团、河南超凡影视集团、河南广播传媒集团、中原传媒集团发展壮大，提升商都网、大河网、中原网等网络媒介品牌的影响力。

B.23
郑州特色历史文化街区建设问题研究

葛海霞*

摘　要：

　　历史文化街区是凝聚人们历史情感的重要载体，是城市文化的重要组成部分，规划建设特色历史文化街区对城市提升意义重大。本文分析了对郑州历史文化街区建设的思路、原则，并重点提出了打造精品街区的任务与举措，以提升郑州城市的综合影响力，建设好华夏历史文明传承创新核心区。

关键词：

　　历史文化街区　历史文脉　保护开发　模式

　　历史文化街区是城市精神气质、城市记忆的载体，体现了城市历史文脉。在城市更新改造过程中历史文化街区的保护和再开发可以强化城市空间形态的可识别性，其独特性在丰富城市生活的同时，赋予了生活在该都市的人一种独特场所感和认同感，历史文化街区的文化底蕴和功能特质与城市整体走向密不可分，是构成城市生长力和影响力的重要元素，郑州建设华夏历史文明传承创新核心区，必须突出历史文化街区在文化传承创新中的价值，通过规划建设一批具有郑州特色、历史文化风貌的街区，对展现郑州城市品牌形象、提升核心区的综合影响力、增强市民地域认同感和自豪感都具有重要意义。

＊ 葛海霞，黄河科技学院讲师。

一 历史文化街区的内涵及其作用分析

（一）历史文化街区的内涵和特征

历史文化街区是指保存有一定数量和规模的历史遗存，具有比较典型和相对完整的历史风貌，融合了一定的城市功能和生活内容的城市地段，并且经省、自治区、直辖市人民政府核定公布的法定的历史地段。所谓历史文化街区，是指街区不同于一般笼统所说的旧城区，也不同于文物保护单位周围的建筑控制地带。其具备以下三个特征：第一，具有历史遗存的真实性。历史街区首先应具有一定规模的历史遗存，并且这些遗存应该是真实的。第二，历史风貌的典型性和完善性。独特而有代表性的历史风貌，能够反映城市的历史风貌，代表城市的传统文脉。历史风貌的完善性，则是指历史文化街区中的历史遗存所体现的时空连续性和视觉协调性。第三，具有一定规模和范围的风貌一致性。历史文化街区应有一定的规模、视野所及的风貌基本协调，且只有达到一定规模，才能构成一种环境气氛，使人从中得到历史回归的感受。根据传统历史街区性质，大体上可分为居住性历史街区、商业性历史街区和文化性历史街区三大类。

（二）历史文化街区的作用

1. 集聚经济效益

在对历史文化街区进行保护开发时，可以有效利用街区的历史文化资源，发展休闲旅游业，形成商业与旅游、餐饮相结合发展模式。历史街区一般都集中在老城区的核心地带，商业气氛浓厚，由此形成一个不仅对本城居民有吸引力，而且也可以吸引外来游客的休闲商业区及旅游区，可以快速融入城市中的商业竞争。历史街区的建筑本身就具备房地产价值，加上街区改造中市政基础设施、环境的完善，能提升街区的文化、娱乐、商业品位提升，能拉动周边地价，取得较大的经济效益，如上海的新天地改造项目就是如此。

2. 丰富城市形象

历史文化街区作为城市宝贵的文化遗存为城市的特色化建设提供了包括大

量优秀经典建筑、城市的人文历史、民俗风情等在内的丰富素材,是城市的标志和旅游的名片,同时历史文化街区也是城市旅游运作的重要卖点,是展示城市形象的窗口。历史文化街区展示着城市的人文风貌,反映着城市居民的生活质量和品位,在一定程度上代表着一座城市的形象。

3. 巩固历史文化名城地位

郑州市是国家第一批历史文化名城,城市的建设必须围绕这一定位进行。我们必须充分挖掘好郑州在文化、文物、旅游等方面的独特潜力,保护好、开发好城市历史文化街区,推进文化旅游产业实现跨越式发展,把郑州市建成文化影响力和旅游吸引力较强的国际文化旅游名城。

4. 打造城市品牌

历史街区是一个城市经济发展、文化积淀和历史沿革的外在体现,由历史文化、建筑技术、政治经济等多重因素长期共同作用而来,也是城市建设发展的根基。一个城市的文化发育越成熟,历史积淀越深厚,街区建设越有地域特色,城市的个性就越强,品位就越高,就越能引起世人的共鸣,且能避免城市发展和建设中的"特色危机",利于城市品牌的打造。

二 郑州特色历史文化街区建设的基础与原则

对于历史文化名城郑州来说,虽然其具有历史悠久的街区和文化片区,但是由于在城市建设中对历史文化街区的规划保护、更新建设重视不足,一些街区的文化内涵逐渐消失,具有郑州特色、能够在全国产生影响的历史文化精品街区基本不存在。但是郑州的文化底蕴和街区的外在面貌仍然存在,依托历史文化建筑、文化标识、文化景观和民俗节庆等建设历史文化街区,具有明显的基础和优势。

(一)基础条件

在十七届六中全会作出文化大发展大繁荣的战略部署中,国务院《关于支持河南省加快建设中原经济区的指导意见》中明确将华夏历史文化传承创新区定位为中原经济区的五大战略之一的背景下,政府的一些相关决策、政策以及郑州市拥有丰富的历史文化资源都有利于推动历史街区的建设。《郑州市城市总体规划（2010～2020年）》提出要重视历史文化和风貌特色保护，要统筹协调发展与保护的关系，按照整体保护的原则，切实保护好城市传统风貌和格局。要求重点保护好商代遗址等大遗址、书院街等历史文化街区、郑州"二七大罢工"纪念塔等文物保护单位及其周围环境。在《郑州商代都城遗址保护规划》中对历史街区的建设有指导性的建议，这些都有助于推动历史街区的开发建设。近年来，郑州市的历史文化街区建设取得了一定成效。目前二七塔片区的百年德化步行街、城南路商都文化步行街、管城区的书院街、古文化特色商业街等已经初步形成规模或正在规划建设。这些城市历史文化街区具有较强的地域性人文特色，包括建筑、文化标识、商业形态以及体现其独特文化氛围的社会与文化活动等，有必要将其作为一项文化遗产进行保护和再开发，挖掘其多方面的价值，并将之作为推动老城复兴的重要手段，使之成为城市吸引、发展旅游业及商业的重要手段。因此，必须准确定位、集中展示、传统再造、多元并举，规划建设好特色文化历史街区。

先期可以城南路商都文化街、城隍庙——文庙片区、书院街、南北顺城街和管城街的清真民族餐饮文化特色街区为建设重点，在管城片区形成历史氛围，凸显商城特色品牌；后续可以棉纺厂的生活区、工业区改造为重点，因为这两个片区面临很紧迫的拆迁改造任务，避免出现"拆迁已完，高楼耸立，规划才出"的局面；紧接着可以百年德化街、二七塔片区为建设重点；之后可以把完善金水区的农科路酒吧一条街、纬三路字画玉器一条街、郑东新区CBD步行街等特色商业街区建设作为工作重点。规划建设需要重点考虑：①街区性质功能定位，传统文化与元素的挖掘；②划定保护范围及控制要求；③完善街区交通流线组织；④营造历史街区空间环境，建筑高度、立面、街区环境氛围营造包括市政基础设施系统、城市识别系统、景观小品等；⑤历史建筑、场所功能置换；⑥新建建筑的规划控制；⑦传统生活模式的保护与社会意识认同感的建立。

（二）建设目标

正确处理街区保护与现代化城市建设的关系，以保护为宗旨，以整治为核心,合理布局、科学规划,建设一批特色历史文化街区建设,促进城市历史文脉的延续,塑造城市文化品牌,提升城市形象,巩固历史文化名城地位,传承华夏历史文明。2012~2020年建成5条在国内外具有影响力,能够有力展示华夏文明内涵、表达城市文化风貌、带动城市文化、经济发展的特色历史文化街区。

(三)建设原则

在历史文化街区保护和开发的过程中要科学地保护城市的历史和文化,保持城市发展的延续性,在郑州市历史文化街区建设和塑造中必须遵循以下科学合理的原则。

——保留历史街区历史风貌真实性原则。对单体建筑采取保护、改善、整饬等不同措施进行保护改造,街区内的历史建筑,采取分级保护的办法,尊重并延续街区原有的空间形态,在分析原有空间格局的基础上进行更新;保护整体风貌,重点保护能够反映历史风貌的街区形象和内涵,使历史文脉得以延续,要保护街区历史风貌的真实性。

——小规模有机更新原则。历史街区的改造是一个长期的渐进式的深入完善的过程,在改造实施上不求一步到位,讲究小规划、分阶段的实施。小规模、滚动的方式进行的改造方式建设周期短,易于筹措资金,易于见效,同时也易为居民所认同,有利于保持原有肌理。

——文脉性原则。文脉是城市特质的组成部分,是城市彼此区分的重要标志,是一个城市的根和灵魂。历史文化街区具有比较完整的文脉关系如视觉上的连贯性、空间形态的完整性、社会生活方式及群体意向的统一性,是一个城市诞生和演进过程中形成的生活方式以及不同阶段留存下的历史印记,有往日发展积累的宝贵经验,也有未来发展的前进方向,尽可能地保护和利用好具有历史及人文价值的建筑和文物,弘扬传统文化,因此在进行历史街区打造时必须要体现城市的文脉性原则。

——地域性原则。地域性首先表现为地理环境的特殊性,其次表现为一个地区特有的文化与习俗。在历史文化街区建设中,要结合实际情况,考虑街区的地域文脉特征,并因地制宜地采取相应对策,彰显本土个性特色,使历史街区因展现不同环境而富于个性,因此充分利用地域性特征是历史文化街区建设中非常重要的一个原则。

三 加快建设具有地域特色的精品历史文化街区

结合郑州文化街区的类型、功能和面貌,从城市整体布局出发,先期可以着力建设以下六条历史文化街区,具体建设思路有以下几个方面。

(一)以"商"文化为特点的城南路历史文化街区

该街区功能性质应定位为历史文化、商业休闲街区。本街区规划目标原则是尊重历史文化资源,继承弘扬传统文化。目前该街区路南建筑风格无历史风貌,店铺经营品种单一,路北的书画店铺生意冷落,城垣附近乱搭乱建现象严重,街区细节无法体现3600年的商代文化内涵。

在街道格局方面,街区入口要醒目有代表性,改城南路为步行道路,建议将城南路北与城垣遗址之间的店铺拆除,作为休闲开放性空间,可以安排景观节点,展示城墙的断层年代,让人们近距离地接近体验这种历史沧桑感,节点处设置和商代文化有关的诸如以骨器、陶器、玉器、酒文化、青铜器、甲骨文等为题材的雕塑小品和与商代有关的历史典故等景观小品,大胆运用从商代历史文物中挖掘的历史性符号。城南路路南作为和书画有关的传统店铺,以及一些制陶等的手工作坊,店铺建筑要体现传统建筑风貌,色彩亦用灰、褐、黑等颜色,建筑高度不能超过城垣高度,在城南路与熊儿河交叉的东北角,建设商城遗址博物馆,展示商代文化、文物等,同时注意利用熊儿河的河道做好景观。城垣遗址的北边20米建议拆除违章建筑,保留为开放空间,注意和城隍庙—文庙历史街区的衔接。

在塑造该街区整体的历史文化环境时,可以选择街区重要建筑景观作为以后其他建筑整治改造的模板,以此来达到控制该街区整体建筑风貌的目的。通过街区"模板"建筑的设立,可使整条规划街区在分阶段建设期内,保持连续、协调、统一的发展态势,并在时间、空间及要素之间相互约束于整个结构状态之中,使得每一幢单体建筑均合理嵌入城市生长的时空结构之中,保证街区各具体建筑的建设与发展能够在总体控制之下,适应街区体现相应历史文化特色的整体化需求,对于形成历史文化遗产资源及其周边环境的整体性、连续性、统一协调性至关重要。比如在城南路上选某平顶住宅建筑作为模板,通过统一的整治模式研究,寻求模式化的整治改造途径,通过屋顶平改坡,突出中国传统建筑文化的韵味,在建筑局部构建和添加墙面装饰符号等来强化与周边环境要素的潜在协调关系,调整建筑整体色彩,营造历史环境氛围。

在具体的环境整治当中,首先要保护和展现商城遗址等重要历史遗址和历史文物,其次要重视街区细节设计,通过指示标牌、垃圾箱、路灯、铺地等设计来凸显商代文化内涵,通过强调街区景观的系统性和整体性,保护历史文化资源,弘扬传统文化,塑造街区景观特色。

为了使商城文化区内的书院街历史街区、城隍庙—文庙历史街区和城南路历史街区呈现历史文化遗产资源及其周边环境统一的整体性、系统性和序列性,根据各街区内所存在的历史文化资源的本体差异性,建立风貌特色倾向性明确的分区整治策略。兼顾各街区沿街重点景观和内部整体街区的联系,采取以块状街区整体规划的策略进行整体环境的整治,并形成一套整体、系统、有序的整治策略。

(二)以近代革命史迹为特点的"二七"历史文化街区

该街区功能性质定位为近代革命纪念地、商业街区。保护"二七"纪念塔和"二七"纪念堂;通过调整路网、疏导交通,形成环境优美,适于步行的"二七"广场;开辟以"二七"纪念堂为中心的普乐园广场;钱塘路开辟为步行商业街,将"二七"广场和普乐园广场联系起来;将"二七"纪念塔与商城保护区及商城绿化带联系起来。开辟"二七"纪念堂前广场,建立与街头绿化、广场相结合的步行系统,联系书院街历史文化街区。同时注意与二七商圈的联系,以"二七"纪念塔为中心,向四周延伸形成的二七商圈,凭着其历史文化因素、独特的地理位置及无可比拟的火爆人气逐步形成功能多样化的特色商业街区,囊括了大型百货、综合超市、品牌专卖、图书批发等几乎所有的零售业态。聚集了如北京华联、丹尼斯、国美电器、五星电器、正弘名店、大商新玛特、百盛购物、郑州百货大楼、光彩市场、大上海城、百年德化等著名商业品牌。随着郑州地铁1号线建成，郑铁西出站口工程、解放路立交桥的打通，到达二七商圈的时间将大大缩短，交通更加便利，这将为二七商业街区的持续发展锦上添花。

（三）以文化产业为特点的书院街历史文化街区

该街区功能性质定位为旅游餐饮、文化产业街区。书院街历史文化核心区整体功能主要依附于南北两个历史文化核心：商城城垣遗址以及恢复后的书院。据分析，书院街项目对历史文化的展现与提升将会产生巨大的推动作用，该历史街在功能定位上应主要分为三大类。

文化博览与文化产业：依托于城垣遗址与书院，将历史文化的展示与相关产业的联动作为街区业态的主要特色，如博物馆、藏品展廊、艺术工作室等。

旅游商业与休闲餐饮：历史文化的魅力需要通过大众的普遍感知度来展现，街区的人气很重要，旅游商业与休闲餐饮能达到聚集人气的目的，主要的商业形式可包括旅游综合服务、民俗手工艺零售、传统名小吃、民居客栈、特色酒吧等。

商务会馆：除针对大众消费与参与的功能，还可引进以高层商务人员为服务对象的商务会所功能，提供应对中小型商务展会、大型餐会、项目谈判、日常商务办公、商务接待与住宿等多层次的商务服务。

同步建设的还有书院街历史文化配套区，位于书院街核心区周边，与城市支路直接联系，提供机动车上下客、停车等交通服务，保障核心街区的步行环境。在体现传统建筑风格的前提下，配套区建筑风格应使书院街核心区的建筑风格和建筑体量尺度很好地与周边建筑相协调。还要完善商业、餐饮、休闲（酒吧或茶室）、娱乐、特色宾馆等功能。

（四）以传统风俗文化为特点的文庙—城隍庙历史文化街区

该街区功能性质定位以生活居住、旅游观光、商业服务、文化经营为主要职能，集中体现城隍庙—文庙传统人文风貌的历史文化街区。街区应保持原有的空间尺度，原有电线杆、有线电视天线等物应逐步转入地下或移位，地面铺装和街道小品（如果皮箱、公厕、标牌、广告、招牌、路灯等）应采用复合、

重构商都元素的形式来体现地方传统特色。

划分街区历史风貌核心区和建设控制区，对于核心区街区两侧建筑功能应以传统民居和传统商业建筑为主，充分挖掘本历史街区和郑州的传统民俗文化，全面提升本历史街区的文化吸引力。对传统建筑进行积极有效的保护性利用，发掘其历史遗产的社会经济价值。在对历史街区的"硬传统"建筑遗产保护的同时，应充分利用对本地区"软传统"遗产的研究，并积极进行文化产业的挖掘，注意郑州历史文脉中的"软传统"饮食文化和戏曲文化在历史文化街区的展示，在街区改造中应该保留郑州饮食文化的经营之地，同时给戏曲文化这类的娱乐活动留有活动场所，继续发扬郑州的饮食文化和戏曲文化。

传统民居的建筑色彩应取黑、灰等其他郑州传统民居的色彩加以统一控制，建筑形式应采用民居形式的坡顶青瓦房，建筑门窗、墙体、屋顶及其他细部必须严格按规划管理确定的郑州传统民居特色细部做法执行。反映居民生活之特色庭院、古井古树应予以清理恢复并保留，与街区风貌不协调的建筑应予以改造或拆除，改造后的建筑功能以居住建筑或民居旅馆为主。

对于建设控制地带，此范围内的各种修建性活动应在规划、管理等有关部门指导并同意下才能进行，其建筑内容应根据文物保护要求进行，以取得与保护对象之间合理的空间景观过渡。在此保护范围内的一切建设活动均应经规划和文物管理等部门的批准、审核后才能进行。

（五）以商业文化为特点的德化街—大同路历史文化步行街区

该街区功能性质定位为历史商业街区。德化街位于郑州市"二七"纪念塔的南边，处于市中心商业圈的中心地带，从1905年始建至今历经了百年风雨，是一条名副其实的老街、一条名副其实的历史文化商业街，它的百年历史沉淀了浓郁的市井风情，是郑州市的代表性街道，它培育了一批像亨得利钟表眼镜行、德茂祥酱菜园、同仁堂药铺、魁祥花铺、瑞丰祥绸庄、俊泰钱庄、五洲报社、博济医院、鸿兴源分号、天一泉浴池、京都老蔡记馄饨馆等"老字号"名店。百年德化记录了郑州的发展历史，是现代化二七商圈的血脉，也担当着传承郑州商业文明的责任，传承其"以德立商，感化世人"的商业文化精神。

百年德化商业街建设应当努力体现丰富的文化内涵和独有的文化特色。文化内涵是百年德化商业街生存和发展的保障，文化特色不仅是商业街设计的着眼点，也是商家追求的经营目标。用先进的文化理念和高品位的文化特色，最大限度地提升百年商业街的文化品位和档次。同时要挖掘本街区历史文化背景，重视老字号企业的发展，使老字号的文化底蕴得以传承，使特色商业街区成为展示城市形象、城市特色、城市活力、城市品质的窗口。可以通过增设休闲小广场、艺术走廊、雕塑、路牌与导向标识、广告灯箱等，增添百年商业街的休闲性、文化性、趣味性和观赏性。

对于百年德化商业街建设有以下几点建议：第一，统一管理。从规划建设到运营管理及品牌推广要保持高度一致性，形成统一的管理机构，避免出现多头管理的混乱局面。第二，充分给予"老字号"名店生存和发展的空间。在后期建设中，要从建筑形式、景观布局等方面展现历史文化特色及老字号特色，对其在房屋用地、工商管理、税收、产权保护等各方面给予优惠政策，为之创造良好的经营环境，使德化街保持自身传统业态的特色；完善功能、提升品位。第三，要逐步完善景观、休闲、娱乐、交通等配套功能，将现代因素与传统文化融为一体，为商户创造良好的经商环境。可以在后期的建设中规划部分地块专门用于百年德化的绿化景观、物化景观的建设，如街心花园、休息亭廊、雕塑等建筑形式，给购物者营造舒适怡人的购物环境，增添更多的轻松体验与视觉享受。但在商户选择上，要有明确定位，严格筛选，整体上提升街区的品位。

（六）以现代工业遗产为特点的国营第三棉纺厂生活区历史文化街区

该街区功能性质定位为居住、休闲与工业文化历史街区。对于工业遗产的改造利用国内外多采用的 SOHO 模式，如北京的 798 等，南京的 1865 创意产业园等把历史厂房或仓库，赋予现代的开发理念，集艺术区、休闲、娱乐、餐饮、购物于一体，成为一种经典。再如武汉蓝湾俊园楼盘在建设开发中，把代表近现代建筑风格的始建于 1919 年的商办纺织股份有限公司的办公楼修成小区会所，后来升级为市级文物保护建筑，楼盘的文化品位顿时提升，使整个楼盘得到升值。

具体在进行国棉三厂工业生活区的改造和保护时，我们不仅要做到重要景

点重点保护，周围环境协调治理，还应注意使原有工业区生活气息得到展示，也即规划保护时注意整体保护，只有这样才能完全深刻地体验产业建筑的风采。

该片区是保存一个时代经济社会、产业水平、工程技术等方面的文化载体；保存一个城市工业社会时代特有的城市肌理和特质内涵，所以我们必须注重文化的挖掘，重视环境效益和经济效益的有机结合。

在实践的过程中，应做到改造保护某一产业建筑群体，不要把它当做一个普通的历史建筑来处理，更不能把它当做一个普通的旅游项目来建设，而应从构成产业建筑的文化内涵和自然环境两方面全面考虑，将产业建筑文化内涵的展示和利用放在良好生态环境里，共同营造一种令人神往的氛围，引导观众参观和感悟遗址独特的景观和丰富的文化内涵，并从中受到教育和启发。

此外，北顺城街和管城街的清真民族餐饮文化特色街区建设也有助于完善二七商圈周围餐饮服务，形成红色文化旅游、购物、特色餐饮一条龙，展示郑州特色餐饮文化，丰富郑州旅游内容。

四　推进郑州市历史文化街区建设的举措

近年来，随着郑州市城市建设加快推进，城市面貌发生了翻天覆地的变化。这对历史文化街区的保护和利用来说，可谓挑战与机遇并存。在关于贯彻落实党的十七届六中全会精神，加快推进社会主义文化大发展大繁荣的历史背景下，要注意加强历史文化街区的保护和利用工作，探索适合郑州市历史文化街区自身特点的建设对策。

（一）形成高度重视文化街区保护建设的意识

郑州有丰富的文化遗产资源，这是郑州未来经济发展的资源宝库，也是实现文化强市的有力保障，但郑州市历史文化资源的特点之一是地表遗存较少，且较为分散，在数量有限的历史文化资源中如果不树立"保护第一"的观念，加强对优势文物资源的有效保护，后果将不堪设想。比如，很多被评为市级优秀建筑的院落、特色建筑依旧被不断地拆除，即便可称为工业遗产的国棉厂的一些特色工业遗产的景观、建筑也被拆除变成高楼，我们不但要制定更为科学性的保护规划,明确保护范围、措施、目标,更要快速地实施,杜绝建设性破坏和其他一切破坏现象,否则仍然会出现这些令人痛心的场景,历史文化街区的保护工作任重道远。

(二)突出规划的先导作用

推进郑州市特色历史文化街区建设首先要强化规划的龙头先导作用,进一步配套编制《历史文化街区保护详细规划》,为深化街区保护整治、开发建设提供指南与依据。注意历史文化街区保护规划与城市总体规划、城市分区规划、商城遗址保护规划、城市设计以及各专项规划的协调配套衔接,以规划为依据,明确功能区划,努力实现各个街区景点整体串联,形成有机联系。一是在规划中用"城市意向五要素"和"城市设计三大理论"作指导,从以物质形态为主导的研究层面与非物质形态(地方传统文化研究)的结合,提升保护规划的理论水平。结合"城市意向五要素"(路径、区域、边界、节点、标识)和"城市设计三大理论"(图底理论、联系理论、场所理论)的概念对现有的保护要素进行分析和梳理,再整合并优化这些要素之间的关系,通过对物质形态和非物质形态要素的挖掘、修复历史文化记忆。二是建议结合市政府的六大工程中的大遗址公园建设、博物馆体系建设,利用这些物质资源,展示郑州历史文脉,强化街区的历史文化氛围。三是设计城市识别理论系统,奠定城市基础色调、标志性景观、建筑等,在历史文化街区建设的实体中同时融进城市精神、城市风俗、市民习惯、城市文脉等非物质因素,打造城市品牌,彰显郑州作为商都的历史文化名城的内涵,凸显郑州商业之都文化风采和现代生态绿城特色。

(三)加强历史文化与城市街区的融合

城市建设其实就是文化建设,重视城市历史文化街区建设中文化性的体现既利于城市品牌的塑造也利于历史氛围的形成。比如,可以在市政基础设施(如铺地、雕塑、垃圾箱、灯杆、指示牌等)上注意运用商代甲骨文、青铜器、陶器等文化元素;结合郑州市特色的剪纸、绘画、陶瓷、泥塑、雕刻、编织等民间工艺项目和戏曲、杂技、花灯、舞狮舞龙等民间艺术、民俗表演项目激活传统文化产业及其符号化在城市设计中的应用。街区应维持城市道路的传统走向，延用具有特定文化内涵的道路名称，保持历史街区原有的街巷格局，尽可能地继承传统的建筑风格，建筑物的体量、高度、式样和色彩方面尽可能与传统建筑相协调；注意城市标志性建筑、节点空间设计上传统元素、城市传统文化的运用。在历史街区发展文化创意产业可以大幅度提高传统制造业产品的文化和知识含量，促进产业升级转化，提升城市竞争力。运用传统文化创意产业促进历史街区更新，既有重要的文化意义，也体现了科学发展观。

（四）形成以政府主导的多元建设模式

建立由政府主导调控的、符合市场规律和历史文化街区保护科学性的运作机制，对历史文化街区的保护与更新是非常必要的。政府主导调控、多元建设的运作机制，既能对各种非理性的市场行为进行引导和规范，也可以通过与各方的协商合作，寻求利益的共同点，实现社会、经济和环境效益的有机统一。由房管局、旅游局等联手，组织精通郑州民俗、传统文化的专家，古建筑专家等人员进行实地勘察和深度研讨，在历史街区保护与更新的原则的基础上，制定历史保护街区的修建性详细规划。同时也有必要积极推动原住民参与到历史街区更新改造中的历史建筑保护修缮、更新计划的执行、日后的维护管理等与市民的切身利益密切相关的工作中。

（五）强化资金投入力度，拓展筹资渠道

实践中政府应尝试多渠道、多层次的资金筹集和利用方式，以弥补国家财政投资的不足。目前各地资金筹集途径和方式主要有国家或省市级历史文化街区专项保护基金、国家其他形式资金、银行贷款、国外资金、个人资金、开发商资金、招标和拍卖资金等。例如，在杭州河坊街历史文化街区的保护整治工程中，由市财政提供贴息贷款作为启动资金，街区所在区政府借鉴当地土地储备的运作方式实施整治工程。街区开发建设指挥部买断沿街建筑的土地使用权，进行统一拆迁、统一设计和施工，河坊街由原先的居住商业混合型功能置换为商业功能。在整治期间和工程完成后，由街区管理委员会将商铺分四批进行公开拍卖获得资金。

B.24 郑州市城镇居民艺术消费现状调查报告

吴金香[*]

摘　要：

通过对郑州市城镇居民艺术消费状况问卷调查和分析，发现存在着艺术消费层次单一、艺术消费价格偏高、公共文艺设施建设滞后、社区艺术消费开发不足等问题。为此，需要结合郑州城镇居民文化消费实际，从增加公共文化设施的投入、拓宽艺术消费途径、拉动民间艺术消费市场、培育本土化艺术消费理念等方面进行改善。

关键词：

艺术消费　消费层次　消费市场

大量事实表明，世界经济新的增长点正逐渐向文化产业方面转移，作为文化的重要组成部分，艺术产业的繁荣与否一定程度上反映出该地区文化产业的总体面貌。艺术消费作为艺术产业链的最终环节，对文化产业的发展状况有着更为直观的表现力。因此，对郑州市城镇居民艺术消费情况进行研究，能够有效地把握郑州市文化产业的整体走向。

一　艺术消费的概念、特征和类型

在当前消费时代下的艺术消费具有大众性、商品化、符号意义化等特点，由此也带来了艺术消费的公平性缺失。认识艺术消费的特点，理清艺术消费的误区，对建立合理的艺术消费观具有积极意义。

---

[*] 吴金香，中州大学讲师。

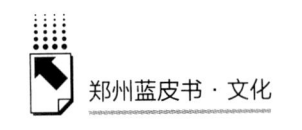

（一）艺术消费的含义

艺术消费是指为了满足人们对艺术美的享受需要，用货币购买、欣赏艺术产品和参与艺术娱乐的经济活动。它是艺术市场存在的前提和发展的动力。艺术消费作为精神文化生活的一部分，必然受到社会主义经济发展的制约，同时又有其自身的特殊性。

（二）艺术消费的特征

第一，消费情况的复杂性。艺术消费情况不仅受到艺术品本身质量的影响，同时消费者个体的差异，诸如思想观念、审美水平、个人爱好等，也会对艺术消费产生较大影响。第二，消费群体的复杂性。由于艺术门类众多，且多具有个性化特征，所以导致了消费群体的复杂性。第三，与艺术生产的辩证关系。艺术消费与艺术生产是辩证互动的关系，艺术生产决定艺术消费，艺术消费反作用于艺术生产。

（三）艺术消费的类型

艺术消费有多种形式，但大体可以分为以下几种消费类型。第一，投资性消费。这种消费类型针对性强，可替代性较弱，消费品大多具有唯一性特点，例如古玩收藏，听钢琴、小提琴演奏等。第二，娱乐性消费。这种消费类型情况比较复杂，可替代性非常强，选择多样，消费方式也比较多样，消费者容易在多种消费方式中选择。例如看电影，观赏演出，游戏等。第三，被动性消费。可替代性十分强，消费不固定也不稳定。例如，由学校或单位组织观看文艺演出，还有受广告影响而产生的消费等。

二 调查对象的基本情况

本次调查主要在郑州市金水区、二七区、中原区三个区进行，调查对象包括不同性别、年龄、职业、文化程度、经济收入的城市和农村居民。并抽取其中部分调查对象组成了研究样本。这次调查一共发放问卷600份，回收有效问卷580份，回收率96.7%，最后，课题组利用统计软件对本次调查的原始数据进行了相应的分析。

调查对象性别构成比例为：男性占48.5%，女性占51.5%。

调查对象年龄结构为：18岁以下的占2.1%，18~28岁的占38.2%，29~40岁的占34.2%，41~60岁的占13.5%，60岁以上的占12.0%（见图1）。

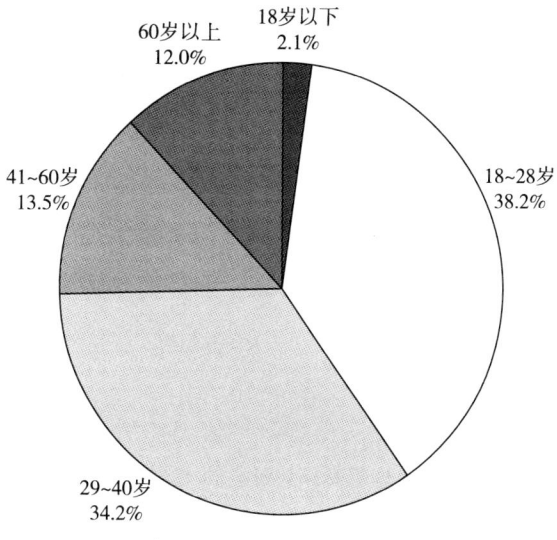

图1　调查对象年龄结构

调查对象职业结构比例依次为：25.2%的被调查者是公务员和事业单位人员，8%是医生、教师、科技等专业人员，11.7%是学生，10.4%是公司管理人员，公司一般职员占22.7%，农民（主要是城中村村民）占15.6%，其他职业占6.4%（见表1）。

表1　调查对象职业结构

单位：%

调查对象职业结构	所占比重	调查对象职业结构	所占比重
公务员和事业单位人员	25.2	公司一般职员	22.7
医生、教师、科技等专业人员	8	农民（主要是城中村村民）	15.6
学生	11.7	其他职业	6.4
公司管理人员	10.4		

调查对象受教育程度结构分布比例为：初中毕业及以下占6.5%，高中、高职及以下占21.8%，大专、本科占61.5%，研究生（包括硕士、博士及以上）占10.2%（见图2）。

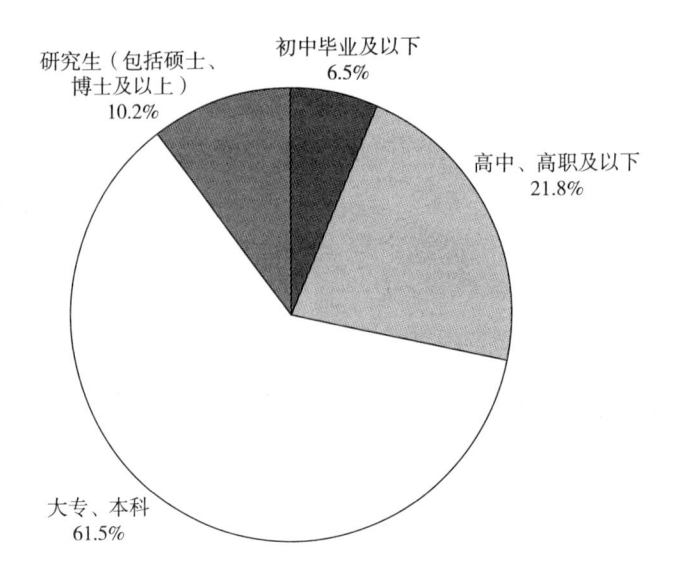

图2 调查对象受教育程度结构分布

调查对象月均收入状况分布比例依次为：1000元以下者占12.4%，1001～3000元者占44.3%，3001～5000元者占28.8%，5001～8000元者占9.4%，8001元以上者占5.1%（见图3）。

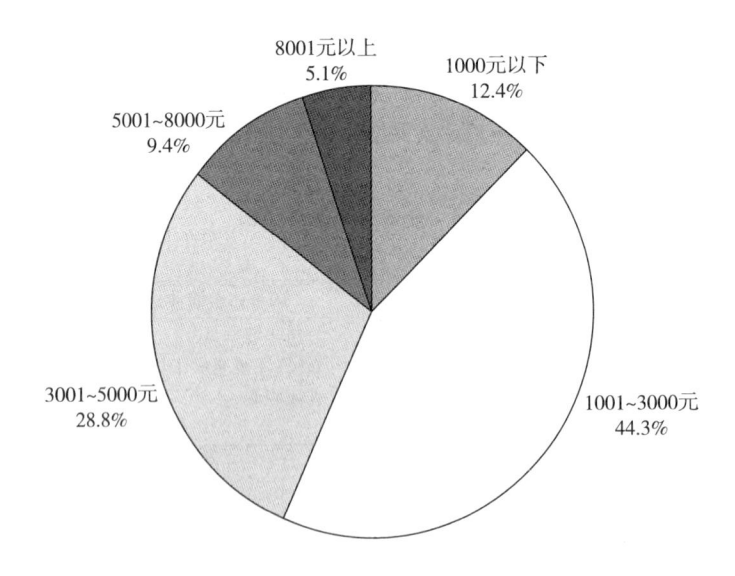

图3 调查对象月均收入状况分布

三 郑州市城镇居民艺术消费现状分析

（一）郑州市城镇居民消费最多、最喜欢的艺术类型

1. 郑州市城镇居民消费最多的艺术类型

"您消费最多的艺术类型"一项的调查数据从高到低依次为：影视202人，占总人数34.83%；音乐、歌曲198人，占总人数的34.14%；文学97人，占总人数的16.72%；工艺品40人，占总人数的6.7%；舞蹈19人，占总人数的3.38%；绘画书法16人，占总人数的2.76%；戏曲、戏剧8人，占总人数的1.47%（见表2）。

表2 郑州市城镇居民消费最多的艺术类型调查结果

单位：%

您消费最多的艺术类型	所占比重	您消费最多的艺术类型	所占比重
影视	34.83	舞蹈	3.38
音乐、歌曲	34.14	绘画书法	2.76
文学	16.72	戏曲、戏剧	1.47
工艺品	6.70		

通过这项调查，课题组发现，影视、音乐歌曲是郑州市城镇居民最喜欢的艺术类型，比例远远高于其他的艺术类型，反映了影视类艺术在城镇居民中的巨大消费潜力。其次，文学书籍也比较受城镇居民喜欢，而书法、绘画、工艺品等艺术类型相对比较小众化，所占比例不高。

2. 郑州市城镇居民最喜欢的艺术演出种类

在"您最喜欢的艺术演出种类"的调查中，喜欢综合晚会的177人，占30.52%；喜欢音乐会的143人，占24.66%；喜欢杂技的86人，占14.83%；喜欢戏曲的70人，占12.07%；40人选择话剧，占6.90%；20人选择音乐剧，占3.45%；20人喜欢歌剧，占3.45%；儿童剧24人，占4.12%（见表3）。

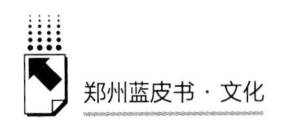

表3 郑州市城镇居民最喜欢的艺术演出种类调查结果

单位：%

您最喜欢的艺术演出种类	所占比重	您最喜欢的艺术演出种类	所占比重
综合晚会	30.52	话剧	6.90
音乐会	24.66	音乐剧	3.45
杂技	14.83	歌剧	3.45
戏曲	12.07	儿童剧	4.12

这项调查说明：郑州市艺术市场处于百家争鸣、百花齐放的状态。选择综合晚会的人数高居榜首，音乐会紧随其后。每一个演出种类都不占绝对优势，这表明，郑州市艺术演出市场还大有潜力可挖。

（二）舞台艺术消费情况

据统计，在对调查对象的调查中，有327人喜欢观看各类形式的舞台演出，120人不太喜欢看舞台表演，选择看不看皆可的有153人，分别占有效问卷总数的56.4%、20.7%和22.9%。

在针对喜欢观看舞台演出的人员调查中，其中有110人喜欢在剧院观看演出，所占比例为33.6%；有135人喜欢在城市或者社区广场看演出，所占比例为41.3%；另有80人喜欢在农村庙会和其他休闲场所观看演出，占比24.46%；个别人表示不确定，占总人数的0.64%（见表4）。

表4 郑州市城镇居民喜欢观看舞台演出的地点调查结果

单位：%

您喜欢在哪里观看舞台演出	所占比重	您喜欢在哪里观看舞台演出	所占比重
在剧院观看演出	33.6	在农村庙会和其他休闲场所看演出	24.46
在城市或者社区广场看演出	41.3	不确定	0.64

从调查结果来看，郑州市城镇居民对各类舞台演出的认可度较高，如果适当引导和组织，还是有一定的发展前景的。而占比达41.3%的市民喜欢在城市及社区广场看演出的调查结果，则对社区文化艺术建设提出了更

高要求。调查中发现的一种现象不得不引起注意，那就是在问及各类演出门票的来源时，答案五花八门，有企业赠票、单位包场、亲朋好友送票等，仅有少数人自己购票。这表明，郑州市舞台演出的市场化程度不高，现状不容乐观。

（三）戏曲艺术消费情况

河南是戏曲大省，豫剧作为我国最大的地方剧种，植根中原，具有昂奋勃发的宏大气魄以及雅俗共赏的审美效应。它那高亢激越、简洁明快的唱腔曲调，古今兼具、老少咸宜的表演风格，幽默诙谐、乐观向上的语言情趣，南北易懂的中州韵音，质朴无华、宽厚浩然的文化风貌，早已超越了艺术形式本身，成为中原文化精神的象征，并于2006年被列入第一批国家级非物质文化遗产名录。在"您所喜欢的大剧种"一项调查中，喜欢豫剧的人数占到了有效问卷的一半以上，这说明郑州市城镇居民对豫剧的接受程度还是相当高的。课题组还就观众喜欢的戏剧题材专门进行了调查。就戏剧题材而言，调查显示，喜欢传统戏、新编历史剧和现代戏的观众各占到三分之一。对传统戏情有独钟的观众多数集中在40岁以上的人。调查中还发现一个令人高兴的现象，一部分少年儿童也对戏剧表示出不同程度的偏好，这在很大一部分程度上得益于河南卫视《梨园春》栏目对戏曲艺术的大力推广。

（四）其他艺术形式消费情况

在过去几年里，郑州市新建了一些公共文化活动场馆，以满足市民们日益增长的精神文化需求，并且免费开放了大多数场馆，可是在实际调查中却发现郑州市城镇居民对这些场馆的"利用率"实在不容乐观。"您在过去一年中去博物馆、展览馆、美术馆的次数"调查中，有33.8%的城镇居民一年会去2~5次博物馆或美术馆，24.8%的市民一年仅去1次，2.8%的市民一年当中去6~10次，一年去10次以上博物馆、美术馆的市民仅占总人数的0.9%，更有37.7%的市民竟然一年当中一次也没去过博物馆、美术馆（见图4）。

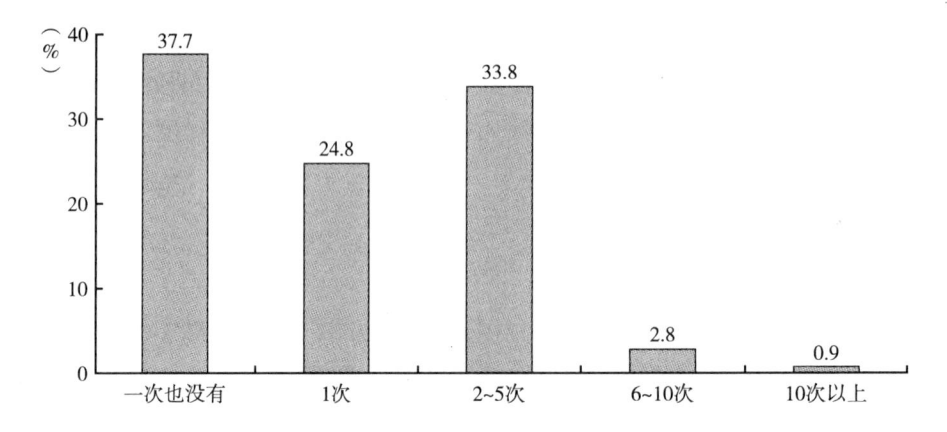

图4　市民一年当中去博物馆、展览馆、美术馆的次数

"您和您的家人是否参加过艺术培训"的一项调查显示，57%的人都回答家人或自己参加过相关培训，并且大部分是为了孩子而参加的，这说明推行多年的素质教育还是比较有成效的，同时也预示着艺术培训市场隐藏着巨大的消费潜力。在另一项调查中显示，家居摆设也是郑州市城镇居民艺术消费的重要方面。在新房装修时，80%的市民会购买雕塑、陶瓷等工艺品来美化室内环境。

四　郑州市城镇居民艺术消费存在的问题

文化艺术服务是文化产业的重要组成部分，市民消费数量的多少、档次的高低，从一个侧面折射出一个城市文化事业的发展水平和居民文明素养的程度，艺术消费成为促进艺术产业乃至整个文化产业发展的关键。近年来，虽然郑州市艺术消费显示出多元化、多层次发展的态势，但是艺术消费发挥的作用仍然非常有限，与其应有的重要地位极不相称。郑州市城镇居民艺术消费存在的主要问题如下：

（一）市民艺术消费结构呈多元化，但消费层次单一

受不同职业、年龄以及收入的影响，郑州市城镇居民在艺术消费结构和形式方面呈现多元化趋势。收入较高群体，如公司白领、公务员及部分事业单位人员，多选择去剧院、酒吧等相对高档的场所进行艺术消费；受收入所限，学

生大多喜欢上网看电影、玩游戏；受职业及教育水平制约，农民和工人则喜欢就近选择免费的社区文艺活动。受到整个城市文化艺术发展状况的影响，郑州市城镇居民的艺术消费层次整体偏低，对艺术产品的消费比较单一。虽然在调查中发现市民消费的艺术形式呈现多样化，但是仍然有超过一半的郑州市城镇居民的文艺消费生活以看电视、上网为主。

大量事实表明，过度追求电视、网络等单一娱乐活动对人的身心危害较大，这些不需要审美判断能力的娱乐节目，虽然能够带来短暂的快乐和刺激，但并不能产生有效提升人格的作用。人的生活因发现美、创造美、欣赏美而变得更加丰富多彩。因此，郑州市城镇居民的消费层次亟待提高，这不仅有利于塑造丰满人格，而且对整个城市的精神文明建设有重要意义。

（二）市民艺术消费意愿强烈，但消费价格偏高

因为艺术具有特殊的社会作用，以及多种多样的表现形式，引起人们极大的消费兴趣。考虑收入水平、教育水平、艺术消费品价格等原因，愿意拿出月均收入的1%~5%用于艺术消费的市民占被调查者总数的40.5%，愿意花费月均收入5%~10%的市民人数占总数的28.3%，愿意把月均收入的10%~20%用于艺术消费的市民占比10.5%，仅有0.2%的市民愿意拿出月均收入的20%以上用于艺术消费，另外，每月几乎不进行任何艺术消费的市民所占比例高达20.5%，没有进行艺术消费的被调查者多数收入在1500元以下（见表5）。

表5 "您愿意拿出月均收入的多少进行艺术消费"调查结果

单位：%

您愿意拿出月均收入的多少进行艺术消费	所占比重	您愿意拿出月均收入的多少进行艺术消费	所占比重
40.5%的市民	1~5	0.2%的市民	20以上
28.3%的市民	5~10	20.5%的市民	0
10.5%的市民	10~20		

调查结果显示，在经济条件允许的情况下，郑州市城镇居民还是十分乐意进行各类艺术消费活动的。电影、音乐是城镇居民消费较多的艺术类型，比例

远远高于其他的艺术类型，市民愿意接受的最高电影票价在20元及以上的达到80%，而能够接受最高电影票价在60元以上的仅占20%。由于特殊原因，各类音乐会的门票价格一直居高不下，一般市民更是消费不起。

（三）市民渴望接受更多艺术熏陶，但公共文艺设施建设滞后

艺术在审美、教育、娱乐方面的功能已经获得了普遍认可，无论是对创作者还是欣赏者，大多为满足主观与情感的需求，是日常生活进行娱乐的特殊方式。艺术的根本在于不断创造新兴之美，从而宣泄内心的欲望与情绪，是浓缩和夸张了的生活。

在"您购买艺术品、参加艺术活动或参加艺术培训的目的"的一项调查中，被调查者的选择如下：选"娱乐休闲"的占62.3%，选"提高自身艺术素养"的占45.8%，选"丰富生活"的占66.7%，选"获得精神情感满足"的占46%，选"送礼需求"的占5.2%，其他占2.8%（见表6）。结果显示，超六成郑州市民渴望通过各类形式的艺术消费活动，来满足精神需求，丰富业余生活。

表6 艺术消费目的调查结果

单位：%

您购买艺术品、参加艺术活动或参加艺术培训的目的	所占比重	您购买艺术品、参加艺术活动或参加艺术培训的目的	所占比重
娱乐休闲	62.3	获得精神情感满足	46
提高自身艺术素养	45.8	送礼需求	5.2
丰富生活	66.7	其他	2.8

公共文化活动场馆，如博物馆、美术馆、公园等，依然是市民最常去的地方，其中一年去2~5次的市民占比最多，达33.7%。由于电影院比较多，在一定程度上拉低了郑州市电影票价，所以市民选择去电影院的比例也较高。但是由于郑州市公共文艺设施相对较少且分布不均，大多数市民还是无法就近享受公共文艺服务。

（四）社区艺术消费潜力巨大，但尚未充分开发

在被问及"您认为是否需要政府以街道、小区为单位，组织文化艺术活

动"时，70%以上的市民选择了"需要"。在"您住所附近有没有文艺设施（如文化站、戏台、图书馆、文化广场等）"一项调查中，65%的被调查者回答"没有"，或者"不清楚"。在调查"您对政府、社区或群众自发组织的文艺活动的参与程度"中，受访者中选择"定期参加"的占2.8%，选择"偶尔参加"的占30.4%，超60%的人选择"不参加"。由此看来，一方面是对有组织的艺术活动的渴望，另一方面是有活动却不积极参加。社区艺术活动的参加者当中，离退休老人占绝大多数。在询问当中，那些不参加社区文艺活动的市民表示，没有参加的原因主要有两个：一是没听说过社区组织过文化艺术活动，二是由于缺乏宣传，即使社区或政府相关部门组织过这类活动，市民也由于不知情而导致没有参加。有相当一部分人直接回答没有兴趣参加这类活动。

虽然有一部分市民不愿参与社区艺术活动，但是，相关调查表明，依然有超过一半的市民表示，希望社区管理部门能够积极策划，组织开展一些老少皆宜的创新性艺术活动，从而拉近邻里、亲子关系。这表明，大多数市民已经开始意识到社区文艺活动的重要性，同时也说明社区艺术在郑州有着巨大的消费潜力，只是有待充分开发。

五 郑州市城镇居民艺术消费趋势分析

虽然郑州市城镇居民在艺术消费方面的支出相对较低，但是从长期发展趋势来看，随着郑州市经济的快速发展和居民收入水平的不断提高，越来越多的市民愿意在艺术领域进行消费。随着市民文化素质以及审美水平的不断提升，艺术消费必将很快从大众消费向个性化消费过渡，消费者的个性化文艺需求促使艺术消费朝多元化方向发展。

（一）艺术消费结构整体趋向多元化

与郑州市经济文化的快速发展相适应，郑州市城镇居民的艺术消费结构也正朝着多元化方向发展。通过调查分析可知，郑州市城镇居民艺术消费结构目前已发展到五种主要类型：一是通过广播电视为主的传统视听媒体进行的艺术消费；二是围绕多媒体、互联网等新媒体进行的艺术消费；三是在KTV、影剧院、酒吧等纯粹娱乐场所进行的艺术消费；四是博物馆、美术馆、艺术活动中心等官方艺术活动场馆举办的艺术活动；五是以社区活动、节日活动、广场街头活动等文艺表演为核心的艺术消费。

（二）城中村居民文化艺术消费形式趋向单一

在针对郑州市城中村居民的调研中发现，郑州市农村居民文化艺术消费单一，形式传统。虽然近年来郑州的城市化水平一直保持较高比例，但被迫上楼的农民似乎对从村民向市民身份的转变还缺乏适应，这不仅表现在他们的生活方式上，同样也反映在他们的娱乐方式上的单一、传统。

"您有空的时候喜欢做什么"，在50位被调查对象中有48位被调查者选择看电视、看电影，比例高达96%。紧随其后的是打麻将、打扑克，有30人选择了该项，占比达60%，表明城中村村民文化艺术消费比较单一，且基本上集中在娱乐性活动上。他们在空闲的时候基本上是选择看电视、打麻将、打牌等来消磨时间。老一辈村民比较喜欢的赶集、逛庙会、听戏等传统文艺活动随着城市化的快速推进，几近绝迹，而新的艺术形式如音乐会、展览会等其他活动还没有被村民们认识并接受。这种过度追求电视、麻将等单一性娱乐活动很容易陷入恶性循环，那些不需要审美能力的娱乐节目带来的快乐和刺激是极其短暂的。如果这一点不及时引起重视，这种单一化的趋势会愈加严重。因此，城市化需要推进，社会主义新农村的精神文明建设亦需同步跟上。

（三）艺术消费主体趋向年轻化、高学历化

在郑州，收入水平较高的群体，年龄一般集中在28~55岁，他们同时也是经常进行艺术消费的主要人群。他们进行文艺消费有属于这个群体特有的特征：为了排解来自工作、生活等方面的压力，他们常常借助于不同形式的艺术消费进行心理减压。另外，不同的教育水平对艺术消费需求产生不同的影响。学历越高，艺术消费能力也越强，随着高等教育惠及越来越多的年轻人，中青年的艺术消费能力远远大于老年人。在年消费金额2000元以上的被调查者中，50岁以上的被调查者所占比例最小，仅为3%，而20岁以下年轻人最高，达

7%。不同的教育水平对艺术消费需求也产生不同的影响。学历越高，艺术消费能力也越强。在所有调查者中，初中及以下学历每年消费金额在200元以下的比例达到72%，高中及中专学历，比例为54%，最低是研究生以上学历，仅为27%。

（四）艺术消费需要加强引导

社会主义精神文明建设就是要满足人民大众对精神文化的根本需求，满足人们对高尚的精神追求和文化生活的需要，不断提高人们的思想文化素质。同时，还需要积极引导人民大众培养健康的审美趣味，坚决抵制某些庸俗无聊的消费趣味，促进艺术消费的发展和繁荣。调查中发现，社区活动是城镇居民参与艺术消费的重要一块，城镇居民对其消费需求非常强烈。高达83%的市民表示需要政府以街道、小区为单位，组织文化艺术活动，同时高达80%的城市居民都表示，希望政府可以对相关的艺术培训提供支持。在艺术消费上，无论是城市居民还是农村居民，都以自发为主。居民迫切希望政府及相关部门能提供一些培训等支持。在实际调查中发现由政府出资建设的文化站、文化服务中心、农村文化大院，大多数处于关门状态，并没有起到丰富农民精神文化生活的作用，因此，迫切需要相关政府部门积极组织开展各类文化活动，举办文化节，打造民间传统艺术等，引导民众特别是农村居民开展多样艺术消费活动。

六 扩大郑州市城镇居民艺术消费的政策建议

"文化强市"是郑州市在"十二五"规划中提出的发展目标，要达到这个目标，就要抓住文化为民、文化惠民这个根本出发点和落脚点，不断满足人民群众日益增长的精神文化需求，创造出广大人民群众喜闻乐见的文化艺术精品。

（一）增加对公共文化设施的投入，保障基本艺术消费

公共文化设施是公共文化服务体系建设的基础平台，是展示文化建设成

果、开展群众文化活动的重要阵地。随着经济的发展和社会的进步，人民群众的精神文化需求越来越丰富多彩，对公共文化服务的要求越来越高。6年来，郑州市将公共文化项目建设纳入政府为民办事的实事工程，不断加大投入，关系民生的公共文化设施获得优先建设。尤其是2012年，郑州市成为第一批"国家公共文化服务体系示范区"31个创建城市之一后，郑州公共文化服务设施建设获得巨大的支持力度。要加强公共文化设施建设，建设好郑州广播电视中心二期、郑州博物馆新馆、郑州纺织工业遗址博物馆、商都文化博物馆等一批重点文化设施，加大对市区影院的改造升级，推动数字化建设。推动乡镇综合文化站、村级文化大院和社区文化活动中心建设，广播电视设施的市域全覆盖，实现每个行政村和社区每月放映1场电影。保障城镇居民基本的艺术消费，深入贯彻落实国家关于公共文化服务体系建设的部署要求，推进郑州市公共文化服务体系科学发展，全力创建国家公共文化服务体系示范区。

（二）加强对城镇居民的艺术教育，培养艺术消费主体

郑州市艺术消费市场的薄弱和居民的艺术知识的贫乏以及由此引发的艺术观念的淡漠有很大关联。提升市民的艺术素养可以推进艺术消费市场的发展。因此，加强对市民的艺术教育，培养艺术消费主体，对繁荣艺术消费市场所起的作用是不容忽视的。在社会艺术机构的公益性艺术教育中，要充分发挥艺术中心、博物馆、美术馆等艺术机构的教育功能。通过实行对公众免费开放、专家学者的定期讲座、画展的定期举办、媒体的参与、时装的发布、电影的放映、艺术的表演、艺术作品的购买和收藏等，以诸多形式的链接和融合为艺术教育创造较好的社会条件和艺术氛围，使艺术深入人心，打造出生机勃勃的艺术消费市场。

（三）拓宽艺术消费途径，提倡社区艺术消费

社区是城市的基层组织单位，其最主要的特征是强调人群内部成员之间的文化维系力和内部归属感。随着人们生活水平的不断提高，对于城市社区文化的发展建设也就有了更高的要求。由于社区成员成分的不断复杂化和外来文化的不断引进、融合，社区文化的发展要更为注重包容性及多样性。为使普通民

众在家门口就能欣赏并参与到丰富多样的艺术活动中去，社区文化建设必须兼顾以下几个方面：一是抓住老人与儿童这两个大的群体，带动中青年人参与社区文艺活动。这不仅是因为，在很多小区，老人与儿童的比例占总人口的一半以上，另外一个重要原因是他们有充裕的时间进行艺术消费。二是社区艺术活动应当注重社区成员不同层面的需求，既有阳春白雪的高雅艺术活动，又有下里巴人的表演。三是结合社区实际，开展与本社区经济情况相符的艺术活动，争取使大多数社区居民都能享受到文化惠民的成果。

（四）拉动民间艺术消费市场，培育本土化艺术消费理念

中原地区深厚悠久的历史文化孕育了异彩纷呈的民间艺术，音乐、绘画、工艺美术、戏曲等历史悠久、文化底蕴深厚。但是，目前多元化为主流的文化倾向，直接导致青少年对以娱乐性、刺激性和商业性为特征的外国大众文化和流行文化趋之若鹜，而对自己民族的艺术文化却知之甚少。在河南的广大地域至今还遗留和传承着许多古老的民间习俗和富有地方特色的乡土工艺，被专家、学者称为"活化石"、"活文物"，如历史上限可追溯到7000年前的半坡文化、仰韶文化，淮阳"人祖庙会"和"泥泥狗"，源于唐宋时期的开封汴绣、宣和风筝、唐三彩、汝瓷、钧瓷、独山玉和豫西、豫南的皮影艺术及民居建筑等。高雅艺术因其曲高和寡，致使广大民众往往是望而却步，而民间艺术由于其一贯的朴实性、本土性以及其喜闻乐见的艺术形式，一直以来都被各个收入阶层的人们所青睐，所以，将民间艺术消费纳入整个城市艺术消费当中，必将能提升城市消费的整体文化水平，且能实现艺术消费的生活化。对民间艺术资源的充分利用，也可以大大提升郑州市城镇居民的艺术消费水平，是推进华夏历史文明传承创新区建设的应有之义。

个案研究

Cases Studies

B.25
金水区文化产业创新发展调研报告

李秀清　李燕山[*]

摘　要：

本文以郑州市金水区文化产业的发展模式为基础，研究金水区文化产业的内容、业态、体制机制等方面创新的经验，提出了推动文化产业创新发展的思路、目标、布局与载体，形成了推动文化产业创新发展的保障措施。

关键词：

金水区　文化产业　文化形式　创新发展

文化创新是城市创新体系和产业发展的重要组成部分，文化创新对推动文化的大繁荣大发展、提升区域文化软实力、增创文化发展新动力有着重要的意义。在郑州市建设华夏历史文明传承创新核心区的战略背景下，金水区作为郑

---

[*] 李秀清，河南艺术职业学院教授；李燕山，河南宇通信息技术研究院院长、教授。

州经济重心和文化产业发展的先行区，正处于文化产业转型发展、产业结构转型升级的关键期，需要积极推动文化发展观念、文化发展业态、产业布局、传播发展方式等多层次的创新发展，不断增强文化产业发展的原动力。本研究从当前文化产业创新发展的战略意义、内容构成切入，分析金水区文化产业创新发展的基础优势、主要经验及取得成效，提出进一步推动金水区文化产业创新发展的对策，推动金水区文化产业结构的优化升级。

一 文化产业创新发展的内涵与构成

文化产业的创新发展是文化产业走向成熟阶段的必然选择，走向高级阶段的文化产业的创新内容不仅是技术的创新，还包含了文化体制、机制、内容、形式、布局、业态、网络等多个方面的创新，形成了突出重点、统筹兼顾、结构完整的创新发展体系，使文化产业发展的渠道和途径不断拓宽，文化产业的持续发展能力得到提升。具体而言，包括以下几方面：

（一）文化体制创新

文化体制创新主要是指文化改革的过程，包括文化管理、产业格局、市场体系等方面的改革与发展，是文化产业发展重要推力，文化体制创新对促进文化产业发展具有全局性、根本性的指导意义。文化体制创新需要从文化产业发展中的实际问题出发，针对文化产业多头管理、政出多门、相互扯皮、效率低下的实际问题，逐渐消除制约产业发展的体制障碍，建立实行新形势下文化产业发展的行政管理体制。加快文化单位的转企改制步伐，培育自主创新能力强、品牌效益突出的文化集团。

（二）文化机制创新

文化机制创新是推动体制改革、创新管理形式的重要内容。通过建立科学有效的组织运行机制、产业运行机制和文化生产服务运行机制，可以有效提高服务效率，调动企业创新、经营和管理的积极性，提升文化企业的发展能力和创新活力。

（三）文化内容创新

文化内容创新是文化产业发展的重点，主要是依托城市文化资源优势，在吸收借鉴国内外优秀文化传统和文明成果的基础上，推进文化内容的原创性生产与创作，对文化资源进行独特的、富有创新的内容开发，制造出具有地域特色的文化产品，满足不同层次群体的消费需求，并吸引更多的消费群体，使文化资源产业化、产业链条不断延伸，使文化体现鲜明的时代特色、具有丰富的时代内涵。

（四）文化形式创新

文化形式创新主要包括发展模式、表现形式、合作发展等内容，通过文化项目的带动、文化品牌打造等模式提升文化产业的影响力和价值。通过文化科技融合、文化与产业融合，改进文化的体现形式，创新文化展现方式，使文化更具有时代性、创新性、特色性。

（五）文化业态创新

文化业态创新主要以发展新兴文化业态为代表，突出高新技术，以数字内容、自主知识产权等为特征，文化业态逐渐由传统单一的产业向现代多元化的业态转型，文化旅游、文化创意、文化博览、动漫游戏、文化会展、多媒体技术传输等产业开始形成。同时，注重文化产业规模化、集聚化发展，积极建设特色文化产业园区、集聚区。文化业态的创新有力提升了文化产品的附加值，成为推动文化产业发展的主力军和支撑点。

二 金水区文化产业创新发展的基础

（一）经济基础

金水区经济发展水平与总量一直居于郑州市首位，2012年1~9月，全区公共财政预算收入完成29.5亿元，较2011年同期增长3.7%，地区生产总值524.3亿元，增长5.4%，其中第三产业完成455.5亿元，增长5.8%；固定资产投资完成 225 亿元，增长 21.5%。良好的经济发展基础、坚实的经济实力和不断趋于完善的投资结构，为文化产业的创新发展提供了基础保证。

（二）宏观环境

国家和河南省市都高度重视文化产业的发展，十八大报告提出，要加强重大公共文化工程和文化项目建设，完善公共文化服务体系，提高服务效能。促进文化和科技融合，发展新型文化业态，提高文化产业规模化、集约化、专业化水平。《中原经济区规划》提出，要发展文化创意、动漫游戏、数字出版、移动多媒体等新兴文化产业。金水区作为文化产业的重点基地和核心区域之一，文化产业发展具备了良好的宏观社会环境，而且金水区区委、区政府高度重视文化产业的政策支持，在文化产业基地建设、文化园区发展、文化人才引进与激励等方面，制定了完善的政策，为文化产业的快速发展提供了良好的政策环境。

（三）资源要素

金水区是郑州市文化、经济、金融中心，交通发达、服务业繁荣，具有得天独厚的区位优势和独具地方特色的文化资源，资源要素充足。金水区寻根文化颇具向心力。金水区有台胞、台属4000余人，还有2000人的港澳同胞和海外华侨华人及其亲属，充分发挥"八大古都"的天然吸引力优势和"根文化"的魅力，加快海内外的文化交流，提高了金水区的知名度。特色文化品牌突出。河南省重要文艺团体云集金水，文化精品层出不穷。如豫剧《程婴救孤》、《香魂女》、舞剧《风中少林》唱响了海内外，常香玉文化对海内外宾客也有非常大的吸引力。文化品牌的蓬勃发展有力地带动了社区文化、校园文化、农村文化、旅游文化、饮食文化、服饰文化的发展。

（四）消费需求

当人均GDP超过3000美元的时候，文化消费会快速增长，人们的消费水平会不断提高，而当人均GDP接近或超过5000美元时，文化消费就会进入"井喷时代"，文化产业的快速发展时期就会来临。2011年金水区人均GDP超过6000美元，按照这一数据，金水区文化消费能力和消费需求已经较强，文化也已经进入了一个快速发展期。根据2012年的数据，1~9月份，金水全区实现社会消费品零售总额428.8亿元，增长16.3%。随着人们消费能力的增强，人们对物质以外的精神消费需求迅速增长。金水区文化创意产业、古玩艺术品、影视艺术、娱乐休闲等新兴业态的发展，进一步满足了市民的消费需求，也同时吸引更多的周边市区和外地市的消费群体来金水消费，提升了消费的层次和水平。

三 金水区文化产业发展的做法与成效

文化产业是金水区重点发展的产业内容。金水区在深入落实和贯彻国家、省市相关精神指示的基础上，坚持传承与创新相结合，在传承优秀传统文化的基础上大胆探索、勇于创新，在重点领域和关键环节的改革上先行先试，科学规划、创新发展、完善机制，培育出了一批有文化特色的重点项目，进一步扩大了金水文化的影响力，逐渐改变了文化产品传统化、单一化、小众化的格局，使文化产业发展步入新的"聚变期"。

（一）文化企业迅速发展

金水区拥有雄厚的文化资源，文艺院团较多，艺术门类丰富，文化企业众多。据统计：全区共有知名新闻媒体60多家，广播影视企业51家，出版印刷企业162家，演艺团体18家，休闲娱乐企业108家，文艺器材、工艺品生产制作和销售企业200多家，具有较强影响力的网络企业300多家。全区共有文化产业机构（商户）1280个，占全市的比重超过60%，涵盖国家文化产业九大分类、80个子类。金水区突出文化创新型企业，强调文化创意，发展新兴文化产业。金水文化创意园荣获"全国十大文化创意园区"称号；郑州古玩城（北区）、金水文化创意园、河南英协文化有限公司、奥斯卡影都、西部酒城5家企业被命名为省级文化产业示范基地；郑州古玩城有限公司、河南弘驰实业发展有限公司、郑州众之鑫文化发展有限公司、河南省美康影像设备有限公司、郑州新海岸电脑彩色印制有限公司、郑州海洋科普有限公司、郑州天天会展服务有限公司、河南省乐天下文化传播有限公司等11家企业被命名为郑州市文化产业示范基地，占全市三分之一。

（二）文化产业机制逐步健全

在河南省委、省政府和市委、市政府高度重视文化产业发展的背景下，金水区不断创新文化产业机制，始终走在创新发展的前列。不断深化文化体制改革，制定扶持政策，推动金水区的文化产业发展，2011年率先在全省158个县、市、区中第一个成立了正式编制的文化产业发展领导小组办公室（正科级，编制10人），隶属于区委宣传部。区委、区政府多次召开常委会议，研究金水区的文化产业发展思路。在2012年的金水区委十届二次全体（扩大）会议上，金水区委将文化创新摆在重要位置，明确指出，"把文化作为一种产业来做大、做强。通过实施项目、科技、品牌带动战略，搭建服务平台，优化服务环境，建设文化产业园区，培育创新文化市场，打造一批独具特色的'城市文化综合体'，树立一批金水文化产业品牌，推动全区文化事业大发展、大繁荣，提升金水发展的软实力"。

（三）政策扶持力度不断加大

为鼓励、扶持文化企业良好发展，金水区起草了《金水区文化产业"十二五"发展规划》、《金水区文化产业发展三年行动方案》、《金水区文化产业示范基地评选命名管理办法》、《金水区文化产业发展专项资金暂行管理办法》、《金水区优秀文化产业人才奖励实施办法》等相关扶持政策，助力企业发展。两年来，共帮助企业争取到省、市扶持资金1500万元。

（四）项目带动文化产业创新发展

金水区按照政府引导、市场主导、企业运作的原则，坚持优势互补、错位发展、打造品牌，重点规划建设了一批承载不同功能、体现不同主体、适应不同消费人群的有影响、有品位、有效益的大项目。规划了"十大文化园区"，其中包括107文化创意园、点点动漫梦想城、西里路影像文化产业街、影像艺术文化中心、302视觉工厂、黄河路76号文化设计园、郑州海洋生物博物馆、中国（郑州）工业创意设计园等重大项目，有力带动了文化产业的创新发展。

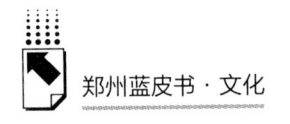

（五）文化事业蓬勃发展

金水区拥有丰厚的资源和流光溢彩的时尚元素，多种文化在这里交汇融合。金水区将历史文化及现代元素充分结合，将"舞蹈"作为金水努力打造的文化品牌。先后举办了"百姓健康舞"和"全国少儿街舞大赛"。2011举办的"百姓健康舞"历时30天，活动突出了"我舞蹈我健康"的生活理念。经过1年的免费推广，2012年"百姓健康舞"参与群众达上万人。2012年举办的全国少儿街舞大赛活动，吸引了来自山东、云南、广东、新疆等众多城市的近千名小舞者参与，中央电视台、新华网、《河南日报》、河南电视台、《郑州日报》、郑州电视台等众多媒体都进行了全方位报道，活动在全国引起了强烈的反响，并被16家国外媒体转载，对全面提升金水城区知名度和软实力具有重要意义。

虽然金水区近年来文化产业势态发展强劲，文化产业发展水平居于前列，但是文化产业创新管理与南方发达城市相比，仍然存在较大差距，这主要是文化创新不够所致。主要表现在：原创能力不够强，文化产业发展后劲不足；缺乏创新思维，文化产业发展思路狭小；文化结构不合理，文化产业缺乏竞争力；创新手段滞后，文化产品的表现形式单一等。为此，需要在现有基础上，加强地区性文化产业创新体系建设，提升文化产业发展层次，在郑州都市区建设中率先发展，打造华夏历史文明传承创新核心区的先行区。

四 推进金水区文化产业创新发展的思路与目标

推动文化产业创新发展要有新思路，要通过解放思想、创新理念，深化对新形势下文化发展的地位、作用、方向、思路和目的等问题的总体性认识，改变文化发展方面的思维定势，开拓文化产业发展的新思路、新目标。

（一）总体思路

文化产业发展要破除旧观念，跳出"就文化论文化、就文化抓文化"的思想，要更新观念，树立创新思维，把转变观念贯穿于文化创新的全过程，在大力发展文化产业的过程中强化改革创新意识，以创新的观念认识新情况、以创新的办法解决新问题，以持续的文化创新推动文化产业的大跨越、大发展。深入贯彻落实十八大精神，坚持社会主义先进文化的前进方向，以科学发展为主题，以满足人民精神文化需求为出发点和落脚点，大力实施项目带动、科技带动、品牌带动战略，建设好宣传推广平台、投融资平台、招商引资平台、人才培养平台，抓住产业优化、项目建设、园区建设、品牌培育、市场构建、企业发展等六个关键环节，加快转变文化产业发展方式，着力提高文化消费水平，激发产业发展新活力，培育产业增长新优势，形成一批具有金水地域特色的"城市文化综合体"，努力把金水丰富的文化资源转变为文化生产力，把潜在的文化影响力转变为现实的城市竞争力。

（二）阶段性目标

依据金水区文化产业发展的层级和现状，可分为总体性目标和阶段性目标两个层次体系推动文化产业创新发展。总体目标（2012~2015年）：逐步建设成为布局合理、产业发达、体系完善、市场繁荣有序、精品不断涌现的文化产业强区，打造成为河南省文化产业特色示范区。把文化产业培育成区经济发展的支柱产业，文化产业增加值实现年均增长20%左右，占GDP比重超过12%。阶段性目标：一是文化产业培育阶段（2012~2013年）。完善文化产业发展机制机构，建立公共服务平台，为文化产业发展提供组织、资金、资源等保障；继续深化现有六大园区的发展，创建具有区域特色的文化产业品牌，推进文化产业项目提档升级。二是文化产业提升阶段（2014年）：逐步启动四大新建园区建设项目，进一步扩大金水区文化产业影响力，提升文化产业中科技含量的增加值，提高公众对文化产业的认知度，扩充文化产业新活力，形成机制健全、布局合理、特色鲜明、基础稳固、业态丰富的文化产业发展新格局。三是文化产业优化阶段（2015年）：文化产业业态基本成熟，文化产业体系基本完备，进入五大区域联动、业态丰富、科技含量高、集聚效应、品牌效应、辐射效应彰显的文化产业发展新阶段。

五 文化产业创新发展的特色格局与主要任务

结合金水文化产业发展实际，按照"政府引导、市场主导、企业运作"

的原则，通过优势互补、错位发展、打造品牌，充分发挥资源优势，科学规划文化产业布局，建设一批承载不同功能、体现不同主体、适应不同消费人群的有影响、有品位、有效益的项目。

（一）文化产业创新发展的特色格局

结合金水区的文化产业特色和地理位置，可形成"五大特色文化产业片区"，发展和建设"十大文化产业创新园区"，形成产业体系相对完整、结构布局日趋合理、整体技术水平先进、多种经济成分共同发展的产业格局。

1. 建成特色突出的五大产业片区

一是东部产业区：该区域北起北环路，东临中州大道，南接货站街，西至经三路。重点发展创意设计、文化传媒、动漫设计等新兴文化产业。重点项目有金水文化创意园、点点动漫梦想城等项目。二是南部产业区：该区域北起黄河路，东临经三路，南接太康路，西至东三街。重点发展摄影、美术、体育、玉器及其衍生品等产业。重点项目有西里路影像文化产业集聚区等项目。三是西部产业区：该区域北起东风路，东临信息学院路、东三街，南接金水路，西至沙口路。重点发展创意设计园区、大型文化设施、衍生品制造业等产业。重点项目有302中原（国际）文化时尚艺术园、群英汇创意（音乐）工场等项目。四是北部产业区：该区域北起连霍高速，东临中州大道，南接东风路，西至丰乐路。重点发展古玩展示、工艺品的生产、交易等产业。重点项目有郑州海洋生物博物馆、商汤城等项目。五是中部产业区：该区域北起东风路，东临经三路，南接黄河路，西至信息学院路、东三街。重点发展网络游戏、软件开发、电子商务、信息服务等产业。重点项目有河南科技园区等项目。

2. 建成文化产业创新发展十大园区

文化传承创新发展，基础在传承，关键在创新。依托金水中心城区地理优势和优秀中原文化资源优势，坚持传承和创新"两篇文章"一起做，加快郑州海洋生物博物馆、金水文化创意园、点点梦想动漫城、大河文化博览园、群英汇创意（音乐）工场、国家知识产权创意产业试点园区、商汤城中原传统文化产业创意园区、西里路影像文化产业集聚区、302中原（国际）文化时尚艺术园、黄河路76号院动漫原创游乐产业园等十大园区的建设。十大园区涵盖文化产业核心层、外围层、相关层各个层面，分布在五大区域内，文化产业特色鲜明、优势互补，将金水区打造成展示中原文化的聚集区。

（二）文化产业创新发展的主要任务

1. 加强文化与科技融合

科技创新是文化发展的重要引擎，依托科技力量，在重现传统优秀文化生命力的同时，使文化作品更具表现力、吸引力和生命力，从而对郑州优秀文化的传承和创新产生更深远的影响。依托金水的资源优势和优秀的传统文化，借助建成的科技化平台，盘活辖区的文化存量，使文化产业企业生产出更具特色和吸引力的文化作品。构筑郑州西里路影像文化产业集聚区，建立专业的摄影图片交易平台，提供展示中原优秀文化、河南厚重文化的一体化服务，使人们在感受传统文化无穷韵味的同时，体味到由影像艺术带来的视觉冲击。发展艺术品高仿真技术，项目采用先进的实物图像采集技术，应用于艺术品高仿真复制和文物图像信息采集，实现"艺术品的复制"。让悠久的历史文化和庞大的文化艺术品资源得以重新展现，以保护文物、延长艺术生命，有力传承华夏历史文明，促进郑州市文化产业的发展。发展数位典藏技术，现代科学技术完美再现了历史文物的原作的艺术风采，将实体物品以数字的形式典藏，并得已永久储存，并具有方便快捷的维护、检索、获取功能。在虚拟现实中给予全方位无限展示，为民众提供了全新的鉴赏机会，使人们在欣赏、研究珍贵文物的同时，了解文化发展的脉路和文化传承的轨迹，感受中华文明的博大精深和历史的沧桑厚重，增加人民的民族自豪感，进而为对外宣传提供更为丰富的文化资源。

2. 加大新型综合文化业态的发展

不断加大对郑州特色文化资源的保护利用方面，努力把历史文化资源优势转化为产业发展的优势。加快建设302中原（国际）文化时尚艺术园项目，结合库区内极具特色的大中型厂房和独特的库区面貌，将中原传统文化、现代工业元素和时尚文化创意充分融合，开发中原传统文化展示、东方艺术创作、时尚艺术展览、创意设计开发、大型艺术会展等主要内容，打造成为集"展示、开发、设计、文化、旅游"五大功能于一体的文化密集型、艺术密集型、科技密集型的新型文化产业聚集区。推进影视娱乐业的发展，建设中州索克影城项目，用科技元素与传统文化相结合,实现新旧文化的碰撞、融合。索克影城位于金水路与文化路口新通桥东北角郑州市中心地段,是承载老郑州人怀旧记忆的一座老影剧院。2011年底,奥斯卡中州索克影城在原有三个现代化数字影厅的基础上,投资扩建了4个全新数字系统影厅。依托现有基础,可建设电影文化广场,打造成与电影相关或以电影为主题的电影文化展示区,使之成为储存郑州人美好记忆、展示郑州电影文化的一个具有城市地标性作用的影院。

3. 建设一批特色文化品牌

传承弘扬中原文化,充分保护和科学利用资源,培育具有中原风貌、中国特色、时代特征和国际影响力的文化品牌,文化创新是永恒的主题。金水区不断创新发展思路,在培育大型文化企业集团、文化聚集区和做大做强文化产业上科学规划布局,发掘、征集出一批能够体现河南特色、河南韵味的文化品牌。建设郑州海洋生物博物馆(二期),国内海洋馆的发展起源于20世纪80年代,截至目前,全国已有海洋馆60多家,但主要集中在大连、青岛、上海等海滨城市,在远离海洋的中原地区,欠缺展示海洋生态的大型博物馆。项目涵盖河流环境与生物展示馆、浅海环境与生物展示馆、极地环境与生物展示馆、鲸豚类动物行为展示馆、海洋科普教室、海洋乐园、自闭症儿童海豚伴游中心,以及配套服务设施。海洋乐园除儿童益智馆及错觉馆外,还将在郑州打造中国首台由俄罗斯演员担纲的美人鱼水秀——"欢乐之夜"晚会。郑州海洋生物博物馆的扩建和完善,是填补中原地区海洋生态历史的科普展示途径,同时也是郑州市文化产业发展的新内容。建成后的郑州海洋生物博物馆将是中国内陆地区最大的海洋馆,也是中西部地区海洋生物博物馆的旗舰,将与科技馆、博物馆、动物园、植物园一起成为郑州市不可或缺的文化地标,成为中原地区唯一的海洋科普教育基地,成为中部地区标志性的城市品牌。将点点梦想动漫城打造成一个拥有自主知识产权,具有国内一流水平的文化教育产业基地。点点梦想城是国内首家职业体验与动漫相结合的少儿活动场馆,已经接待少年儿童12万人次。其围绕青少年职业体验、青少年探险主题展开,以动画衍生品玩具点点、诚诚的生产和销售为延伸,形成少儿职业体验产业链。它的出现弥补了中国青少年文化产业综合体的空白,成为河南新的城市名片,这种模式对丰富郑州市乃至河南省少儿校外活动都具有推动作用,场馆将成为郑州市少儿素质教育的标志性场所和省会旅游市场的新景点。

4. 注重传统文化资源的传承创新发展

有记忆的城市才有文化、有厚度。郑州是有 3600 年历史的"商都"，是在小小郑县地盘上忽然崛起的大都市，是"火车拉来的城市"、是纺织城、是商城……3600 年的记忆和现代五六十年来的辉煌，都是郑州接续城市记忆的重要一环。然而，我们传承一个城市记忆的载体（建筑、文字、雕塑、音乐、服装等方面）又显得"苍白"。在郑州的历史文脉中，除了书本上记载的历史和寻常能见到的残缺的商代古城墙外，郑州其他年代的记忆很难寻觅。传承传统文化资源，通过融入现代理念、技术，进行现代性表达，增强城市记忆。可考虑在郑州北古玩城原址上重新规划建设，打造商汤城中原传统文化产业创意园区，建设一处融合古玩和鉴赏、旅游策划开发、设计制作、茶艺表演、文化沙龙、民间工艺、民俗艺术、影视餐饮、展览拍卖等于一体的，涵盖多种特色文化产业、具备多种现代文化产业元素的综合性大型文化旅游购物中心。将现代经营理念和传统文化充分融合，力求打造成传播民间文化的大型古玩艺术品市场。"商汤城"建成后将成为全国最大的民俗及古玩市场，堪比北京的潘家园。不仅可以提升地方文化形象，而且可以产生很大的社会经济效益。在花园路与连霍高速公路交叉口北段，围绕商务、文化、旅游、生态 4 个方面打造一个集休闲、娱乐、观赏、游玩、宠物交易和宠物竞技于一体的河文化博览园。其中，中华民粹文化博览园，深度整合中国民间深厚文化资源，典藏华夏民族 5000 年的文化精髓，展现中原文化的缩影，一日看尽 5000 年文化精粹，形成区域文化遗产的聚集地。充分发挥文化长廊展示、推介中原文化窗口作用，用经济手段、特色化园区格局开发文化产业和园区，形成文化生产与消费"良性互动、和谐发展"的局面。

六 推进金水区文化产业创新发展的保障措施

（一）提高认识，加强领导

一是提高对文化产业创新发展重要性的认识。在全区范围内大力宣传文化创新的重要意义，使得管理部门、企业、市民认识到文化产业发展的作用，主动投身于文化创新，推进文化产业发展的主动性，营造良好的文化创新环境。二是加强工作统筹。全区各部门进一步统一思想、凝聚共识，树立大文化发展理念，构建大统筹工作格局，进一步发挥区文化产业发展领导小组的决策领导和办公室的统筹协调作用，形成区委政府领导、宣传部牵头、各部门齐抓共管、社会各界广泛参与的工作格局，加强部门统筹，形成推进合力。三是建立严格的考核和奖惩制度。鼓励各街道引进文化产业新项目，将文化产业GDP增长值纳入各街道绩效考核制度，提高各级领导干部对文化产业的重视度。

（二）完善政策，搭建平台

一是加紧研究制订金水区文化产业重点行业政策和配套实施细则。按照《中共中央关于深化文化体制改革、推动社会主义文化大发展大繁荣的若干重大问题的决定》的精神，结合金水区实际，确定出金水文化未来发展的重点行业。针对金水区文化产业发展的重点行业和关键环节，细化政策，研究制定相关行业政策和配套实施细则，确保金水文化经济政策体系发挥良好的引导作用。二是继续做好区级文化产业园区申报评审工作。对辖区文化产业园区、基地、优秀人才进行评定及表彰。加强对认定园区的宏观指导和管理，研究探索园区产业发展、规范管理等方面的规章制度，更好地促进文化产业园区健康、有序、和谐发展。三是继续研究修改《金水区文化产业专项资金暂行办法》，完善资助项目申报标准、申报流程、评审规则，进一步规范专项资金的使用和管理，加强对资助项目资金使用情况的监督管理，充分发挥产业扶持资金的作用。四是完善服务平台。探索、筹备建立文化产业专业人才库、文化产业专家评审团、专业律师团等服务平台，为金水区文化产业快速发展保驾护航。

（三）加大宣传，扩大招商

一是营造良好舆论氛围。加强对文化产业的宣传报道，扩大各文化产业项目的知名度和影响力。争取在国内外一流媒体（如人民网、中国文化产业网等）上宣传金水区发展文化产业的做法及文化产业领军企业。计划举办大型文化产业招商会，推介金水区发展文化产业的良好环境和政策，吸引国内外有影响力、有潜力的文化企业入驻金水区。二是加大会展及招商活动力度。发函邀请国内外知名文化企业，定向联系来金水区考察、投资；关注文化产业发展动向，参加各地召开的文化产业博览会、交易会、展示会等会展，并组织人员到经济发达地区开展招商活动，积极引进国内乃至国际有较大影响的文化企业，带动全区文化产业健康、快速发展。

（四）加强文化人才队伍建设，提高创新能力

坚持以人兴文，强化人才支撑。紧紧抓住培养、引进、使用三个环节，增加人才总量，优化人才结构，提高人才素质。一是创新文本化人才观。在文化产业发展过程中，要注重文化人才观的创新，要使得文化人才观符合文化产业的发展观，同时又要与产业结构、文化创新发展的工作特点、文化资源特点相结合，形成新的文化人才用人制度。二是加强培养和引进创新型文化人才。支持高校和科研机构对创新型人才的培育，鼓励创新型人才的交流与合作，引进懂经营、善管理、能创新的综合性文化人才。建立金水区文化人才档案和信息库，促进人才合理流动，为金水区文化产业发展提供有力的人才保证。建立现代化的人才培养、交流与引进体系。三是建立健全文化人才激励机制。制定《金水区优秀文化人才奖励实施办法》，设立"金水区优秀文化人才奖励专项资金"，对有突出贡献的文化人才实行重奖，对拔尖人才予以优厚待遇。

参考文献

丁世显主编《2010年郑州文化发展报告》，社会科学文献出版社，2011。
王琳：《论文化产业的制度创新与体制创新》，《国家行政学院学报》2004年第6期。
刘涛、赵君等：《郑州市文化产业公共服务平台建设状况与政策建议》，《中共郑州市委党校学报》2012年第3期。

B.26 传统文化传播路径创新问题研究

——郑州新海岸电脑彩色制印有限公司技术创新调研报告

高 云[*]

摘 要：

随着计算机技术和网络技术及其他新媒体技术在印刷技术和印刷机械制造业中的广泛深入应用，现代印刷已经发展成为信息制造业和文化传播业中一个重要的领域。本文总结了郑州新海岸电脑彩色制印有限公司的发展历史，分析了该企业的技术创新及其意义，提出了进一步推动该企业发展的建议与对策，以为印刷业的发展提供借鉴。

关键词：

传统文化数字典藏　传播路径　创新

印刷业是文化制造产业的重要组成部分，印刷品是传播科学文化知识、推动教育发展、进行商品宣传的重要手段。传统印刷业主要包括图书印刷、杂志印刷、商业印刷、数字印刷等方面的内容，覆盖范围广泛。在电子信息传播发达的当下，纸媒与电子媒介之间竞争日益激烈，印刷业面临着转型提升的内在需求。在印刷企业数量不断增加、市场萎缩、利润空间收窄的情况下，如何通过创新、创意，向市场和消费者提供新的产品，成为印刷企业转型发展的重要任务。本文以郑州新海岸电脑彩色制印有限公司（以下简称"新海岸制印公司"）为调研对象，结合该企业的历史沿革、技术更迭、技术创新，就文化传播路径创新的效益进行分析，以期在传播路径中找到创新点，并提出今后"印刷"这一文化产业主力军的发展方向。

---

[*] 高云，郑州大学美术学院讲师。

一 新海岸制印公司：河南印刷行业的领头羊

（一）发展历程

郑州新海岸制印公司是郑州新海岸科技发展有限公司旗下的一家子公司，注册资本200万元，成立于1995年。公司经营范围为电脑彩色制版、印刷。历经10多年来，新海岸已发展成可为客户提供创意设计、电分制版、精品印刷、纸艺装帧等全系列制印服务的公司。公司总部设在郑州市文化路56号金国商厦7楼，办公面积1000平方米。彩印中心设在兴隆铺3号，生产区域面积5000平方米。新海岸制印公司是河南省、郑州市政府定点印刷品采购单位，是河南省定点书刊制印单位，连续多年被评为郑州十佳印刷企业，是众多出版机构及企事业单位的定点印刷单位。该公司在原、辅材料供应方面，主要依靠本地省级印刷材料供应商，如河南省印刷物资公司、金光纸业公司、河南创意贸易有限公司、河南精诚纸业有限公司等。

（二）技术创新

新海岸制印公司在深入实践传统纸媒高精印刷装帧的同时，不断进行技术创新，充分发挥在图像电分、色彩管理方面的优势，突破关键技术屏障，实现高保真影像再现，成为河南省艺术品复制的领跑者，目前拥有两项位于业内前沿的核心技术。一是"艺术品高仿真复制"技术。新海岸制印公司的艺术品高仿真复制技术已达到国际领先水平，是国内极少数拥有完全知识产权的艺术品高仿真复制企业之一。可以做到将艺术品原质、原大、原样复制，新海岸制印公司的此项技术可应用于各类宣纸、绢、油画布、水彩纸、版画纸等各种材质，在不改变原材质物理特性的前提下，可实现与原作同质高仿真复制，真实表现了原作的艺术风貌，这样的高仿真复制品具有与原作相同的观赏价值和传播价值。二是"图书数位典藏"技术。"数位典藏"就是以互联网为媒介，以珍贵的文化资产为内涵，以资讯技术为工具，打造虚拟资讯库（全面整合博物馆、图书馆、档案馆），期望通过利用不断发展的资讯技术，用数字化的方

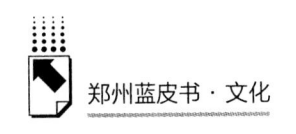

式保存、处理、汇集资讯，并进一步加值整合，创造更大的资讯价值并开拓全新的资讯应用，从而在传承弘扬文化的基础上，促进文化交流和发展以及加速文化产业的发展。

（三）新海岸制印公司的经营管理

新海岸通过运用数据化、规范化的经营管理手段和完善的制度建设，强化人才队伍建设，不断提升公司的管理水平和绩效。该公司从建立之初就确立以社会效益与经济效益共同积累为目标，在短短的几年填补了河南印刷业不能做高档精装印品的空白，提高了河南印刷业在全国的地位，带动了相关高端产品行业在河南的快速发展，为河南印刷业截留了大量的高端印刷客户，并吸引了华中地区和西北地区大量高端客户的到来，提升了郑州印刷产业的影响力和竞争力。该企业注重人才培训，以高保障、高待遇吸引高端、创意型的人才加入公司，不断强化公司的人才队伍建设，为企业发展提供了人力资源保障，同时也为河南印刷业做出了应有的贡献。

（四）新海岸制印公司现有客户分析

高要求、高品位的客户是新海岸制印公司的目标客户，目前客户覆盖范围非常广泛。出版客户有河南美术出版社、大象出版社、海燕出版社、河南科技出版社、湖南美术出版社、四川美术出版社、河南省书法家协会、河南省美术家协会、河南省书画院、河南省摄影家协会、河南省集邮公司、省人大书画院、河南美术馆、郑州美术馆、洛阳美术馆等。主要企业客户有河南博物院、洛阳博物院、龙门博物馆、可口可乐公司、三全、思念、平高电气集团及河南各大房地产公司、河南部分上市公司等。多种行业、多元化的客户类型不仅为公司发展提供了强有力的业务支撑，而且也成为企业不断创新发展的动力。

二 文化传播路径创新的效益分析

"艺术品复制"是文化产业中一个重要的分支，正如印刷对于图像、文字作品传播的意义一样，是文化传播的新路径，是艺术品走向商业市场的技术支持,是传播艺术、传播文化的必由之路,是单一作品形成批量(有限)进而形成产业化的基础。因此,此项技术必将促进文化产业的发展,为郑州经济发展带来良好的社会效益,同时也将极大地丰富文化艺术市场,更会加速拥有此项技术的企业发展。

(一)服务于历史文物的保护展示

中华民族五千年的文明发展史为我们留下了丰富的文化艺术宝藏,其中就包含丰富的图书、文献资料等文物,许多珍贵书籍、艺术品的原作在经历了千百年来自然环境的侵蚀和战争等人为因素的破坏之后,已经被损坏,成为人类艺术史上的遗憾。因此,从历史的角度看,从保护文物古籍类书籍、艺术品的精神内涵方面来看,"数位典藏"这种技术的应用不仅有效地保护了文物的唯一性又克服了文物的不可共享和不可再生性。它利用最新的数字技术在不损伤原作的基础上对其进行数字化采样,通过数字化编辑实现书籍、艺术品文物的全数位记录,进而可进行编辑、电子修复,可通过高仿复制技术,原汁原味地展现出来。并以数字书籍形式在虚拟现实以及网络中再现、保存、传播文物。"数位典藏"的文物其信息是无限的、可共享的、可再生的,对文物进行数字化保存便实现了永久保存。

(二)支撑优秀历史文脉的传承续接

在现代社会,互联网已经成为人们生活不可离开的资讯来源之一,你所需要的任何资讯都可以在互联网上找到答案,它已经改变了珍贵文物对于公众的神秘性,只是目前它的信息仍不完全,搜寻的渠道仍不便利,但它已经推进了文化的交流和传播,其意义已远远超出互联网领域之外。"数位典藏"技术用数字全方位实现典藏品的数字化再造,确保完美再现了原作的艺术风采,同时加入了丰富、确实的相关资讯,在虚拟现实中可以全方位无限展示,为民众提供全新的鉴赏机会,使人们在欣赏、研究珍贵文物的同时,了解文化发展的脉络和文化传承的轨迹,感受中华文明的博大精深和历史的沧桑厚重,增加人民的民族自豪感。它作为文明和文化的载体,为对外宣传提供了更为丰富的文化资源。

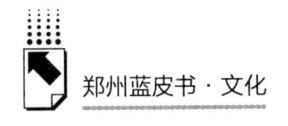

（三）推动优秀历史文化的传播

郑州市作为华夏历史文明的核心区、中原文化的发源地，文化类型众多，依托技术强化文化传播，可以增强群众的认同感、提升城市文化发展水平、扩大城市的影响力。文化资源的仿真、数位典藏是一种全新的文化传播方式，这种传播不仅可以还原文物本真面貌，而且可以再现历史、再现传统，获得一种近乎真实的体验和观感。文物及文化资源具有深厚的文化底蕴，此类技术使其以一种平和的方式走进人们的生活并潜移默化地影响着人们的思想，这一文化的现代传播方式带来的是文明的提升，是对文化的现代表达，是以文化的推广促进了社会的和谐。由此看来，艺术品高仿真制作、数位典藏等技术成果可以通过网络瞬间传播，让世界各地的人快速、方便、随时欣赏到中华文化艺术文明。

（四）不断提高文化产品的附加值

郑州目前的文化产业已经进入了中期发展阶段，如何促进文化产业转型升级，推动文化与经济发展相融合，推动文化产业的高端化发展，增加文化产品的附加值，是新阶段的重点任务。新海岸制印公司的数字化技术的创新与应用，可以刻录到光盘上自用或商业发行，或制作成网络版放在服务器上供远程检索服务。通过电子商务系统，便于在线有偿服务与订购。对于历史文化资源的开发利用，产生出具有经济效益和社会影响的信息产品，"数位典藏"可以被应用于文物修复和文物复原工作，充分利用计算机分析数据、解析数据和逻辑计算能力，再配合丰富的同类资料的历史数据和当时的技术数据，从而做出修复，这样的修复不再依赖于个人的经验、技术，但更准确更完备。对珍贵的历史文物资源进行了技术化的包装，进行了产业化的运作，这样可以提高产品的附加值、增加经济效益、扩大社会影响，从而不断地提高其知名度和美誉度，进而推动文化产品的品牌化发展，不断提升企业的经济效益。

（五）推动出版馆藏行业的快速发展

"数位典藏"也给予馆藏技术发展以较大启示，馆藏文献数字化在可以满足用户对文献的多种需求的同时，还可以通过在线陈列，充分地向读者介绍馆藏，使读者充分地了解馆藏，以提高馆藏的利用率。通过"数位典藏"技术的应用，可以提高图书馆的科学管理水平，为读者和用户提供更好的信息服务。一是数字化文献可以支持传统图书馆的多种需求，为开展特色服务创造条件；二是图书馆既能用较低的费用和风险对馆藏文献进行拷贝，也可以有效地开展馆际互借等活动；三是馆藏文献数字化后，可以节省图书馆的存储空间，也有利于书刊的科学化管理和维护。图书进行"数位典藏"后，可以产生较原件可靠而功能性更强的数字资料，所以它还有利于开展文献或科学研究，从而扩大科学研究范围。该技术还可应用于数字出版，满足个性化的出版需求，满足个性收藏需要。

三 新海岸制印公司的核心技术及其构成分析

目前新海岸制印公司主要依托两大核心技术，并在此基础上不断地完善发展，有力支撑了公司的高效运转。

（一）"艺术品高仿真复制"技术

"艺术品高仿真复制"技术主要包括图像采集和处理技术、色彩控制管理系统、质地还原（材质表面涂层）技术和高精度输出技术四个核心技术系统。2009年公司投入巨资购置了世界上最先进的德国实物立体数字扫描仪和高端输出设备，实现复制技术中对实物高精度扫描和输出控制技术的要求，在此基础上又先后投入近200万元用于高效色域增扩剂的研发和复制色彩控制管理系统。2010年9月，经过两年多的努力终于研发出针对中国传统书画作品所用材质，例如宣纸、绢等材质的高效色域增扩剂，突破了传统书画的原材质复制难关，从而构建了针对艺术品复制的色彩控制管理系统和输出控制技术，形成了具有自主知识产权的艺术品高仿真复制技术系统，并具备一定的生产能力。

这种超高品质的仿真复制品具有与原作相同的观赏价值和传播价值。更另艺术家及收藏家们感到惊喜的是，这种复制工艺还能够对艺术品原作中的某些缺失、损坏、脏污进行精细地还原或修补，弥补原作的遗憾之处。

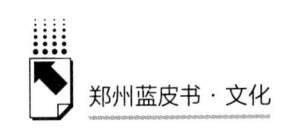

为实现从技术向产业的发展,新海岸公司自2010年下半年开始着手"艺术品高仿真复制"项目二期投资,形成艺术复制品年6万平方米的生产能力;构建艺术品高仿真复制色彩管理模式;形成年7万平方米艺术品专用介质生产能力及生产规模;实现销售产值1200万元以上。

(二)"数位典藏"与主要组成技术

"数位典藏"(digital archive)系统指将有保存价值之实景实体物或非实体物资料,透过数位化方式(摄影、扫描、影音拍摄、全文输入、3D合成等),并加上后设资料(Metadata)的描述,以图文声像3D数位档案的形式储存,并可以多渠道、多方式进行输出传播。该技术所采集的全方位数据具备独一无二的高度精确特性,其主要目的是确保实景实物数位资料的真实性、可用性、持久性及智慧整合性。

①物品扫描技术和拍摄技术:针对不同实物采用不同的实物扫描方式,如平面表现类物品采用平面实物数字扫描技术(冷光源,对原作无任何损伤),立体表现类物品就需采用实物全方位扫描技术,不可移动类物品就需要可移式实物扫描技术或数字拍摄技术解决信息采集,要求解决信息采集过程中的信息缺失问题并保证信息不丢失转移。②数字成像技术(3D成像技术):针对不同表现类物品,真实数字化再现典藏品,平面类典藏品采用二维方面成像,立体类典藏品采用三维立体成像并达到可任意角度表现,不可移典藏品可采用二维化或虚拟三维表现,确保数位典藏品与原作的一致性和完整性。③数位典藏品展示系统:应用虚拟展示系统,实现数位典藏品的虚拟展示,进而与互联网结合建立数字博物馆,实现更大范围的传播。④查询技术:建立多种查询技术并用的查询系统,从而满足各种查询需求。

四 推动新海岸制印公司未来发展的政策建议

新海岸制印公司作为郑州印刷行业的龙头和代表,对于推动印刷行业的发展有着重要的作用和启示。要进一步推动新海岸制印公司的发展,进而推动河南印刷产业的技术创新,加强文化传播,要做好以下几方面的工作。

（一）不断加大政府扶持力度

作为河南省文化产业行业复制印刷领域的领军企业，新海岸制印公司表示在持续关注新技术、新材料的同时，还是以推进河南文化艺术（文物）资源的保护和研究工作的现代化为己任。艺术品复制技术实现的前提是具备可复制的资源，政府应给予该企业资金扶持、资金补助或奖励；牵头级别高级、藏品丰富的博物馆（院）与其达成协议，使其拥有更多的可复制资源无疑是对新海岸更上新台阶的一剂强心针。

（二）强化企业技术创新能力

技术创新是推动企业发展的原动力。在 IT 技术、网络技术不断对传统印刷业造成冲击的当下，业内企业都在寻找新的方向，而技术创新、应用创新是唯一的出路。新海岸制印公司进行技术创新应坚持追踪产业发展趋势、传播应用先进技术、争做业内标杆等基本发展理念，不断增强自主创新、引进吸收再创新的能力，在设计、制作、展示等多个环节进行技术上的创新，形成完整的技术创新体系，争取为推动整个印刷行业的变革贡献一份力量。

（三）努力延伸产业链条

把握好艺术品复制的工作动向，用现代实物图像数字采集技术建立河南相关文物数字信息资料库。其次，"数位典藏"在河南省文化领域的工作要不断深化，争取按照该企业的日程安排，2013 年底与省内相关博物馆合作，选取数件具有中原文化艺术代表性的典藏品，建立合乎标准的数位典藏品，完成数位典藏加值管理系统、数位典藏后台管理系统和数位典藏智能查询系统开发。2014 年开始推向全国，同时结合省委、省政府及市、区各级向全世界展示中原华夏文明，以期使中原文化立足世界。

（四）突出企业内部文化建设

作为民营企业，作为政府部门的重要合作方，无论是在社会公共事件中还是与企业内部员工切身利益相关的"私事"中，新海岸制印公司员工在领导

的带领下都贡献出自己的微薄之力，处处体现出该公司的人文关怀。笔者在调研过程中发现，员工对于这种浓郁的人情味表示肯定，这种作为企业所必备的良好的人文关怀氛围使得新海岸印刷公司更具凝聚力，相信新海岸印刷公司继续秉承这一企业文化理念将会带领全体员工迈上更高平台。

（五）更加注重人才队伍建设

人力资源管理在数码印刷行业受重视的时间并不长，各数码印刷企业对人力资源管理认识程度的不同导致管理能力的参差不齐。"无管理，不企业"。新海岸制印公司对于企业内部行政以及专业技术岗位的设置、岗位职责、专业要求均做出较为详细的要求和描述，表明人才在该企业已经受到重视，但仍然有待提高，需要对印刷领域的专业人才进行细化、分类。此外，市场和受众的细分必然成为人力资源管理细化的催化剂，建议新海岸印制公司"重设备"的同时更要"重人才"、"重引进"的同时更要"重培养"、"重使用"的同时更要"重激励"，建立围绕企业战略发展的人力资源管理体系，将人力资源管理做得更加井然有序，此举定会为增强该企业的核心竞争力发挥重要作用。

（六）不断丰富推广宣传形式

市场开发的全方位性和市场份额占有度如何，决定一家企业的利益获取，因此市场广告宣传竞争就显得异常激烈。新海岸制印公司作为印刷企业除了使用印制本企业宣传画册、建立本企业网站、广泛参与高中级别印刷业内展会等较为传统的宣传手段之外，还应将该企业最新技术"艺术品高仿真技术"产品做成主题展览，到全国范围内的高校举办"中国历代传世书画高仿真精品展"巡展，使得更多的潜在客户对于该技术有了更为直观的了解；同时，拓展宣传形式，策划更为丰富的展览主题，在国家级展览场所携手举办更高层次的主题展览，走进社会，使群众对这一新技术有所了解，增强社会的认可度。这样可以加强产品的宣传，完成产品形象的塑造，同时也有利于产品的品牌塑造，使企业对传统文化的传播这一自身社会效益诉求得到最大化的发挥。

B.27
郑州古玩城发展研究报告

熊项斌　武小鹿　李良玉*

摘　要：

　　古玩行业在推进文化传承创新、传播普及古玩专业知识、打造地域文化交流新平台、带动区域商业板块快速发展中的功能作用日益凸显，并愈来愈成为现代社会经济生活和人们现实生活的重要因素。本研究立足于郑州古玩城的发展现状，总结近年来郑州古玩城快速发展的做法，分析当前发展过程中面临的困境，并为郑州古玩城及古玩艺术市场的发展提出了对策建议。

关键词：

　　郑州　古玩城　艺术市场　对策

　　古玩城是专业的古董收藏、古玩鉴定、古董拍卖、古玩交易、古玩收藏、古董鉴赏、钱币古玩鉴定、古董交易、古玩字画拍卖的平台和基地。古玩市场不仅激活了民间手工艺者的创造创新活力，也有利于传统文化的传承与发展。郑州历史悠久，文化灿烂，文化遗产资源异常丰富，也使得古玩艺术市场得以蓬勃发展。郑州古玩城作为古玩品交易、交流的重要基地，其在历史文化的传承、展示方面具有积极重要的作用，具有表达区域历史、延续文化脉络的重要功能。近年来，郑州在营造古玩城发展的良好环境方面做了大量工作。郑州着力打造华夏历史文明传承创新核心区的历史背景，使得郑州古玩城获得了前所未有的良好发展机遇。

---

* 熊项斌，中州大学廉政文化中心研究员；武小鹿，中州大学德育教学部教师；李良玉，黄河水利职业技术学院企业文化研究中心研究员。

一 郑州古玩城概况与发展现状

随着经济发展和人们生活富裕,古玩市场逐渐散发出它的能量。统计资料显示,同样是年均投资回报率,金融证券为15%,房地产为21%,艺术品收藏为30%~50%。收藏市场的不俗表现正成为投资人眼前的一个亮点。收藏的古玩作为一种不可再生资源,随着经济社会发展和人们生活水平的不断提高,将来肯定有更大的升值空间,古玩艺术品的投资正越来越被一些投资者看好和关注。"地上文物第二"正体现了河南省作为文物古玩大省的充分实力。"昔三代之居,皆在河洛之间"。郑州五千年文明,留下了丰富的历史文化遗存。省会郑州作为华夏文明的源头和中原文化的核心地,历史悠久、文化遗存众多,古玩市场发展得以占尽先机。

郑州古玩城有限公司成立于1996年,是河南省最早由政府部门批准的文物监管物品市场。近年来,郑州古玩城发展迅速,成绩斐然。目前,郑州市古玩城有限公司是河南省文化产业示范基地、河南省民营企业百强、河南省文化产业示范项目、河南省文化创意产业最佳园区、河南省旅游涉外景点、郑州市优秀文化企业。郑州古玩城创下了全国第一大民营古玩市场等全国八个"第一",受到了各级政府的充分肯定,获得了"河南省民营企业百强"等多项荣誉。2012年6月郑州古玩城更是入选郑州市十大地标建筑。

郑州古玩城下属有南、北两大古玩文化市场,分别是郑州古玩城和郑州古玩城北区文化广场。郑州古玩城主要经营文物古玩、字画、工艺美术品、饰品、民间收藏品的咨询服务、企业策划、柜台租赁、茶文化、旅游文化的策划、开发及推广。企业总资产3.3亿元,企业品牌无形资产6亿元。占地近300亩,现有建设面积22.6万平方米,拥有商户3000余家,从业人员万余人。

郑州古玩城最初营建严格,按照古建标准建造。南区"郑州古玩城"位于郑州市大学中路49号,营业主楼是在唐代夕阳楼遗址上根据文献记载和诗人的意境复原建成的仿古建筑,广场上的城徽——大象驮鼎石雕是全国第一大单体石雕像,一组仿宋广场群雕更显古朴庄重。北区市场则宛如一道历史长廊，高大的城门如雄关古隘般巍然耸立，市场内青砖灰瓦建筑星罗棋布，古意盎然。以中国传统古玩、民间收藏品、工艺品欣赏、参观、交易和古玩鉴定为主要特色。北区"郑州古玩城北区文化广场"位于郑州市国基路与丰庆路交叉口，设施齐备，古色古香，是集茶城、婚庆城、工艺品城、古典家具城和盛唐（书画）城于一体的大型文化旅游购物中心，市场聚集了来自福建、云南、安徽、信阳等地的茶商。

二 郑州古玩城发展的成功经验分析

郑州古玩城是国内首批成立的收藏艺术品市场之一。目前，市场日均客流量5000余人，年营业成交额近亿元。作为中原第一、全国第二大古玩工艺品市场，近年来，郑州古玩城已经日益成为文人墨客荟萃的文化活动场所，编织和丰富着中原文化的内涵。

（一）以打造优秀的文化品牌为目标，构筑了地域文化交流新平台

作为地域文化交流的平台、中原文化传播窗口的郑州古玩城，不仅有各个时代的古玩艺术品，还有制作精良的手工作坊品，香气四溢的国品名茶、典雅的明清家具。周末地摊跳蚤市场，更是闻名全国。郑州古玩城依靠自身力量发展，坚持"社会效益第一，经济效益第二"的经营理念，发挥着中原文化的窗口作用，在国内同行业树立了良好知名度和美誉度。至今，郑州古玩城共承办各类大型收藏博览会百余场，参与和制作综艺节目逾百期。2005年由郑州古玩城牵头，集合全省各大古玩市场，以及收藏家、从业者成立了河南省古玩商会。郑州古玩城作为会长单位，成功承办了商会历年年会和论坛活动，配合举办2012年全国工商联古玩业商会换届筹备会，对行业发展前景进行了深入探讨。

近年来，多位国家及省市领导亲临郑州古玩城视察指导工作。通过各项活动的举办，郑州古玩城吸引了包括中央电视台、《人民日报》、河南电视台、《香港大公报》、香港中心社等多家媒体的采访报道，在扩大企业知名度的同时，也很好地宣传了郑州市文化建设的丰硕成果。此外，郑州古玩城配合各级

政府接待了印度尼西亚、意大利、中国澳门、新加坡等地的友人，参与了香港、台湾、湖北、安徽等地工商联系统的互访接待工作。如今，作为河南乃至全国的知名企业，郑州古玩城已经成为地域文化的载体、特色文化的象征，并逐渐拓展成为地域文化交流的新平台。

（二）以引进高端人才为支撑，推动企业跨越式发展

随着世界经济格局的变化，文化产业在社会经济中的地位日益提高，越来越受到世界各国的重视。现代社会的竞争就是人才的竞争，未来发展文化产业的经营人才将受到普遍重视。文化产业的发展，对文化产业管理专业人才尤其是应用型人才的需求更是越来越大。如何在激烈的市场竞争中立于不败之地越来越成为我们迫切需要解决的问题。为此郑州古玩城通过专业猎头公司，寻找具有商业能力又精通文化产业商业模式的复合型人才，通过提供优厚福利待遇，吸引人才加盟企业发展。同时郑州古玩城非常注重加强现有人员的管理培养。新员工上岗后，郑州古玩城会根据不同岗位特征，对员工进行技能与文化培训，按照员工工作表现量才使用，并通过激励约束机制留住、吸引优秀人才，充分调动企业员工的积极性，提升团队的整体战斗力、凝聚力。为更好地适应新形势下的发展需要，郑州古玩城不惜重金，特地从知名大学、社科联组织聘请教授学者，组成专家顾问智囊团，拓展企业决策管理层。专家顾问智囊团的企业顾问根据国家政策导向，结合郑州古玩城发展实际，及时制定调整企业战略部署，优化古玩城发展方案，推动古玩城经济社会效益的不断提升，促进郑州古玩市场的又好又快发展。

（三）以产业链条为承接，带动区域商业板块的发展

当前，国家和地方各级政府高度重视文化产业化发展，为文化产业发展提供了难得的政策环境和发展机遇。当今时代，文化正凭借其强大的渗透属性，与多个产业领域相融合，创造出可观的附加值。由文化与旅游互相融合而诞生的文化旅游业，更呈现出巨大的生机和活力。2005年郑州古玩城被河南省旅游局授予河南省旅游涉外定点单位。2009年郑州古玩城文化旅游景区正式成

为郑州市旅游注册景点。2011年郑州古玩城开始积极投身于AAA级旅游景区建设，兴建了多个主题民俗博物馆：牌匾馆、石刻馆、制陶馆、纺织馆等，打造夕阳楼多功能区，有雕塑、水系、茶楼、戏台、书场等。郑州古玩城设立规范化的游客接待中心、游客购物中心，高标准卫生设施，不断提高服务水平、服务质量。为推动文化产业大发展大繁荣，郑州古玩城市场从2010年开始试点建设了两处文化产业项目"夕阳楼文化传承夜市"和"商汤城——中原文化产业创意园区"。现今，全国很多收藏爱好者到河南必到郑州古玩城，很大程度地带动了郑州消费市场。如今，随着市场的发展壮大，在郑州古玩城（南区）所在地小李庄、路寨，郑州古玩城（北区）所在地庙李、陈寨及周边，已形成一体化的商业发展板块。新兴一体化的商业发展板块，不仅吸引了大批仿古文化工艺品生产厂家来郑州发展投资，还直接带动了工艺制作、艺术鉴赏、营销咨询、旅游服务、夜市餐饮等多个服务行业，也使得周边房地产业、宾馆餐饮业、娱乐服务业、交通运输业获得了迅猛发展，提升着商圈人气指数，繁荣了区域经济。

三　郑州古玩城发展中面临的一些困境和问题

郑州古玩城在发展过程中，取得了明显的成绩，但也面临着政策环境制约、管理不到位、法律保障不足等"瓶颈"。

（一）文化改革发展的政策环境需要进一步优化

就全国范围来看，很多城市在经济发展过程中，都尤为重视文化产业发展环境的优化升级。湖北省武汉通过建立古玩交易平台，搭建网络展示平台等诸多措施，积极推动古玩市场发展。湖南长沙立足于在传统文化产业大做文章，新建天心阁古玩城和白沙古玩城，深挖现有资源，通过在土地、资金等方面提供优惠政策，积极招商引资。近年来，郑州市在营造文化发展良好环境方面也做了大量工作。但总的看来，郑州市古玩市场发展设施建设不很齐全，优秀文化资源内涵拓展明显落后于其他省会城市。以文化产业投融资为例，古玩艺术品市场的投融资平台尚未真正建立，而对于像古玩城这样的民营文化企业融资

渠道更是不畅。而且政府对整个文化市场的管理体制、运营机制、优惠政策、市场环境等方面的管理都有待提升，对文化产业改革发展的宏观环境需要不断完善提高。

（二）推动古玩行业发展的服务不到位

政府的宏观管理是推动古玩市场发展的基础。全国很多城市都在通过提高管理服务意识，改善政务环境，提升服务水平，加强对古玩城等民营文化企业的引导服务。2011年，郑州古玩城在南、北两个市场基础上，新规划投资200亿元，开发建设"夕阳楼文化传承夜市"项目和"商汤城——中原文化创意旅游园区"项目。但这两个项目在推进过程中面临一些问题。南区位于淮河路，因受周边环境制约，没有拓展空间，已不能满足发展需要。而位于金水区庙李镇的北区，由于所在地段为租用的商业用地，未来发展存在不确定因素，在一定程度上影响了开发质量和品位。并且续建项目报批手续繁杂，审批时间过长。现有市场用电已经非常紧张，未来项目实施过程中的用电问题亟待解决。这些问题制约着新项目的发展，需要政府切实加大对古玩市场发展的服务、支持力度。

（三）对郑州古玩城的引导和法律保障不够

郑州古玩城虽然人气很旺，但是也同全国其他古玩市场一样，存在政策法规不健全、古玩发展不规范等问题，并呈现出以下现象：古玩市场的观者多，买者相对较少；赝品较多，精品不足；古玩拍卖多，但是成交较少。造成这种现象的原因，主要有以下几个方面：一是由于古玩资源具有不可再生性和稀缺性，而收藏大军却在不断地"扩容"，市场供需矛盾突出，给赝品充斥市场留下了空间；二是一些经营者为牟取暴利，不惜手段做旧造假，以"新货"冒充"老货"；三是持有精品的藏家在市场低迷的情况下大多待价而沽，造成市场上流通的精品少。尤其是目前文物制假成风，一些制假的作坊增多，呈现出地域化、专门化趋势，玉器、陶器等假制品较多。郑州古玩艺术品市场也存在一些假古董进入古董市场，伪劣制品进入拍卖市场的情况，而这些公然制假、售假的现象仍然缺少规范和约束。

（四）文化人才队伍建设需进一步加强

就全国来讲，制约古玩艺术行业发展的"瓶颈"，就是产业经营与管理人才在数量、质量和结构上的匮乏。就郑州古玩城来讲，这种问题更加凸显。一是专业性人才数量不足。因为文化人才的培养、引进、激励机制不健全，郑州古玩城缺乏既懂文化艺术又懂经营管理，擅长项目策划、文化经纪、市场营销、资本运作的复合型人才。尤其是知名的领域领军人物和经营管理人才，具有丰富经验的高层次、高素质的经营管理人才严重缺乏。二是专业化程度低。由于古玩行业需要专业性较高的人才，而目前很少有培育行业需要专业人才的机构。很多经营管理人员不熟悉相关政策、法规，不了解古玩产业的发展动态，不擅长市场化运作和产业化经营。

（五）古玩城产业结构层次偏低

古玩市场与一个城市的文化品位、文化积淀和文化内涵休戚相关。近年来郑州市文化建设工作取得了可喜成绩，但与周边省会城市相比，文化内涵却不很明显，而文化氛围也不浓厚。与其他省会城市的古玩市场相比，郑州古玩城产业组织形式滞后，分散化经营状态比较明显，缺乏特色鲜明效益良好的大型文化项目，更不能形成连锁集团化运营，缺少强大的文化竞争力和品牌扩张力。

四 加快推动郑州古玩城发展的对策思考

郑州作为华夏文明的发祥地，是中国民间收藏古玩的大市，古玩行业在这里有着得天独厚的优势，为此要借助古玩城的发展经验，进一步完善政策，推动古玩城及郑州古玩市场的发展。

（一）完善政策机制，为郑州古玩城发展提供政策支持

科学的管理体制、良好的运营机制、配套的优惠政策、良好的市场环境是任何经济活动包括文化产业工作的前提和基础。政府应该不断创新投融资政

策,尽快制定落实财政支持文化产业尤其是民营文化产业发展的优惠政策体系,建立多元化的民营文化产业投融资机制,改革财政投入方式,加大财政扶持,推动郑州古玩城的跨地区、跨行业合作。要加大对郑州古玩城等民营企业参与文化项目建设的扶持力度,在资金、用地、税收等方面出台优惠政策。民营文化产业能否得到快速发展,与周围发展环境有着直接关系。政府应制定专门鼓励古玩行业发展的政策,为郑州古玩城等民营文化产业发展创造更加良好的环境条件,如提供良好的水、电、路、网等配套设施,在税收等方面给予适当优惠,提供优质服务和管理。要通过加强安全保卫工作,邀请文物专家参与市场管理,建立鉴别机制,免费为顾客提供真伪鉴定,避免交易纠纷,真正实现藏宝于民,显示郑州古玩城的蓬勃生机。

(二)加大人才引进,为郑州古玩城发展提供人才支撑

在文化产业发展过程中,产业人才将比传统的生产要素(如劳动力和资本),更能够成为企业经济可持续发展的强大动力。近年来,郑州市文化产业发展速度较快,古玩业也有了飞速的提升,但与上海、北京等发达城市比较仍然存在差距。这种差距的出现,主要是因为古玩艺术产业的人才不足,高端文化人才培养滞后。文化产业强调创意和创新,其核心竞争力就是文化人才。近年来,郑州市招商引资工作取得了突出成绩,但是对大型文化集团和高层次文化人才的引进工作做得还不够,对郑州古玩城这样的民营文化企业的人才扶持力度更是不足。要加强民营文化企业的人才队伍建设,大力引进、培养文化产业创意、经营等人才,营造有利于人才脱颖而出的良好氛围。要深化分配制度改革,探索建立文化企业经营业绩与经营管理者奖励挂钩以及艺术、学术、技术等要素参与收益分配的实施办法,用感情留人、用事业留人、用政策留人,不断调动企业经营管理者和专业技术人员的积极性,引进、培养高素质的古玩艺术品的经营管理人才和领军人物。

(三)打造古玩产业品牌,迅速占领传统文化市场主阵地

郑州古玩城在创造经济效益的同时,也创造着巨大的社会效益,使民间收藏事业迅速走向社会化、市场化、商业化,让中华古玩传统产业同全国其他经

济建设领域一样真正走向大繁荣和大发展。郑州古玩城要持续以发展文化产业、传承历史文化为主要目标，规范资本运作，打造古玩产业品牌，保护现有土地资源和历史文化资源，维护古玩文化市场秩序。一是要培育产业品牌，加快郑州古玩城企业集聚升级，强力打造河南（国际）茶文化广场、工艺品城、书画城、珠宝城、花木城、婚庆城和河南文化旅游广场。要打造行业旗舰，把古玩城打造成中原文化的主力市场和朝阳产业，力求在中国古典民俗文化和茶文化服务领域开创新纪元。要致力开辟中国民俗传统文化，形成由茶文化广场板块，古玩工艺品、美术品市场板块，旅游观光和旅游商品板块，物流信息板块等组成的集旅游、文化、休闲、购物于一体的商业中心。二是要尊重古玩市场发展规律，避免硬性操作，重视市场培育和文化产出。郑州市委、市政府应将品牌建设上升到战略高度，认真进行规划布局，发掘、征集、评选出一批具有河南特色、河南韵味的文化品牌，大力宣传、培育、发展。三是要支持古玩城等民营企业参与社会公益性文化事业。对古玩城等民营企业制作的一些社会公益性宣传节目进入博物馆、群艺馆、公共大屏幕等群众性文化设施，应简化审批程序，积极安排演出、播出，使这些文化设施的效用得到充分发挥。四是要鼓励和支持企业兼并重组，力争形成一批跨行业跨地区经营、有较强市场竞争力的骨干文化企业和企业集团。要通过跨行业跨地区经营的古玩文化企业的打造，促进古玩城文化产业的规模化发展，使其成为郑州市以及河南省文化市场的主导力量和文化产业的战略投资者，引领和带动全市文化产业整体发展。政府应吸引国内特色文化企业在郑州地域内集聚和扎堆，鼓励引导郑州市文化企业围绕古玩城企业的核心服务进行配套发展，延伸链条，形成合力，提升古玩城的品牌效应和综合竞争力。

（四）注重行业自律，努力打造郑州古玩城诚信品牌

郑州古玩城要想以行业引领者的姿态，努力打造成中原首位、全国知名的古玩工艺品集散地，让古玩城发展为带动文化艺术、文化收藏业崛起的龙头企业，必须注重行业自律，进一步加强诚信建设，努力打造郑州古玩城诚信品牌。一是要妥善处理古玩城与商户关系。"商户利益第一"，这不仅是古玩城追求的根本目标，更是促进其发展的重要动力。和谐的内部生态是古玩城充满

活力的基础，商户的诚信互动是构建古玩城内部和谐关系的基础。个体商户的利益目标与整个古玩城是血肉相连的。古玩城是平台，而入驻商户才是推动古玩城发展的最活跃因素。郑州古玩城不仅充满活力，而且平台发展较快，项目带动了产业的发展，这对商户有着极大的吸引力。古玩城要进一步提升发展，必须弘扬诚信原则，规范相关制度，实施信息公开透明化，以逐渐赢得商户的信任。二是要培育诚信品牌，赢得顾客的信任。商户是古玩城的活力所在，而顾客则是古玩城的生命力所在。对于古玩城来说，诚信既是每个商户的品牌影响力，也是整个古玩城的品牌影响力。上海中福古玩城的诚信公约、商户诚信评级制度以及引导消费者的做法，广州西关古玩城的"行业自律"，都是非常值得借鉴的。郑州古玩城要立足发展实际，建立诚信评价等级制度，以切实有效的措施积极打造古玩市场诚信品牌建设。

大 事 记

Chronicle of Events

B.28
郑州文化发展大事记
（2012年1～12月）

马志辉*

1月5日 郑州人民广播电台《文化郑州》栏目开播，郑州文化产业媒体宣传平台全面建成。

2月14日至19日 郑州市文化产业经营管理研修班在北京大学成功举办，郑州市30家文化产业示范基地的负责人，部分县（市）区、开发区、市直有关单位及文化产业媒体宣传平台负责人参加学习研讨，进一步拓宽了发展视野。

2月16日 "郑商瓷"作为我国陶瓷艺术类的唯一代表参加2012年韩国丽水世博会。

3月24日 农历三月初三，壬辰年黄帝故里拜祖大典在新郑成功举办。

---

* 马志辉，郑州市文改办。

3月27日 全国政协副主席厉无畏考察了郑州高新信息港、郑州高新区动漫公共技术服务平台和小樱桃动漫集团总部以及动漫报社等动漫产业。

3月28日 2011河南省文化创意产业年度大奖颁奖典礼在郑州举行。郑州市文化体制改革和发展办公室荣获2011河南省文化创意产业推动奖，郑州市数家企业、园区和数名企业家分别荣获优秀企业奖、最佳园区奖、领军人物奖、杰出贡献奖。

4月6日至7日 全国人大常委会副委员长、民建中央主席陈昌智带领民建中央调研组，对郑州市"大力发展文化旅游产业、促进经济结构调整"进行专题调研。

4月14日 中共中央政治局常委、全国人大常委会委员长吴邦国调研国家动漫产业发展基地（河南基地）。

4月18日 郑州市文化产业项目——杜甫故里正式举行开馆仪式。

4月21日 "'2012首届郑州儿童动漫剧演出季'开幕式暨首场演出"在郑州市青少年宫影剧院举行。此次表演季为期10个月，12月底正式结束。整个演出季将为郑州市民送上12台56场动漫儿童舞台剧演出。

4月28日至5月3日 郑州市组团参加第八届杭州国际动漫节，80多家动漫企业及优秀原创动画作品、相关衍生产品参展。

5月18日至21日 郑州市组团参加第八届中国（深圳）国际文化产业博览交易会，参展项目6个，签约项目1个，签约金额达1.5亿美元。

5月31日 省委常委、宣传部长赵素萍对国家动漫产业发展基地（河南基地）、郑州华强文化科技产业基地等文化产业重点项目进行调研。

6月9日 2012年中国文化遗产日主场城市活动在郑东新区河南艺术中心北广场正式开幕。本次活动的主题为"文化遗产与文化繁荣"。

6月16日 中共中央政治局常委李长春考察郑州国家动漫产业发展基地（河南基地）。

6月28日 郑州华强方特欢乐世界开园营业。方特欢乐世界占地70万平方米，总投资25亿元，设计年游客接待能力为250万人次。

7月5日 郑州市召开文化体制改革工作座谈会，传达全国、全省文化体制改革工作座谈会精神，总结交流2012年以来郑州市文化体制改革工作的成效和经验,安排部署下一步改革任务。

8月10日至12日 中国(郑州)印刷包装产品博览会在郑州国际会展中心隆重举行。本届展会展出面积3.3万平方米,设立展位1350个,展示印刷包装产品3万多种、印刷包装设备800多台。展会共签订商贸合作协议652个,现场成交额1.8亿元,印刷包装及相关上下游贸易合作额达3.2亿元,累计参观人数5.5万人次。

8月28日 电影《念书的孩子》荣获第九届美国圣地亚哥国际儿童电影节最佳电影奖,该片男主角、9岁的李佳奇同时摘取最佳演员奖。

9月24日 大型舞剧《水月洛神》获得中宣部第十二届精神文明建设"五个一工程"优秀作品奖。这也是该剧摘得第八届中国舞蹈"荷花奖"舞剧、舞蹈诗作品金奖后获得的又一殊荣。

9月26日 全国文化体制改革工作表彰大会在人民大会堂举行,郑州市群众艺术馆获得"全国文化体制改革先进单位"的称号。

9月29日至10月7日 "2012中原动漫嘉年华"活动在郑东新区如意湖广场举办。活动累计吸引参观游览人数15万人次。

10月16日 河南省文化体制改革工作表彰大会在郑州召开,郑州市1个地区、6个单位、5名同志获得表彰。

10月21日至24日 第五届少林武术节在郑州召开。本届少林武术节共吸引了来自73个国家和地区的1502名运动员参加。经过激烈的竞赛,共产生541个一等奖,其中郑州获58个一等奖。

10月26日至10月29日 郑州市组团参加第五届海峡两岸(厦门)文化产业博览交易会,参展7个项目,吸引观众3万人次。郑州市主题馆获得了"第五届海峡两岸(厦门)文化产业博览交易会"最佳展示铜奖。

11月28日 第八届中国舞蹈"荷花奖"当代舞、现代舞大赛在河南艺术中心落下帷幕。郑州歌舞剧院作品《我们在黄河岸边》获得大赛当代舞金奖。

12月18日 文化部实施的国家动漫品牌建设和保护计划评审结果揭晓,由河南小樱桃动漫集团打造的动漫明星"小樱桃"被列入2012国家动漫品牌建设和保护计划。

12月20日至23日 郑州市组团参加第七届中国北京国际文化创意产业

博览会，参展单位共有4家。

12月27日 郑州市第九届绿城读书节圆满结束。本届读书节自9月26日开幕以来，组织开展了"十佳书香家庭"评选、2012郑州图书展销会、"书香校园"中学生诵读比赛、职工读书比赛、流动售书进社区等20多项活动，参与活动的市民达20多万人次，进一步激发了全体市民的读书求知热情。

权威报告　热点资讯　海量资源

当代中国与世界发展的高端智库平台

皮书数据库 www.pishu.com.cn

皮书数据库是专业的人文社会科学综合学术资源总库，以大型连续性图书——皮书系列为基础，整合国内外相关资讯构建而成。包含七大子库，涵盖两百多个主题，囊括了近十几年间中国与世界经济社会发展报告，覆盖经济、社会、政治、文化、教育、国际问题等多个领域。

皮书数据库以篇章为基本单位，方便用户对皮书内容的阅读需求。用户可进行全文检索，也可对文献题目、内容提要、作者名称、作者单位、关键字等基本信息进行检索，还可对检索到的篇章再作二次筛选，进行在线阅读或下载阅读。智能多维度导航，可使用户根据自己熟知的分类标准进行分类导航筛选，使查找和检索更高效、便捷。

权威的研究报告，独特的调研数据，前沿的热点资讯，皮书数据库已发展成为国内最具影响力的关于中国与世界现实问题研究的成果库和资讯库。

皮书俱乐部会员服务指南

1. 谁能成为皮书俱乐部会员？
- 皮书作者自动成为皮书俱乐部会员；
- 购买皮书产品（纸质图书、电子书、皮书数据库充值卡）的个人用户。

2. 会员可享受的增值服务：
- 免费获赠该纸质图书的电子书；
- 免费获赠皮书数据库100元充值卡；
- 免费定期获赠皮书电子期刊；
- 优先参与各类皮书学术活动；
- 优先享受皮书产品的最新优惠。

卡号：5674456290748390
密码：
（本卡为图书内容的一部分，不购书刮卡，视为盗书）

3. 如何享受皮书俱乐部会员服务？

（1）如何免费获得整本电子书？

购买纸质图书后，将购书信息特别是书后附赠的卡号和密码通过邮件形式发送到pishu@188.com，我们将验证您的信息，通过验证并成功注册后即可获得该本皮书的电子书。

（2）如何获赠皮书数据库100元充值卡？

第1步：刮开附赠卡的密码涂层（左下）；

第2步：登录皮书数据库网站（www.pishu.com.cn），注册成为皮书数据库用户，注册时请提供您的真实信息，以便您获得皮书俱乐部会员服务；

第3步：注册成功后登录，点击进入"会员中心"；

第4步：点击"在线充值"，输入正确的卡号和密码即可使用。

皮书俱乐部会员可享受社会科学文献出版社其他相关免费增值服务
您有任何疑问，均可拨打服务电话：010-59367227　QQ:1924151860
欢迎登录社会科学文献出版社官网(www.ssap.com.cn)和中国皮书网（www.pishu.cn）了解更多信息

法律声明

"皮书系列"（含蓝皮书、绿皮书、黄皮书）由社会科学文献出版社最早使用并对外推广，现已成为中国图书市场上流行的品牌，是社会科学文献出版社的品牌图书。社会科学文献出版社拥有该系列图书的专有出版权和网络传播权，其LOGO（ ）与"经济蓝皮书"、"社会蓝皮书"等皮书名称已在中华人民共和国工商行政管理总局商标局登记注册，社会科学文献出版社合法拥有其商标专用权。

未经社会科学文献出版社的授权和许可，任何复制、模仿或以其他方式侵害"皮书系列"和LOGO（ ）、"经济蓝皮书"、"社会蓝皮书"等皮书名称商标专用权的行为均属于侵权行为，社会科学文献出版社将采取法律手段追究其法律责任，维护合法权益。

欢迎社会各界人士对侵犯社会科学文献出版社上述权利的违法行为进行举报。电话：010-59367121，电子邮箱：fawubu@ssap.cn。

社会科学文献出版社